『宁可』类复句研究

THE COMPLEX SENTENCES WITH NINGKE

宋晖／著

社会科学文献出版社
SOCIAL SCIENCES ACADEMIC PRESS (CHINA)

序

《“宁可”类复句研究》一书，是宋晖跟我攻读博士学位时所写的论文。现今正式出版，为我数年之所盼！

2007年，我们师生结缘于桂子山语言所。那年，他考入华中师范大学。他告诉我，他在吉林大学教书，已经是第三次参加所里的考试了。他把过去的一道语法题写成了一篇名为《“足足”的小三角查析》的文章，后来发表在《语言教学与研究》2009年第2期上。他的“考博”故事，给我留下了深刻的印象。我认定，这个青年学者有韧性，不管做什么，只要他想做，一定可以做出来。我很高兴，我得到了一个“可塑”的学生。

在问题研究上，宋晖有灵性、敏感多思，有毅力、敢打硬仗。他的博士学位论文，从选题到落笔，都比较顺利。我第一次找他和他的师弟沈威谈话，是2007年9月10日在语言所办公室。我嘱咐他们，要有针对性的学习，早点儿下手选定题目。我跟他们商定，每个月我们师生进行一次单独谈话。10月见面时，他说他对论文题目的选择有了意向，想做转折类复句方面的研究。谈话之后，我让他把想法梳理了一下，并写下来发到我的邮箱。11月，我们再次见面时，就他所拟的选题做了现实操作性分析，要求他做进一步的充实和完善。12月，他告诉我，他对这个选题有了更多的认识，我便跟他讨论新的问题，特别是那几个让他困惑的问题。后来，他对我说，他认为这是最有效的开题方式。

2008年1月，他已经写完了论文的两个章节。当然，整篇论文的写作并非一帆风顺。然而，“前进中的问题前进中解决”，他已经知道怎么对付不断出现的新问题了。他说：“不系统地开始写作，永远不会知道下一个问题在哪里。”这是可贵的感悟。

这本书，在我看来，贯穿了三个重要理念。

其一，事实本位。作者的双脚，牢牢地站在语言事实上面——仅附录所列语料就达到400多个，这是从大量的语言事实中筛选出来的。语言研究向来讲究“例不十，法不立；例外不十，法不破”，说的就是这个道理。作者深信：事实胜于雄辩，任何理论都是灰色的，只有事实之树长青。

其二，撞击难点。作者的选题，不怕触撞争议。比方说，“宁可”类复句的归类及“宁可”等词语的语法属性，学界均有不同观点，且不易找到妥帖的处理方式。作者勇于攻坚克难。又比方说，对“取舍说”和“让步说”的概念进行了思辨，认为“宁可”类复句与让步类复句有较高的相似性。作者坦然描说己见。再比方说，作者从“宁”标复句的语表形式入手，着重分析其语用价值，认为其在新闻标题和标语口号等方面有独到的作用。当说话人为了凸显前后对比，或主观视点在于某种格式时，“宁”与“宁可”不可替换。作者长于解决特殊性问题。

其三，以小彰大。本书专攻“宁可”类复句，是个“小题”；然而，其结果，却能起到“彰显大理”的作用。作者在对语言事实深入挖掘的基础上，审察小句中枢、句管控、主观视点等理念性说法，从小三角的角度对“宁可”类复句进行了分析，同时展开大三角，对“宁可”类复句做了历时梳理，展现了“宁可”类复句的流变脉络。本书研究范围不广，特别利于集中精力做深入的发掘，顺应了学界前辈们历来主张的“小题大做”的方法。本书表明，作者直面共时、打通历时，形成了自己的理论思考。

以上三个理念的贯穿，增强了本书的思辨性和吸引力。举个例子，第三章中，作者对“宁可 p，也 q”与“宁可 p，但 q”的转换条件进行了分析。什么时候用“也”，什么时候用“但”，一直让人困惑。作者首先用事实例证了“宁可 p，但 q”的存在，并对这类复句进行了小三角考察。他发现，“宁可 p，但 q”在层次上易断裂，而“宁可 p，也 q”则易黏合，认为两者在语用价值上存在着“分”“合”的不同。通过对“也”和“但”的替换对比发现，两者的替换受五个条件的影响：词性不同的限定；“宁可”类复句充当其他复句的转折分句；逻辑语义条件；后小句的句式；语用动机的分合。作者的论说，增加了人们的新知。

“接天莲叶无穷碧，映日荷花别样红”，这是宋人杨万里的诗句，“别样”这个词用得特别传神。我在这里引用这句诗，不是说宋晖这本书就那么好，而是想强调，他的书中是活跃有“别样”的思辨的。我认为，一个能“别样”的学者，一定会有所作为。

邢福义

2016 年 3 月 13 日

目　录

第一章 “宁可”类复句研究述评

第一节 引言

一 研究范围的分散与相对集中

我们的研究对象为“宁可”类复句。书中“宁可、宁肯、宁愿和宁”不做区分，统称“宁可”类复句。因对“宁可”类复句的研究多与对“宁可”用法的研究直接相关，为了能较为全面而客观地呈现出“宁可”类复句的研究情况，在述评时，本书涉及的范围较为广泛。关于“宁可”词性的归属、“宁可”类复句的归属等问题，学界意见不一，造成对“宁可”的研究处于分散状态。这种分散有一定的规律可循，研究大致可分以下几种：(1) 汉语复句研究；(2) 汉英对比研究；(3) 词类研究；(4) 对外汉语教学研究。

二 研究方法与目的

为了能呈现出关于“宁可”类复句研究的比较完整的面貌，“挖掘”有关研究的共识和有待解决的问题，我们穷尽检索了自《马氏文通》以来的文献，把涉及“宁可”的材料大体分为四类，每类具体评说。分类如下：(1) 学术专著；(2) 现代汉语教材和教学语法；(3) 辞书；(4) 论文。

第二节 《马氏文通》以来的学术专著的梳理

根据学术观点产生的时间，按以下三个时段梳理《马氏文通》以来的学术专著：新中国成立前、新中国成立后的三十年和之后的三十年。

一 《马氏文通》等四部论著

马建忠（1983）《马氏文通》明确了“宁可”的比较功用。该书（1983：320）[①] 指出，其余连字用以较量者，又以“与”“岂”“宁”“孰”等字互为呼应。在谈到虚词时，虽然讲到“宁”，目的是进行语义解释，但并没有将其纳入句的框架中。富有启发意义的是，该书明确了“宁”有比较的功用。《马氏文通》主要是以“字本位”为研究基点，并没有给“复句”明确的定位。邵霭吉（2005：324）也指出，《马氏文通》并没有提出单句和复句。

黎锦熙（1992）《新著国语文法》开启了主观视点切入“宁可”研究的先河。该书（1992：227）提及比较句时，提出了“审决”这一概念，指差比的两端，再在主观的意见上加一番审察、决断。审决的连词，主从各一，互相呼应：与其……宁可……、与其……不如……。书中这一观点具有重要意义，在复句研究中开启了从主观视点切入的先河，即先观察构件，再联系主观视点。同时，它也明确显示了“与其……宁可……”和“与其……不如……”的联结项具有比较性。

王力（1984）《中国现代语法》注意到“宁可”具有主观性。该书（1984：72）指出，“宁可”表示相对的必要性。我们理解为勉强而为之、主动抉择、消极意愿。该书并没有从复句的视角过多关注“宁可”。

吕叔湘（1982）《中国文法要略》首次指出，“宁可”类复句与比较句不同。该书（1982：364）在谈到异同高下关系时，指出比较两件事情的利害得失，不仅是认识的问题，而且与行动有关。其所用句法与判别两物高下的句子也颇有异同，可以分成用“宁”和“不如”的两类，两类都可以加用“与其”。这实际上肯定了“宁”联结的句子虽有比较性，但与比较句不同。书中没有详述，我们认为主要在于以下三点：第一，已定性；第二，不平等性；第三，固定性。已定性是指构件在主观视点的作用下，取舍已经不会发生变化。不平等性是指两物高下肯定有落差，自然会造成地位上的不平等。固定性主要是指构件在数量上通常是对称关系，限于两项。该书（1982：340）把转折关系定义为：凡是上下两事不和谐的，

---

① 括号中的时间是笔者用书的出版时间，《马氏文通》代表的是19世纪末的观点。我们引书的时间情况同此例。

即所谓句意背戾的，都属于转折句。所说的不和谐或背戾，多半是因为甲事在我们心中引起了一种预期，而乙事却逸出了这个预期。因此由甲事到乙事不是一贯的，其间有一转折。这段论述阐明了两点：如果乙事和预期是和谐的，那么就是顺承连贯；转折，即乙事和预期是逆承的，就产生了波折。若按顺承、逆承定位“宁可”类复句，那么在大类上将其归为转折是有道理的，而构件的比较性则可以看作该类关系的细节。

以上论著成书于新中国成立前，对“宁可”的研究基本处于理论规约阶段。因当时关于复句的分类讨论较少，对语言现象的描写、观察和分析都不是很多，虽然大都没有注意到“宁可”的联结功用，但许多观点如比较性、主观性等富有创建性，为后人的研究奠定了基础，极具启发意义。

二 《语法修辞讲话》等七部论著

吕叔湘、朱德熙（1952）《语法修辞讲话》简单地举例说明了该类复句。该书（1952：25）在讲到复合句时，笼统地举例——“宁可将可作小说的材料缩成速写，决不将速写材料拉成小说”（鲁迅），这句话是比较得失的关系。

张志公（1959）《汉语知识》对此类复句持“取舍说”。[①] 该书（1959：225）把“宁可……也不……”作为取舍关系处理，通过两例加以说明：

（3）雨来宁可牺牲生命，也不肯泄露秘密。

（4）我宁可自己多做一些，也不愿意把工作推给别人。

第（3）句是拿“牺牲生命”同“泄露秘密”比较，决定采取前者，舍弃后者。句子里偏句说采取的一面，用“宁可”；正句说舍弃的一面，用“也不”，构成“宁可 A，也不 B”格式。这两种格式都是表示采取一面、舍弃一面的关系，可以叫作取舍关系的复句。该书注意到了前后项具有比较性。

丁声树（1961）《现代汉语语法讲话》中暗含“宁可”类复句的非交替性。该书（1961：186）未涉及“宁可”的讲解，只是在说交替句时下

① 本书所引例句序号遵从原书，原书无序号，本书也不做序号标记。

了简单的定义：交替句是几项里头有一项的意思。交替句平常用“或（或者、或是)”“还是”“不是……就是……”来连接或呼应。在举例时，其中并未显示“宁可”，显然认为其不属于交替句。交替句的任意一项都是不确定的，而“宁可”句与交替句不同，它有一项是确定的。

张志公《语法学习讲话》以偏正为前提将其定性为“取舍复句”。[①] 该书(1997：132）主要反映的是《暂拟汉语教学语法系统》的观点，书中提到偏正复句的格式还包括“宁可……也不……”“与其……宁可……”等，如：

（1）我与其坐到家里发闷，宁可到公园里走动走动。

（2）我们与其和暴风雨搏斗，不如把轮船停在安全的港口里。

（3）雨来宁可牺牲生命，也不肯泄露秘密。

（4）我宁可先把自己的工作搁一搁，也不能不先帮助他。

第（1）句是拿“坐到家里发闷”跟“到公园里走动走动”比较。比较的结果是，认为前者不如后者，因而决定采取后者、舍弃前者。句子先用偏句说出舍弃的一面，再用正句说出采取的一面，前后用关联词语“与其”和“宁可”相呼应，构成“与其A，宁可B”格式。第（3）句是拿“牺牲生命”跟“泄露秘密”比较，决定采取前者、舍弃后者。句子的偏句说采取的一面，用“宁可”；正句说舍弃的一面，用“也不”，构成“宁可A，也不B”格式。这两种格式都是表示采取一面、舍弃一面的关系，可以叫作取舍关系的复句。

该书注意到了“与其A，宁可B”和“宁可A，也不B”这两种格式，从偏正的角度将其归为取舍关系复句。

《中学教学语法系统提要（试用)》将两种格式统一为选择关系。《中学教学语法系统提要（试用)》实施时期，该提要是对《暂拟汉语教学语法系统》的继承和改变。张志公（1997：472）述及《现代汉语》(中册）中的主要观点：

例（31）他宁可少睡觉，也要把当天的事情做完。

在例（31）两种可能的情况中，舍弃前一种，肯定后一种，这是一种

① 张志公：《张志公汉语语法教学论著选》，山西教育出版社，1997，第130页。

有定的选择关系，并把“与其……宁可……” “宁可……也不（也要）……”均归为选择关系。较《暂拟汉语教学语法系统》，《中学教学语法系统提要（试用）》把“宁可”的相关格式统一起来了。

赵元任（1979）《汉语口语语法》对“宁可”的定性有启示性作用。赵元任（1979：345）并没提到“宁可”的问题，但其在讲副词和连词时的观点值得我们注意。该书提到要注意区分副词性连词和副词兼属连词的情况，如：

你来我就走。

“就”修饰“走”，同时连接后果小句。大多数关联副词是副词性连词，也就是说副词和连词有时很难分清。

综观这30年，张志公1959年主持编写的《汉语知识》和1962年主持编写的《语法学习讲话》都产生了深远的影响。由于《暂拟汉语教学语法系统》《中学教学语法系统提要（试用）》的出台，研究者关注的热点更多的是在应用上，即怎么能更贴近教学，对具体语言现象“宁可”的研究比较注重教学和实用，真正具有描写性和分析性的文章不多，对此问题讨论得并不深入。

三 《汉语语法基础》等十六部论著

吕冀平（2000）《汉语语法基础》区分了选择关系、转折关系、让步关系和取舍关系。该书（2000：369）在谈到选择关系时，指出所要谈论的对象只是同几个分句中的一个发生关系，而不是同时与所有的分句都发生关系。它首次把选择的主体和选择行为关联在了一起，可称为“主体择一”。该书（2000：373）谈到转折关系时，指出有些句子的前一分句往往能够引起人们的一种预期。比如“他不喜欢运动”，这句话往往会引起人们的预期——“所以身体不很健康”。如果后一个分句同引起的预期相符合，那么两个分句的意思就是一致的。如果后一个分句同所引起的预期不符合，于是中间就转了一个弯儿，变成了“但是身体很健康”。这样，两个分句的意思相背，前后不一致，中间就有了转折，所以叫转折关系。简而言之，就是以是否符合预期来确定分句之间的一致和相背。从线性的角度看，必须以前小句为基本观测点判断、预期并进而确定分句是一致还是相背。该书（2000：375）谈到让步关系时，在前一个分句里先让一步，承认所说的事实，然后一转，在后一个分句里折入正意——这种关系叫作让步关系。该书（2000：391）谈到取舍关系时，认为选择关系只是指出选择的可能，至于主观上要选择什么、不选择什么，也就是说，取什么、舍什么还没有明确地说出来。肯定而明确地说出取什么、舍什么，这种关系叫作取舍关系。把“宁可……也不……”归为此种关系，显然，该书看到了“宁可……也不……”格式与选择关系的不同。

王维贤等（1994）《现代汉语复句新解》以“意志作用”区分优选句和一般选择句。该书（1994：266）把选择复句分为任选、限选和优选三种类型，把“宁可”类复句分在了优选句中。优选句表示在两个分句所代表的两种事物或情况中说话人经过评估、比较后取其一种、舍其一种的选择复句。优选句分为“宁可……也不……”、“宁可……也要……”和“与其……不如……”、“与其……宁可……”两类。该书把“宁可……也……”和“宁可……也不……”分开来说，但并没讲解“宁可……也……”是怎么表示前取后舍的。书中鲜明地指出了这种优选和一般选择句的区别。该书（1994：267）认为，“宁可……也不……”比一般选择句多两层意思：（1）带有要么A，要么B这样的预设；（2）带有主动者优先选择A抉择的意志作用（心理因素）。

王维贤（1997）《现代汉语语法理论研究》考虑到了“宁可”类复句与一般选择复句的区别。该书（1997：112）认为，虽然现代汉语中关联词语的语义十分复杂，不能简单地用形式逻辑中所概括的几种逻辑联结词来解释，但是除去那些具体的差异，仍然可以将其归纳到这几种类型中去。像“宁可……也不……”，如果考虑到优选的因素，就要把它归入选择复句中，即联合复句中去，不过这种优选是两者择一的。

马真（1997）《简明实用汉语语法教程》强调“宁可”类复句的特点是比较后取舍。该书（1997：120）把“宁肯……也……”作为关系标记提取出来，归到选择关系复句中，表示把两件事加以比较以衡量得失（甲不如乙，或乙不如甲）、进行取舍。该书（1997：124）谈到转折复句时这样定义：后一个分句不是顺着前一个分句的意思说下去，而是说出与前一个分句相矛盾甚至相对立的意思。从中我们可以看出，选择复句中的取舍关系与转折复句是有一致性的。取舍一定有主有次，要么取的方面为正意，要么舍的方面为正意，即两个方面的对立是明显的，把它归为转折复句也可。

范晓（1998）《汉语的句子类型》明确地把“宁可”类复句区分为肯定和否定两种形式。该书（1998：333）把复句分为三种类型，分别是联合复句、偏正复句和补充复句。联合复句由两个或两个以上的分句构成，分句之间的关系是平等的，没有主次之分。该书特别强调，在理论上，联合复句的分句可以是无限量的，并把“宁可……也不……”归入选择关系复句中，表示先取后舍。这一类先取后舍的选择复句总是凭借后一分句所用的否定词语来表示舍弃，否则，就不是这里所讲的先取后舍的选择复句了；并指出，“宁可……要……”等形式后面的分句是表示肯定的，因此它不是表示取舍关系的复句。该书认为这是一种较为特殊的选择复句，前一分句表示说话者所做出的选择，后一分句表示做出这种选择的目的，这种句式通常用来表达坚定的决心。该书注意到了“宁可……也不……”和“宁可……要……”的相异之处，但按照该书联合复句的类特征，取舍复句实在特殊。因为联结项有限，且绝不能添加，而把“宁可……要……”归入选择复句实属无奈之举。把“宁可……也不……”和“宁可……要……”分成两类处理不利于语法意义上的概括；若看到“宁可……也不……”和“宁可……要……”两者之间的共性则更有意义，有利于其逻辑语法意义的概括。

徐阳春（2002）《现代汉语复句句式研究》注意到了前贤们未曾注意到的诸多问题。该书（2002：261－282）把“宁可”类复句划为选择复句的一种，其突出特点是把“宁可……也不……”和“宁可……要……”统一起来概括逻辑语法意义。该书既看到了两者的共性又分析了个性，对该格式的让步性和选择性分析得当。该书观测语料较为全面，注意到了包括“宁可”词性等在内的诸多细微问题。虽大部分问题未能得到解决，但给人以启发。该书值得称道之处有以下六点。

第一，注意到了“宁可”一般出现在主语后，出现在主语前时通常为第一人称主语。

第二，注意到了“宁可”和“也”的语序较为灵活，两者的位置可以互换。

第三，注意到了多个“宁可”项可以连用。

第四，注意到了“宁可”不同格式的用法，如可与“为了”搭配使用。

第五，认为该格式具有选择性和让步性。

第六，注意到了与"即使"格式的转换问题，指出了两者的区别。

郭志良（1999）《现代汉语转折词语研究》注重个性分析，细化了"宁可"类复句。根据是否具有转折性，该书（1999：238）从让步复句中分出了让步转折复句。该书认为转折只是心理上的转折，只有后一分句所表示的事实轶出说话人或说话人所述对象或听读者的预期，才会有心理上的转折。如果后一分句所表示的事实跟前一分句所表示的事实语意对立，但并没有轶出预期，这种"转折关系"就不能被激活，这样的复句就不能看作转折复句。让步复句就属于这种情况。让步复句可分为两大类：A类，容忍性让步复句，B类，容让性让步复句；又可把前者分为：优选性容忍让步复句和条件性容忍让步复句，所用格式有"宁可/宁肯/宁愿/情愿……也不……"、"宁可/宁肯/宁愿/情愿不……而……"和"不……宁可/宁肯/宁愿/情愿……"等。

让步转折复句也可分为两大类：A类，容忍性让步转折复句；B类，容让性让步转折复句。其中A类，即容忍性让步转折复句可再细分为两小类：优选性容忍让步转折复句和条件性容忍让步转折复句。前者所用格式有"宁/宁可/宁肯/宁愿/情愿不……也不……"、"宁/宁可/宁肯/宁愿/情愿不……然而/而/但/但是/可/可是不……"和"宁/宁可/宁肯/宁愿/情愿……却不……"等，不用转折连词"不过/只是"和转折副词"倒1/倒2/倒反/反倒/反/反而"关联。后者所用格式有"宁/宁可/宁肯/宁愿/情愿……也要/也得……"、"宁/宁可/宁肯/宁愿/情愿……也不……"、"宁/宁可/宁肯/宁愿/情愿不/没有……也要/也得……"、"宁/宁可/宁肯/宁愿/情愿……然而/而/但/但是/可/可是也要/不能……"和"宁/宁可/宁肯/宁愿/情愿……却必须……"等，不用转折连词"不过/只是"和转折副词"倒1/倒2/倒反/反倒/反/反而"关联。此种让步转折复句，其结果属于异态。该书注意到了让步复句成为转折复句的可能性，同时也注意到了前后小句的肯定否定对立给整个复句带来的变化。

赵恩芳（1998）《现代汉语复句研究》以不同的选择方式将"宁可"类复句归为取舍类选择复句。该书（1998：76）根据不同的选择方式将选择关系复句分为商选句、限选句和取舍句。"宁可"类复句为先取后舍，其说法很明确。取舍句只提出了两种情况，让你选择一项、舍弃一项，所以才叫"取舍句"。该书对"宁可"类复句并无太多描写和分析，系从众说法，但能代表一种倾向，即"宁可"类复句的一般观点已经基本形成，即使在研究性的专著中，对此也已基本形成定势。

周有斌（2004）《现代汉语选择范畴研究》提出“宁可”类复句的语法意义为主观择爱性和反驳求异性。该书原是周有斌的博士学位论文，对“宁可”类复句的研究状况做了非常详尽的耙梳。该书（2004：16）认为以往的研究深度不够，有下列问题需要重新思考。

第一，对该格式语法意义的看法。“宁可”式的语法意义究竟是单单表选择已定，还是既表选择又表忍让，还是表“两害相权取其轻”，抑或都不是。

第二，几种“宁可”式之间的差别。“宁可”式有多种变式，这些变式之间有何差别，学者们对此研究甚少。有的看起来意义好像正好相反，却可以同时在现代汉语中被大量运用，比如“宁可A，也要B”与“宁可A，也不B”。

第三，《现代汉语八百词》认为“宁可”与“宁愿”、“宁肯”有一定的差别。当“宁愿”“宁肯”用于所选择的做法主要取决于人的意愿时，不是这种情况就只能用“宁可”，实际情况确实如此吗？

第四，“宁可A，也不B”格式的定性。邢福义先生认为“宁可A，也不B”式选择前项的同时就意味着后面将有所转折，是不是所有的“宁可”式句子都可以在第二个选择项前添加转折连词？如果不是，能添加的又是什么样的“宁可”式？

该书（2004：27）把“宁可”式分为四种：A、B两好，A、B两坏，A好B坏，A坏B好。此书概括出该类格式表示一种“主观择爱性”，除此之外，还概括出两种不同的语境。第一，选择者在某个交际场合有具体交际对象。选择者为了要显示跟交际对象不同的甚至是对立的选择，带有明显的反驳性，这时就倾向于采用“宁可”格式。第二，作为一种陈述，并没有具体交际语境，也就没有具体交际对象，这时采用“宁可”格式，主要是显示对某种公众价值观的对抗和不同的取舍。这种公众价值观往往是潜在的，从而归纳出“宁可”格式的语法意义：主观择爱性和反驳求异性。

该书（2004：27、44）对与“宁可”格式有关的问题也做了相应探讨，举例证明“宁”字不仅可以用于成语或格言，也可以用在复句中。它与“宁可”在入句能力方面的不同表现在两个方面。第一，对紧随其后的词的音节要求不同。“宁”与单音节的动词组配构成一个准双音节格式，符合现代汉语词汇双音化的韵律要求。“宁”可以用于成语，而“宁可”通常不行。第二，对后接词的词性要求有很大的不同。“宁”后面必须接单音节的谓词，主要是单音节的动词，偶尔可以使用单音节的形容词。该书对转折类关联词在“宁可”句式中的表现及作用也做了分析，认为“宁”式前添加转折连词有两点作用：a. 强调前后两项的对立；b. 突出 B 项的地位。

该书在选择范畴内对“宁可”类复句详加考察，详细描写了“宁可”类复句的各种语言材料，在这个视角下观测得出的结论很有说服力。

王天佑（2007）《汉语取舍范畴的认知研究》首次从认知视角关涉“宁可”类复句。该书是王天佑系列论文的集结，反映了作者在最近几年关于取舍范畴的研究成果。作者通过建立取舍范畴并剖析该范畴内的典型成员，对“宁可”类复句做了较为深入的思考。该书（2007：95）对“宁可”类复句的分析进行了小结，认为“宁可 A，也要 B”是隐含句式的“宁可”句式嵌套于目的复句后所形成的杂糅句式。由于该句式使用频率较高，因此在现代汉语中已成为一种固定的句式。该书还探讨了“宁可”类取舍句在结构、表达、功能、语用和舍弃项隐含等方面的具体问题，重点从认知和功能角度分析了该句式的特点。在结构方面，该句式可分为“完全式”和“隐含式”两种类型。在表达方面，该句式的语义在主观忍让的前提下，对两种事物进行了取舍，取舍的结果并不是最好的，而是出于不得已。在功能方面，该句式蕴涵着“肯/否定”的语义功能，同时该句式还具有反驳其他主体意愿和凸显选项的语用功能。在语用环境方面，该句式在单句中使用时，若其是表称述义则一般用作主语和宾语等；该句式在复句中使用时，完全式的“宁可”句式一般用于表“目的”、“因果”、“转折”和“假设”的语境之中；该句式在语篇中使用时，一般用于表“因果”和“转折”的语境之中。文章从认知和功能的角度解释了这些语用现象，并认为该句式在语篇中所受的制约比在复句中要小。在舍弃项的隐含方面，舍弃项的隐含可分为四种类型：一是句内直接隐含；二是句外直接隐含；三是句内间接隐含；四是句外间接隐含。同时，舍弃项在取舍句中的隐含主要与句子的“组装”有关。另外，舍弃项的隐含是为避免语义的重复而采取的一种手段，它属于语义平面而不是语用平面的问题。不过，舍弃项的隐含的确可以产生一定的语用效果。最后，该书还探讨了“宁可”、“宁愿”和“宁肯”三者间的差异，认为主观性的强弱差异是造成三者差异的真正原因。

该书试图通过建立范畴的方式来对特定成员进行管辖，并在此基础上进行了分析；但同时又把种种语言现象框入了所谓的认知视野，而作者所提及的认知的解释力似乎很有限，难免有些主观色彩。认知科学作为一门综合性交叉学科，关于其研究对象，专家观点基本趋于一致，即“心智”，而其对“心智”的解释却又有些玄妙。笔者认为，认知科学的对象是客观存在的，要想证实或者证伪，通过脑科学或神经科学的技术手段就可以实现；作者所言的公众标准和主体标准需要科学的印证，直接拿来解释语料恐难让人信服。认知是个好东西，但用起来需要真功夫。不管怎么说，这种探索是有益的。“数学是人类思维的最美丽的花朵，它也可能会成为我们了解人类思维的指路灯。”①

吴启主（2002）《汉语构件语法语篇学》指出“宁可”类复句应归入取舍复句。该书（2002：190）把“宁可……也不……”归到取舍复句中，并指出了将其归在选择复句中出现的问题：“有不少语法书把取舍复句并在选择复句里，这样便把联合和偏正两大类的分野搞乱了。取舍分句是二合的，不是多合的，同选择复句既有二合的，又有多合的不同。”

屈承熹（2006）《汉语篇章语法》指出了副词的连接功能。该书（2006：91～92）指出汉语中的很多副词具有连接小句的篇章功能。其中一些副词因能出现在句首，因而容易被发现；而大多数副词由于不能出现在句首，就很少被当作连接词研究。其中，情态副词更是直到最近才在语言学的文献中引起些关注……这些词尽管起到了连接小句的作用，但还是情态副词。以往，语法学家对情态副词的兴趣往往在其复杂多样的情态意义方面，很少关注其他功能，我们希望通过强调它们的篇章功能来弥补这个缺陷。另一个原因在于历史的发展，有人认为情态形式是派生出条件连词的源头之一。这样的话，把情态副词当作连接词来研究的重要性就不仅存在于共时分析中，而且也存在于历史语法中了。事实上，汉语副词作为连接词的历时发展研究也正在引起人们的兴趣。这对我们极具启发意义。简单地通过几种特征或者组合关系判断一个词的词性在语言学上的意义很有限，若放在篇章语法中，放在历时语言学中，用发展的和宏大的视角来看待词性问题，恐怕意义会更大一些。

张斌（1998）《汉语语法学》指出，“宁可”类复句宜归入偏正复句。

① 这是美国加州大学伯克利分校心理学系终身教授、清华大学心理学系主任彭凯平先生（2009）在“综合的时代：认知科学的发展及其影响”学术研讨会（南昌）发表的《文化与归因研究的计算模型探讨》一文为认知科学做的美好设想。

该书（1998：54）指出，联合复句和偏正复句的一个原则区别在于前者可以多分，后者只能两分。按照这个标准，有“与其……不如……”“与其……宁可……”“宁可……决不……”的句子只能二分，宜将其归入偏正复句。

张谊生（2000）《现代汉语虚词》从语气副词的功能上对“宁可”做出了各种独到的分析。该书（2000：47）在谈到语气副词时，认为情态是句中命题成分之外的成分，也是句中的非事实性成分；是说话人主观态度的语法化，也是说话人对句子命题与情景的观点和态度。语气副词可表情态，其中意愿态是指比较了两种情况之后而有所选择的意向性情态。“宁可”是意愿态的代表性副词。在讲到其语用功能和篇章功能时，该书认为语气副词在信息结构方面有突出焦点的作用、指明预设的作用和限定指称的作用；从交际功用方面看，它可用于部分感叹句和祈使句，而不能用于真性的是非疑问句；从篇章衔接方面看，它还兼有承上启下的连贯功能和衔接功能。

邢福义（2001）《汉语复句研究》指出，在复句三分体系下，要注意到“宁可”类复句带有忍让转折的特性。该书是邢福义先生的力作，也是多年成果精炼后的精华。邢先生关于复句的文章很多，书中观点的形成时间不一定和该书的出版时间一致，我们选取该书作为主要参阅资料的理由如下。

第一，该书对复句的分析不拘泥于古法。作者的整体思路较前贤有较大变化，首倡三分复句法，把现代汉语复句分为并列、因果和转折三大类，具体小类如下（见图 1－1）。

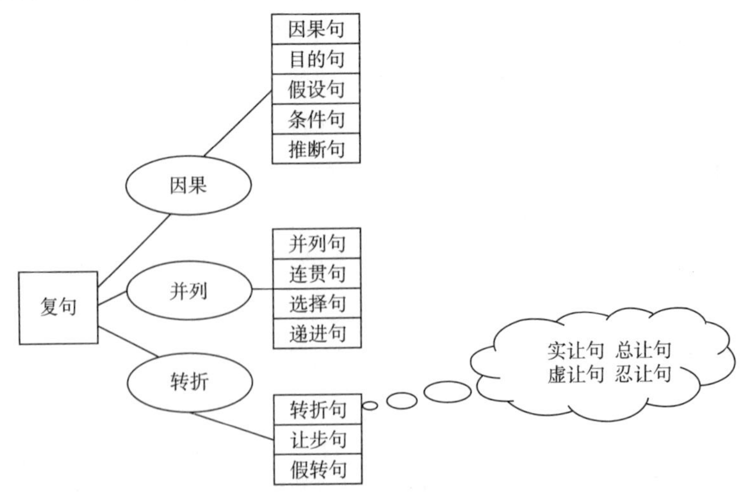

图 1－1　现代汉语复句三分法

第二，该书对复句的描写全面。作者系统地阐述了汉语复句系统的整体面貌。全书既有对复句理论的阐述，又涉及具体的各种细微类型的个案分析。关于“宁可”类复句，该书（2001：465）认为，（1）“宁可p，也q”句式有让步性，“宁可、宁愿、宁肯、宁”等是让步性的形式标志。单说“p”，尚未说出的“q”是顺承是逆承都有可能；只要说成“宁可p”，别人一听就知道只是姑且忍让，具有“掉转之势”，尚未说出的“q”一定是顺承的。（2）“宁可p，也q”句式有转折性。最好的证明还是前后分句之间往往可以加上“但”类词，既可以加上连词“但、可”之类，也可以加上副词“却”。（3）作为旁证，如果具有可转化的语义基础的话，让步句往往可以转化为“宁可”句。

该书（2001：471）认为，忍让是心理上、意志上的让步。“宁可”是表忍让之词，加“宁可”是表明在别无选择的情况下对不乐意而为之的事情不得不有所忍让，以便实现某种决心。由“宁可p”转出的“也q”，如果采用肯定形式，是强调决心“要怎样”；如果采用否定形式，是强调决心“不怎么样”。第一，在虚指、实指问题上，忍让跟总让相同。“p”所说的事可以是假设，也可以是事实。第二，在理性与夸张的问题上，假言忍让跟假言虚让相似。所说的事可以是理性的，尽管往往带夸张口气，但不是不能成为事实——这是理性假言忍让；所说的事也可以是纯夸张的，尽管表达了十分真实的感情，但不能成为事实——这是夸张假言忍让。第三，从表达上看，在不得不有所抉择的情况下采用忍让句式，最能突出强调抉择的决心；如果所说的情况不要求有所抉择，就不能采用这一句式。

该书（2001：340）注意到了“但”+“宁可p，也q”→“宁可p，但q”。该格式可以插入“但”类词，不过用了“但”类词之后，“也”字就不能再出现了。对于这类事实的看法，首先得承认“宁可p，也q”这种复句确实具有选择性。它表示经过比较有所抉择，有所取舍。选择的结果，在前面的小分句中用“宁可”肯定下来；而在后面的分句中，则通过否定形式直接排斥相对立的另一种情况，或者通过肯定形式说出所要努力达到的目的并间接排斥相对立的另一种情况。其次，应该看到“宁可p，也q”复句在分句间的关系上具有转折性。“宁可”总是表示“忍让”，所做的选择不是乐意为之，而是出于不得已，不得不有所忍让。最后，还应该看到“宁可p，也q”和“即使p，也q”有时可以相通。

该书的很多观点新颖独到，基于此，我们对“宁可”类复句的认识得到了进一步深化，对一些值得探讨的问题也找到了着眼点。

周刚（2002）《连词与相关问题》提到了其成词过程。周刚（2002：171、209）把连词产生的方式概括为实词虚化、虚词转化、短语词化、同义复合、邻词黏合和附加后缀等六种情况，认为"宁可"的形成在中古早期为"连词'宁'+助动词'可'"，即在句法上是两个相邻的非直接成分；到了唐五代，助动词"可"逐渐虚化，转变为一个构词成分，作为后缀与"宁"黏合成连词。

这十六部专著中述及的关于"宁可"类复句的研究观点呈深入和细微态势，主要体现在对"宁可"类复句研究涉及的问题既有广度又有深度，主要包括"宁可"类复句的成词问题、"宁可"类复句的归类问题、"宁可"类复句的逻辑语法语义问题、"宁可"类复句的内部成员问题、"宁可"类复句与其他类复句的关系问题等。近三十年来的研究成果对继续深化"宁可"类复句的研究具有借鉴意义。

第三节　现代汉语教学语法及对外汉语教学语法中的相关内容

一　教科书对"宁可"类复句的归类存在分歧

为方便起见，我们用表格（见表1-1）展示经典现代汉语教科书对该类复句的归类。

表1-1　现代汉语教科书的相关分类

项目 教材	虽然…… 但是……	即使…… 也……	无论…… 都……	宁可…… 也……
《现代汉语》(1991)	让步复句：容让	让步复句：虚让	让步复句：总让	让步复句
《现代汉语》(1993)	转折复句：让步	转折复句：让步	条件复句	选择复句
《现代汉语》(1995)	转折复句	让步复句	条件复句	选择复句
《现代汉语》(1997)	转折复句：让步	假设复句	条件复句	选择复句

二　教学语法无法取得一致意见

房玉清（1992：359）在《实用汉语语法》中指出：根据关联词语表示的逻辑关系可把复句分为三大类、十二小类，其中"宁可A，也B"作为“宁可”的唯一格式被归在了转折关系的让步性转折关系里。“宁可A，也B”表示选择和让步，“宁可”引出的小句表示在忍让的情况下做出选择，“也”引出的小句从否定方面表明决心。这里把“也”和“也不”统一起来，从肯定和否定的角度对该格式进行了概括。

刘月华（2001：876）在《实用现代汉语语法》中指出：取舍复句用两个分句表示不同的事物，说话者决定取一舍一，用“宁可……也不……”关联时，所取在前。在特别提到用“宁可……也……”关联时，两个分句所表示的都是所取的。此书指出取舍复句与选择复句不同，它表示已经经过了比较，决定了取舍。

该书（2001：323、324）认为，“与其”“宁可”都是表示选择关系的连词。“与其”与“宁可”可以配合使用，分别表示取舍关系的两面。并且提到，“与其”除了与“宁可”“不如”搭配外，还可与“宁愿”或“宁肯”配合使用，比用“宁可”表意愿的作用更强一些。“宁可B”常常和“也不A”等搭配，前后呼应。这一句式中的A必须是否定的一面，即不希望做的一面。意思是为了否定A，即使付出B的代价也心甘情愿。作者实际看到了A、B之间存在的转折性。“宁可A，也要……”这个句式中，A是选取的一面，“也要”表示选取A的目的。有时，为了突出表明选取A所要达到的目的，也常用介词“为了”把表示目的的词语先介绍出来，即“为了……宁可A”。作者看到了“宁可……也要……”句式具有目的性。该书（2001：326）指出：在语言环境（上下文）清楚，或说话人认为情况不言自明或无需说明时，也可以只说出所选取的一面表明意愿。这实际上是说明“宁可”单用系语境造成的，我们认为这不尽然——“宁可”在单句中可以起到语气副词的作用，无需语境就可自足。

黄成稳（2003：222）在《实用现代汉语语法》中认为：选择复句由两个或两个以上的分句组成，每个分句表示一种可能性，分句之间是选择关系。取舍关系由两个分句组成，这两个分句提出了两种可能的情况。说话人对这两种可能的情况在主观上是有所取舍的，或者取前舍后，或者取后舍前。“宁可……也不……”属于取前舍后。

陆庆和（2006：468）在《实用对外汉语教学语法》中把“宁可……也不……”句式归在了选择复句中，认为在这类选择复句中，说话人实际上已做出了选择，另一项则是作为选择前的比较。

张斌（2002：482）在《新编现代汉语》中把选择复句定义为：几个

分句分别叙述两种以上的情况，以供人选择和取舍，[①] 且把它又进一步分为取舍已定和取舍未定两类。"宁可"类复句被归在取舍已定中，并比较了"宁可"类复句和"与其"类复句的区别，表示取舍已定的选择复句是舍此而取彼，主观态度十分明显，抉择语气十分坚决。不过相对来说，先取后舍的复句要比先舍后取的复句表明的态度更加坚决些，但后者语气委婉一些。需要特别指出的是，取舍已定的选择复句由于选择已经确定，实际上不存在选择，所以也可以把它们独立为一类，叫取舍复句。该书把"宁可……也……"单独分出来，前一分句表示说话者做出的选择，后一分句表示进行这一选择的目的，以示决心和态度。

马景仑（2002：534）在《汉语通论》中讲到联合复句时，把选择关系定义为分句之间存在的选择关系，具体表现为或此或彼、非此即彼、虚拟反推，把"宁可……也不……"归在了选择复句中。该书（2002：455）在偏正关系中又讲到"宁可""与其"连接的两项是一种取舍关系。可见，"宁可"的归类问题会因视角的不同导致类的变化。

第四节　辞书释"宁可"的用法

为方便起见，我们用表格的形式呈现出各部辞书关于"宁"、"宁可"、"宁肯"和"宁愿"的用法（见表1－2、表1－3、表1－4和表1－5）。

表1－2　相关辞书对"宁"的词条说明

代表性观点 / 经典辞书	词性	用法1	用法2	常用搭配和备注
《现代汉语词典》（第5版）	副词	宁可	岂，难道	
《现代汉语八百词》（1980）	副词	同"宁可"。但用于成语、格言之类		
《现代汉语虚词词典》（1998）	连词	跟"宁可"大致相同	哪里，岂	跟在"宁"后的动词只能是单音节的
《现代汉语虚词词典》（2003）	副词	表示意志和意愿，相当于"宁可""宁愿"	表示反问的语气，相当于"难道""岂"	文言虚词多用于文言文和现代汉语书面语

① 《新编现代汉语》和《汉语通论》是笔者后来所关注的，放在教学语法后面征引。

表 1－3 相关辞书对“宁可”的词条说明

代表性观点 经典辞书	词性	用法 1	常用搭配
《现代汉语词典》（第5版）	副词	表示比较两方面的利害得失后选取的一面	多跟上文的“与其”或下文的“也不”相呼应
《现代汉语八百词》（1980）	副词	表示在比较利害得失之后选择一种做法。一般用在动词前，也可以用在主语前	1. 宁可……也不…… 2. 与其……宁可…… 3. 宁可……也要……，后小句表示选取这一做法的目的 4. 其他用例
《现代汉语虚词词典》（1998）	连词	用于选择关系复句。表示在比较两者的利害得失之后选取的一面，可以用在主语之前	1. 宁可……也不……/决不等…… 2. 与其……宁可…… 3. 宁可……也要……/也得…… 4. 其他用法。另一项多为否定句
《现代汉语虚词词典》（2003）	副词	表示意志和意愿。单独使用，多用在动词前。现代汉语虚词，没有“宁”的反问口气的用法	1. 与其……宁可……，表选择关系，先舍后取 2. 宁可……决不/也不……，表选择关系，先取后舍 3. 宁可……也要……/也得……，表让步关系 4. 如果/只要……宁可……，表示假设条件关系

表 1－4 相关辞书对“宁肯”的词条说明

代表性观点 经典辞书	词性	用法 1
《现代汉语词典》（第5版）	副词	同“宁可”
《现代汉语八百词》（1980）	副词	同“宁可”，用于所选择的做法主要取决于人的意愿时，不是这种情况就只能用“宁可”
《现代汉语虚词词典》（2003）	副词	同“宁愿”
《现代汉语虚词词典》（1998）	连词	同“宁可”

表 1－5 相关辞书对“宁愿”的词条说明

代表性观点 经典辞书	词性	用法 1	常用搭配
《现代汉语词典》（第5版）	副词	同“宁可”	
《现代汉语八百词》（1980）	副词	见上表“宁肯”	

续表

经典辞书 \ 代表性观点	词性	用法1	常用搭配
《现代汉语虚词词典》(1998)	连词	同"宁可"	常与"不愿"连用
《现代汉语虚词词典》(2003)	副词	相当于"宁可"。单独使用，多用于动词前	1. 与其……宁愿……，表示一种先舍后取的选择关系 2. 宁愿……决不/也不……，用在前小句中，表示一种先取后舍的选择关系 3. 宁愿……也要……，表示某种决心 "宁愿"偏重于主观意愿，"宁可"则偏重权衡利害得失

第五节 专述论文及相关论文的主要倾向[①]

居志良（1979）在《试谈语法修辞结合教学——从"宁可……也不……"谈起》中以"宁可……也不……"为个案讨论了语法修辞结合教学的问题，认为"宁可……也不……"是选择复句。在诸多类型的选择复句中，"宁可……也不……"所表达的爱憎最强烈，取舍最明确。为了使做出的取舍更富于感染力、说服力，它在修辞手段上往往借助于比喻。这种句式有时还以排比的方式出现，认为"宁可……也不……"之所以富于强烈的感情色彩，不仅由于它本身就能表示出强烈的取舍意义，也由于它同对比、反衬、比喻、排比等各种修辞手段的综合运用。该文是我们所见文献中较早论及"宁可……也不……"复句的。

孙云（1983）在《谈谈即使句、宁可句、无论句》中认为：宁可句和即使句很相近，只是即使句偏句有退一步着想的意思（表客观情况），宁可句偏句有情愿如此的意思（表主观意志）。因此，在一定的条件下，宁可句可以转换为即使句（一般都可以），即使句也可以转换为宁可句（少数情况下可以）。宁可句分句间很难说存在什么取舍关系，如"宁肯不吃饭，也不能违反政策"，要说"取"，都是"取"，并不"舍"什么。也许

① 邢福义、周有斌、王天佑关于"宁可"类复句的论文均在相应著作中提及，在此不赘述。

有人会说，“舍”的是“违反政策”，可是，那“不能”交给谁呢？况且，有的宁可句正句根本就没有表示否定的词语，这又如何解释呢？宁可句分句间并不存在取舍关系，而是存在一种让步关系。即使句是表示客观情况的让步，宁可句是表示主观意志的让步。宁可句分句间除了存在让步关系外，也存在着转折关系。它的正句也是顺着偏句相对、相反或部分相反的事实得出来的结论。宁可句和即使句一样，分句间既存在让步关系，又存在转折关系。不管表示转折关系的关系词语出现与否，都应把转折关系看成主要的意念关系，即决定复句根本性质的意念关系。宁可句属于另一种让步转折型复句，从根本上说，也可以叫作转折关系复句。

高书贵（1989）在《“宁可……也不……”句式探析》中认为，“宁可……也不……”是选择复句中最为特殊的关联词语。它是操语人在决定做一件事时，面对着三种可能性，在其中一项最可取而又不具备现实性的条件下，不得不在另外两项中做出选择时而使用的。这三种可能性可依次表述为：A 项，相对可取，至少操语人在情感的作用下认为它胜过 B，它在句中充当第一分句的实体；B 项，操语人认为最不可取，虽然他人可能推崇，它在句中充当第二分句的实体；C 项，操语人认为最可取，但遗憾的是，它在当时不可能转为现实。它潜藏于句底，是形成该句型的决定因素。根据该句式的种种特性，此文认为该句式适用于论辩场合。

叶火明（1996）在《谈“宁可”》中提到了三点注意事项：一是事情都尚未实现，正待研究并须做出抉择的；二是通过比较利害得失，选取其中之一的方式；三是选取的一个方面大都是退而求其次的，一般是比较艰苦的，甚至是危险的。

何宛屏（2001）在《说“宁可”》中探讨了“宁可”类复句的种种表现形式，从词典释义的角度将“宁可”归为“两害相权取其轻”。

王彦杰（2002）的硕士学位论文《“宁可”句式的语义选择原则及其语篇否定功能》是唯一一篇专门探讨“宁可”句式的学位论文。文中亮点很多，尤其是结合语篇述及该类复句，这在以往是未见的。这里摘其要点以示之。

从语篇的角度分析“宁可”句式的语义选择原则及其否定功能。“宁可”句式中存在两种度量维度，可以建立两种不同的语义量级，从而形成两种不同的利害观：公众利害观与自我利害观。在对两个比较项进行比较时，从常规维度出发，就形成了公众利害观；从非常规维度出发，就形成了自我利害观。在“宁可”句式中，公众利害观与自我利害观发生了矛盾。选择者从自我利害观出发，选择了公众利害观中的舍弃项，舍弃了公众利害观中的选取项。“宁可 x，也不 y”句式中存在一种语义预设：在常规维度上，x 不如 y（包括两种情况：x 比 y 更不好，或者 x 不如 y 好）。这一预设是选择者进行语义选择的基础，也是选择者实现否定功能的前提。

在“宁可”句式中，从公众利害观的角度看，选择者使用了一种违反常规的选择模式，遵循了“趋害避利”的选择原则，即两利相权取其轻、利害相权取其害、两害相权取其重；从自我利害观的角度看，选择者遵循了“趋利避害”的选择原则，即两利相权取其重、利害相权取其利、两害相权取其轻。

把公众利害观和自我利害观结合起来看，“宁可”句式选择的是“公众利害观之害、自我利害观之利”，舍弃的是“公众利害观之利、自我利害观之害”。在这两个原则中，从公众利害观出发的“趋害避利”原则是使用“宁可”句式的前提。

“宁可”句式在语篇中具有否定前提句的功能，其否定功能是通过让步选择的形式来实现的。前提句出现一种符合公众利害观的看法、观点、建议等，“宁可”句式中的选择者根据自我利害观对前提句进行否定。“宁可”句式出现的语义背景是：由于某种特定的原因或目的，选择者做出了与常理、与一般人的想法或做法、与对方的想法或做法、与自己以前的想法或做法等相反或相对的选择。“宁可”句式的语义选择原则及其语篇否定功能都可以在体现其语义背景的语段中得到验证。“宁可 p，也 q”句式的否定功能在句法上的形式标志主要有 q 小句中的否定词、句式外具有否定意义的词语、句式外转折词语。其中，句式外具有否定意义的词语包括句式外独说的否定词、句式外否定句中的否定词、句式外肯定句中表达否定意义的词语。这些形式标志与“宁可”句式本身的主观性相一致。

在言语行为上，说话人使用“宁可”句式是为了实现否定功能，用于否定对方的指示、建议、请求、做法、想法、观点等。从信息传递的角度看，“宁可 p，也 q”句式比单纯的否定句的否定功能更强，信息量更大。

“宁可”句式的语义选择原则与其语篇否定功能具有内在的统一性。

“宁可 p，也 q”句式中的舍弃项 q 与前提句在语义上是重合的。前提句既是否定的对象，也是比较和选取的参照。选择者之所以进行“趋害避利”的选择，是为了实现对前提句的否定。

杨玉玲（2000）在《谈“宁可……也……”的语用条件和教学》中，针对对外汉语教学中遇到的应用问题提出，在教学中应强调的不是在任何表示比较的情况下都能使用该句式，而是其使用有严格的语用要求：必须在强调不做更消极的 B 或欲做积极的 B 的决心之大、要求之强，甚至不惜选择消极的 A 时才能使用此句式。

王灿龙（2003）在《“宁可”的语用分析及其他》中，用预设评价这一概念对“宁可”句式的前后项进行了制约。“宁可”表示一种对两个命题权衡后做出选择的意愿、态度，这种说法只是就一般的逻辑关系来说的。“宁可”引出的分句并不是真正供人们选择的内容，它总是带有假设推论的性质，目的是将后面分句所表达的意思推向极致，以使当事人实施该句所表达行为的决心得到极大的加强。该文章还认为，无论是从语料上看，还是从语言理据上看，“与其……宁可……”格式都是不合句法的。

王义娜（2003）在《“would rather”和“宁可”的语义对比》中，首次从语言对比的角度分析了“宁可”类复句。她认为“宁可”有两层含义，或侧重选取行为，或侧重取舍目的，并有不同的适用范围。“would rather”和“宁可”虽释义基本相同，但在句法结构、表达方式以及使用范围等方面均显示出了个性特点。

高书贵（2005）在《“宁可”类句式对取舍项语义结构形态的变异要求》中认为，在“宁可”类格式中，语义层面一般为三个取舍项，但也常常在分化为四元语义对立关系后进行取舍。作者看到了所谓的选择已定关系，即在关系外隐含着说话人的一般认知。

王小郴（2005）在《从预设角度看“与其”句和“宁可”句的区别和归类》中通过分析比较“与其 A，不如 B”句式和“宁可 A，也（不）B”句式的预设情况，认为这两个句式都有强烈的针对性，但“宁可”句重在对 B 的否定，“与其”句重在对 A、B 的优劣进行比较。因此，作为选择复句的小类，“宁可”句应归为否定选择句，“与其”句应归为比较选择句。根据“已选定”和“取舍”把二者归为一小类是不准确的，应分别归为比较选择句（“与其 A，不如 B”）和否定选择句（“宁可 A，也不 B”），并作为特殊选择句以区别于一般选择句。

张宝胜（2007）在《“宁可”复句的语义特征》中针对王灿龙（2003）提出的预设评价指出，在运用预设评价是正向还是负向这个参数来考察分析“宁可”复句的时候，只能考虑语境评价，社会评价应当不予考虑。“宁可”类复句的语义特征为付出代价，获取正面结果或避免负面结果。这个语义特征归因于人们共同的语境心理，即趋利避害或为获益而先受损，并且认为把“宁可”类复句归为取舍复句不妥。因为该类复句既有两取的情况，同时也有两舍的情况。该文认为，该类复句表达的意思是：说话人认为要想达到某种结果，必须付出某种代价，而且说话人认为应该付出这种代价。

邵敬敏（2007）在《建立以语义特征为标志的汉语复句教学新系统刍议》中指出，以往对复句的联合和偏正二分既是基于语义的，又是基于结构的，不能遵循一个标准。对于旧有的分类，其根本性问题还在于命名。第二层次的复句类型，少数采取“双视点”命名，比如说“因果”就是双视点，前因后果、两两呼应，也揭示了前后分句之间的语义关系，是比较准确的名称；但绝大多数是采取“单视点”，比如“条件”“假设”“让步”“转折”就是单视点。前三个立足于前一分句，而且角度不同；后一个却立足于后一分句。可是，“假设”可以是让步，也可以不是让步；“条件”可以是转折，也可以不是转折。这样就导致对于同一个复句，如果视角不同，结论就会不同，这必然会带来归类的混乱，而且这样的类型命名违背了逻辑上的同一律。为此，根据构件的语义特征［+轻重］［+定选］，把“宁可”类定性为先取后舍复句。

第六节　结语

通过以上耙梳，“宁可”类复句及相关问题的研究状况基本比较完整地得以呈现了。可以说，自《马氏文通》以来，“宁可”类复句作为个案研究逐渐受到重视，这与汉语研究的方法论取向有很大关联。诚如吕叔湘先生在《汉语语法分析问题》自序中所说：“个别词语、个别格式的研究和语法体系的研究是互相支持、互相促进的。”正是基于前贤和时贤的诸多研究，我们才有可能更深入地思考更多的问题。

文献整理的意义在于摸清研究进展，发现可能值得继续研究的问题。从研究的数量上看，对该问题的研究不可谓不多；从学术质量上看，对该问题的研究不可谓不高。但是，仍有许多问题是学者们无法取得一致意见的。由于以往的研究多针对“宁可”类复句本身的联结项进行，个别语篇研究未能真正做到在对语言材料进行全面梳理的情况下，对“宁可”类复句进行外部研究。[①] 本书将对以往研究中值得商榷的论题继续深入研究，并将以“宁可”类复句为基位的研究扩展到对多重复句、句群的研究，在本书最后的是理论思考。

① 另外，文献中出现的复句几分问题是个宏观问题，本书径直采用邢福义先生提出的三分法，不再对其进行讨论。

第二章 “宁可”类复句的归类难题

第一节 引言

一 “归类”难题

“宁可”类复句到底应归为选择关系还是让步关系，在汉语语法界存在着明显不同的说法，我们称之为“归类”难题。

（一）取舍说

《现代汉语》（1997）把选择关系分为选择未定和选择已定，认为“宁可”类复句属于选择已定，也称为取舍关系。《现代汉语八百词》（1980）把“宁可”分为：“宁可……也不……”，认为是表选取；“宁可……也要……”，认为是通过选取表目的。《现代汉语虚词词典》（1998）中“宁可”被分为“宁可……也不……”和“宁可……也要……”，统一解释为比较利害得失后选取的一面。取舍关系的分析结果是“宁可”后一定是“取”的，无论是虚取还是实取；“也”后一定是“舍”的，无论是真舍还是假舍。吴启主（2002：190）把“宁可……也不……”归到取舍复句中，但同时指出了归在选择复句中遇到的问题：“有不少语法书把取舍复句并在选择复句里，这样便把联合和偏正两大类的分野搞乱了。取舍分句是二合的，不是多合的，同选择复句既有二合的，又有多合的不同。”实质上，这注意到了取舍和选择的区别。邵敬敏（2007）根据构件的语义特征［+轻重］［+定选］，把“宁可”类定为先取后舍复句。

取舍说在学界是有其深刻的理论背景的。长期以来，汉语语法学界对复句的分类坚持双分法，即按照复句前后构件语义重心的有无分为偏正关系和联合关系（并列关系），选择关系被视为联合关系的一种。现代汉语语法学的滥觞《马氏文通》并未提及单复句的划分。邵霭吉（2005：324）指出，《马氏文通》并没有区分单句和复句。孙良明（1983）回顾了汉语语法学界确立单复句的历程，指出新中国成立前和新中国成立后的诸多代表性著作对汉语单复句的划分一开始就是比照着印欧语，特别是英语来进行的，即用有形态变化的英语"simple sentence、compound sentence"来套无形态变化的汉语。除去自晚明以来西学东渐对中国学术的影响外，有必要对美国结构主义语言学的代表人物布龙菲尔德（Bloomfield）在《语言论》中提及的向心说和离心说进行重温。向心说、离心说是其在讨论句法时提出的一对概念，按照我们的理解，如果整体功能与某一构件的功能具有一致性，那么该构件就是所谓的"心"，该整体是向心结构。该书（1980：240～241）把向心结构分成两类——并列的（或系列的，即serial）和从属的（或修饰的，即attributive），并提到了多心的情况，在"all this fresh bread and sweet butter"中，"bread 和 butter"是中心语。离心结构则没有构件与整体的功能显示出一致性，它包括施事—动作结构、关系—轴心结构、分句从属结构和短语从属结构。虽然在《语言论》中并未直接提及复句，但把英语复句划分为等立复句和主从复句时显然是有理论支持或理论背景的。汉语复句是否适合用偏正和并列去两分要取决于汉语的语言事实——汉语形态缺乏已成共识，向心结构、离心结构对汉语是否适用也存在争议。石定栩（2007）认为，汉语不存在向心结构和离心结构的对立。布龙菲尔德所言之施事—动作结构（actor－action）并不足以形成独立的句子，必须加入一些过去被归入虚词或形态标记的成分，才能形成真正意义上的句子。如果完整地考虑小句自足性的话，可采用形式句法的做法（Chomsky，1986、1995）将这些必要的成句成分归结为一个抽象的"I"，由"I"来充当小句的核心，主语和谓语都做它的附属成分，小句还是可以被分析为向心结构的。① 英语主从复句和等立复句的划分与结构主义语言学倡导的"向心说、离心说"本为一源。同一理论对其他语言是否有适用性，也就是说汉语复句是否也非二分不可，则要寻求更多事实和汉语本身的学理的支持。

（二）让步说

邢福义（2001：341）承认"宁可"类复句具有选择性，同时也指出，

---

① 石定栩：《向心结构与离心结构新探》，《外语教学与研究》2007年第4期。

如果据此就认定其为选择关系复句，那么，“宁可”复句中的后小句常可加“但”这种特性就不好解释了。邢福义先生把这类复句处理为让步关系，认为它是转折复句下的一个小类。张斌（2003：60）指出，联合复句和偏正复句的一个原则区别在于前者可以多分，而后者只能两分。按照这个标准，带有“与其……不如……”、“与其……宁可……”和“宁可……决不……”的句子只能二分，宜归入偏正复句。张宝胜（2007）也认为，很多语法教科书把“宁可”类复句说成一种选择复句不妥当。所谓选择，一定是两个选一个（或数个选一），而“宁可”复句并非如此——既有双取的情况，又有双舍的情况。

二　两说分歧的根本及归类的意义

除上述两种比较明确的归类外，有些具有规范意义的汉语教科书在同一著作中对其归类也是莫衷一是。马景仑在其编著的《汉语通论》（2002：534）中讲到联合复句时，把“宁可……也不……”归在选择复句中。该书（2002：455）讲到，“宁可”“与其”连接的两项有一种取舍关系，这是在偏正关系中被提及的。

两种说法的分歧貌似是语义理解问题，但除此以外，还涉及以下三个问题。

第一，对让步关系和选择关系该怎样理解？

第二，复句的语义关系是由词汇意义影响还是由语法意义影响？

第三，让步关系和选择关系在整个复句体系里是离散的还是连续的？

第二节　“让步”与“选择”

一　“让步”种种

作为语法术语，汉语研究者对其界定也不尽一致。黎锦熙（1992：222、223）把让步句归为主从复句，从句和主句处于反对地位；但说者也承认、容许从句事实或理由的存在，像是表示说话时的让步。所以，这种从句叫作让步句，也称让容句。把让步句排列在前，因为下面的主句常是转折句，新式的却常列在主句后。让步连词分为认容连词和推宕连词，虽然类重在表事实上之认容，纵令类重在表心理上之推宕。吕叔湘（1990：434）认为，纵予句和容让句属于同类，通常合称为让步句。所谓让步，即姑且承认之意，但容让句所承认的是实在的事实，纵予句所承认的是假设的事实。该书（1990：430）的容让句是指用“虽然”等关系词联系的句子。这是擒纵句法的一种，先承认甲事之为事实（一放），接下去说乙事不因甲事而不成立（一收）。容让句和转折句很相近，同是表示不调和或相违逆的两件事情；所不同者，转折句是平说，上句不表示下句将有转折，而容让句则是上句既已作势并预为下句转折之地。王力（1984：93～97）认为，在造句法中，把复句称为复合句并分为等立句和主从句，主从句又可细分出七类。其中，丙类称为容许式。乙事之存在，依通常的见解，甲事该受其影响，然而事实上甲事并未受（或绝不会受）乙事的影响。可见，甲事不受此种条件的限制。这样的复合句叫作容许式，因为说话人容许乙事的存在，同时又不承认它能对甲事有所影响。容许式又细分为两种：从属部分所说的是一种既成事实，可称为事实的容许；从属部分所说的是一种假设，可称为假设的容许。丁声树（1961：138）《现代汉语语法讲话》把让步复句归在偏正复句中，用让步句的偏句做一种让步，用正句说出正意。有的先承认事实，然后转入正意；有的先承认假设的事实，然后转入正意。要是正句在前，偏句在后，偏句也是补充说明的性质。太田辰夫（1987：305）认为，让步关系是确认既定事实而又加以转折。易孟醇（2005：745）认为，让步关系是指复句中的一个分句为退让一步后所设想的条件，另一个分句则是在这一让步条件下所表达的正意。

邢福义（2001：459）专辟一章“让步句式审察”对让步关系复句做了详尽的考察与界定，提出让步句式是先让步后转折的复句句式，并通过对“虽然”句和“即使”句的归纳得出了让步句的共性：让步性和转折性。两者同时具有形式和意义两个方面的特征。让步性在意义方面体现为“姑且承受”，在形式上用让步词；转折性在意义方面体现为“p”“q”逆转，在形式上用“但”类词。作为类特征被归纳出来后，便可作为演绎的依据，用来检验其他句式，从而明确让步句的范围，具体表现是：以“虽然”句为代表的容让性让步句，对事实让步；以“即使”句为代表的虚拟性让步句，对虚拟情况让步或是带虚拟口气的让步；以“无论”句为代表的无条件让步句，对各种条件的总体性让步；以“宁可”句为代表的忍让性让步句，是心理上、意志上的让步。“宁可”是表忍让之词，加“宁可”

是表明在别无选择的情况下对不乐意而为之的事情不得不有所忍让，以便实现某种决心。由“宁可 p”转出的“也 q”，如果采用肯定形式，是强调决心“要怎样”；如果采用否定形式，是强调决心“不怎么样”。徐阳春、侯友兰（2005）《论让步》是唯一的专论文章。其核心观点使让步的特征在语义上从顺关联退步到了逆关联。从语用层面看，让步是对“如果非 p，很可能 q”的修正。

上述理解主要侧重逻辑前提和归类特征方面。《现代汉语词典》（第 5 版）释义“让步”：在争执中部分地或全部地放弃自己的意见或利益。这个概念突出表现了让步的利他性。《辞海》（缩印本）中“让”有 6 个义项，与“让步”有关的是“退让、谦让、辞让”。《贾子 · 道术》：“厚人自薄谓之让。”这个概念表现的是自己吃亏。作为工具书，这样释读是可以理解的；但若进一步分析，这一概念并不周延，也不准确。黎锦熙曾注意到“纵令类重在表心理上之推宕”，而邢福义先生则旗帜鲜明地认为让步可以体现在心理上和意志上。为此，我们结合心理学中的利他行为进行了相关分析。这种跨学科的视角有助于我们加深对“让步”的理解。心理学中的利他行为主要是一种人格完善和动机的价值取向。

“让步”在普通心理学中并没有被直接提到，但我们认为这个概念与心理学研究中的利他行为有相当的一致性，而利他行为在人格心理学和社会心理学研究领域都有所涉及。黄希庭（2002：495）提到斯托布的观点：利他精神（或利他主义）（altruism）乃是只想有益于别人或别的团体的行为，即这种行为只给他人带来福利，而对行为者本人并不带来任何物质利益。时蓉华（1998：455）指出，利他行为（altruistic behavior）的含义较宽泛。黄希庭（2002：496）指出，利他行为大致可分为三个不同的层次：（1）把人与己的利益都视为同等重要，例如《论语》中所说的“己欲立而立人，己欲达而达人”（《论语 · 雍也》）和“己所不欲，勿施于人”（《论语 · 卫灵公》）；（2）把利人置于利己之上，例如范仲淹所说的“先天下之忧而忧，后天下之乐而乐”（《岳阳楼记》）；（3）牺牲自己以利于他人，例如“公而忘私”“舍己为人”“杀身成仁”……因此，我们所说的利他行为是相对于个人损益而言的，行为者在助人过程中以牺牲个人利益为限，假借他人或集体利益而助人则应作别论。同时，在评判利他行为时必须以公认的社会公德为标准而不能违背社会公德。①

如果把“让步”视为一种心理行为，那么这种行为必涉及受损与增益。在语义上，损益并举是构成“让步”的充分必要条件，这种损益通过一定的语表形式可以体现为具体的语里意义或语用价值。损益在“让步复句”中是通过复合命题的形式表现出来的。由于损益带有对立性，所以，让步关系自然可成为让步转折关系。下面以“即使”句为例为让步关系做例证：②

(1) 即使他来了，也改变不了什么。(自编)

(他来了会有所帮助——增益；依旧改变不了什么——受损)

(2) 平日，他少言寡语，只把心操在编辑工作上，即使有点小小的不顺心，也常常就在肚子里消化了。

(有点小小的不顺心——受损；在肚子里消化——增益)

(3) 皇帝倒是每天一早必到永和宫请安，但见到太后的时候甚少，即使见到了，太后也脸无笑容，沉默寡言。

(见到皇后——增益；脸无笑容，沉默寡言——受损)

(4) 即使有人带了被卷，那被卷也通常用一块自织的土布包着，那包布虽有点暗红土绿的条纹，也脏污得辨不出颜色。

(有人带了被卷——增益；用一块自织的土布包着，脏污得辨不出颜色——受损)

上述例子中，“即使”句的语表形式所表达的损益与作为心理行为的“让步”具有相当的一致性。

二 “选择”的概念与重构

语言学中的很多概念都是嫁接过来的，如“连续统”来自数学，“配

① 〔美〕Robert J. Sternberg（2006：325）指出：认知心理学在研究判断和决策时，引进了经济学中的经典决策理论，认为人们做决策时，总是试图追求更多的快乐（积极效益），并使痛苦（消极效益）降至最低。这就要求决策者做出决策前要知晓所有可能的选择，以及每项选择可能带来的后果，并对各选项之间的细微差异无限敏感，且在确定选择哪个选项时完全是理性的。无限敏感这条假设意味着，不论两个选项间的差异多细小，人们都能够看出两种结果的差异。完全理性这条假设意味着，不管对任何事情，人们的选择总能使事情的价值实现最大化。

② 本章所引例子没有特殊注明的均为邢福义先生《汉语复句研究》（2001）中的用例，其他非网络语料之具体出版信息见本章语料来源。

价”来自化学，语法研究中的“对称和不对称”更是直接源于现实生活。“选择”这一概念来自何方，无从考证，它作为生活中的一种常态每天都在发生着。“选择”作为词语，《现代汉语词典》（第5版）这样释义：挑选。“挑选”则释义为：从若干人或事物中找出适合要求的。由此可见，“选择”具有［+挑］［+多项中］［+符合要求］的语义特征。选择行为在生活中随时可见，如做选择题时的筛选、买东西时的挑选、找男女朋友时的慎选、提拔干部时的公开选拔——都是最典型的选择行为。就拿买衣服来说吧，应该可以有下面的场景：差不多价钱（款式等）的衣服，购买人不会先入为主做出决定，而是在比较后才做出选择。若衣服差价很大，或者只有一件衣服，或者朋友已经指定买哪件衣服，或者摆在你面前的既有电视又有衣服，那么对购买人来说，这些情况都不能构成选择。和购衣选择相类似，我们将把选择关系进行重新构建，但绝不是比套生活行为，毕竟语言作为符号通过人脑来表达客观世界要比简单的购物行为复杂很多。

为使这种关系构建得以周延，我们有必要对通说进行简单的梳理。通常认为，选择关系在两分复句体系中属于联合关系类。无论是三分的复句体系还是二分的复句体系，联合关系包括的小类如并列关系、连贯关系、选择关系、递进关系等都具有共性，即复句的前后各项在理论上具有延展性，通常不仅限于两项。范晓（1998）着力指出，联合复句由两个或两个以上的分句构成，分句之间的关系是平等地联合在一起的，没有主次之分，并特别强调在理论上，联合复句的分句可以是无限量的。张谊生（2000）认为，“选择”可以分为相容式与析取式两种。相容是指所选各项可以兼容，析取是指所选两项非此即彼。前者可以有多项选择，后者只能有两项选择。就选择关系而言，不确定性是其要旨。确定性是选择后的结果，与具体的选择行为有关，不同主体选择的结果可以不同。尹蔚（2008）指出，确定性与不确定性的辩证结合促进了选择关系范畴的产生。[①] 为此，我们

---

① 尹蔚（2008）在其博士学位论文中指出，要从两个角度来理解选择关系范畴。首先，从哲学的角度来看，人类对客观世界和主观世界的认识，是确定性与不确定性的辩证结合，这种辩证结合引起了选择关系范畴的产生。换而言之，选择关系范畴有两大特征，那就是它反映了人类认识上的确定性与不确定性。其次，从数学的角度来看，选择关系范畴其实就是表达了这样一种含义：说话人或者行为主体认识到某个集合里含有n个元素（n≥2），但是在某一具体的事件当中，不能确定是n_1还是n_2……。另外，关于选择关系复句的内部基本分类意见未见分歧：任选、限选是两种基本类。各家略有分歧的是优选，详细的论述参见尹蔚的论文。众说虽然注意到了选择关系内部的类，但尚未从理论上给予合理的解释。

对选择关系的项做出如下规定：项量 n≥2；项之间地位平等；项可扩展。同时符合这三个条件的项是选择关系的典型成员，否则为非典型成员。项量对项的数量做出了规定，备选项不能唯一，并且备选项不能同一，如“大伙是愿意听啊，是愿意听啊，还是愿意听啊，我决不强求”。这是郭德纲的一段经典语录，就是利用备选项不能同一的特点造成的特殊的语用效果。项之间的地位平等主要是指备选项具有不确定性，不能有所偏倚。备选项之间不能有地位高低之分和优劣之分，并且在进入复句格式后这种平等关系会得到延续，在层次上不能越层，即只能是单层。例如，“这本书不是小王的，就是小李的，要不就是小张的”。[1] 项的地位有层递性，不是单层复句，不适合在一起讨论。项可扩展主要是指，在理论上，项有延展的空间，通常的两项可延展到三项、四项甚或更多。据此，“或者”句和“要么”句为选择关系中的最典型成员，“或者”类复句、“不是”类复句和“与其”类复句根据以上条件可以表化（见表 2－1）。

表 2－1　选项关系

条件＼联结方式	“或者”句、“要么”句	“不是……就是……”句、“是……还是……”句	“与其……不如……”句、“宁可……也……”句
项量 n≥2	+	+	+
项之间地位平等	+	+	–
项可扩展	+	–	–

从表 2－1 中可以清楚地看出，传统的选择关系复句内部是不平衡的。三类复句若套用语法化“斜坡”，则表示的次第顺序如下：“或者”句、“要么”句＞“不是……就是……”句、“是……还是……”句＞“与其……不如……”句、“宁可……也……”句。

第三节　词义、语法意义与复句语义关系[2]

复句的语义关系通常与联结复句构件的标记词的语义关联一致。“宁

① 转引自周有斌（2004：8）。

② 这里的词义和语法意义是指作为复句构件联结词的“宁可”的词汇意义和语法意义。

可”类复句归类难题与“宁可”本身的性质有关。“宁可”的词性对这种分类有很大影响。

一 “宁可”的词性与词义

以“宁可”为代表的“宁可”类词，《现代汉语词典》（第5版）、《现代汉语八百词》（1980）将它们归入副词，《现代汉语虚词词典》（1998）则把它们归入连词。张谊生（2000：47）认为它们是表意愿态的语气副词。同时，张谊生（2000：143）看到了其联结功用，指出“因为宁可”的连用系非同类连词的共现。张谊生（2000：146）把“宁可、不过、果然”等确认为副连兼类词。周刚（2002：17）把“宁可”确定为连词和副词的兼类词，认为它出现在关联场合时是连词，出现在非关联场合时是副词。齐春红（2005）在其博士学位论文《现代汉语副词研究》中把“宁可”归为意志类语气副词。

（一）语气副词说

之所以存在上述分歧，我们认为这既与副词本身的语法复杂有关，又与副词入类标准的不一有关。关于副词尤其是语气副词的入类标准，我们择代表性观点进行列说。王力（1984：229～230）采用的是意义和句法位置双重标准：语气副词的辨认，自然以缺乏实义、仅表情绪为标准……从中西语言的比较上，也可以看出某一个词是不是语气副词。凡居于副词所常在的位置，而“西洋”语言（如英语）又没有一个副词和它相当者，大概总是语气副词。吕叔湘（1980：12）认为副词的主要用途是做状语，以修饰动词、形容词或者整个句子；朱德熙（1982：192）认为副词是只能充任状语的虚词。邢福义（2002：181）从组合能力上认为副词以修饰谓词作为必要条件，即不能修饰动词、形容词的一定不是副词。在句法功能上，以纯状语性作为充要条件，即如果能够充当状语，而且只能充当状语，那么这个词一定是副词。下列“宁可”的语料表明其具有较强的状语性，如：

(5) 我们宁可警惕一点儿的好。[《现代汉语词典》（第5版）]

(6) 面对着这些领导，如果自己的据理力争能够打动他们，说服他们，或者能够让他们或多或少地有所醒悟，有所警觉，那自己的目

的也就达到了，甚至连这份举报材料也宁可不拿出来。（张平《十面埋伏》）

（7）他们不愿被人指责为好出风头，即使才识不为社会承认，也宁可压抑自我。（《长江日报》1989 年 1 月 5 日）

（8）即使人物和故事很感动人，我也宁可不写。（《人民日报》1985 年 3 月 11 日）

（9）他自认为自己做了件对社会有益的事儿，要是让他知道了还得自费出版，他宁可不出！（王海鸰《新结婚时代》）

（10）他认为大学教的很多东西都没有用处，对不感兴趣的东西，宁可不学。（靳颖姝《另类，还是精英?》，载《南方人物周刊》2007 年第 13 期，第 36 页）

上述 6 例表明“宁可”既可出现在动词前，如（5）和（7），也可修饰整个谓词结构，如（6）、（8）、（9）和（10）；既可出现在单句中，如（5），也可以出现在复句中。文体既有报纸又有小说，还有词典的用例。单从上述语料看，可将其归为副词，但这些语料并不能完全覆盖“宁可”的分布。

（二）连词说

只有《现代汉语虚词词典》（1998）将其归为“连词”。相对于“副词说”，“连词说”关注的是“宁可”的联结性。董秀芳（2002）指出：主语之后是介宾短语出现的典型位置，而不是句子间连词出现的典型位置。句子间连词出现的典型位置是句首，如：

（11）宁可我负天下人，不可天下人负我。

（12）对于秀莲来说，宁愿她自己饿肚子，也不愿让少安吃不饱。（路遥《平凡的世界》）

（13）宁肯我们留下，也要请大人今夜突围。（姚雪垠《李自成》）

（14）因此我昨夜想来想去，宁肯曹操不卖力气，也不能逼他过紧，化友为敌。（同上）

（15）宁可我们自己辛苦点，也要让群众满意。（《长江日报》1983 年 6 月 20 日）

上述5例中，"宁可"出现在复句前小句句首，后面有"也"呼应，联结作用明显，属连词无疑。但据统计，其出现在非典型连词位置上的语料则较此多。据随机抽取的100例"宁可"类语料，"宁可"出现在句首位置的情况仅占15%。我们据此认定它的连词性相对式微（见表2－2）。

表2－2 "宁可"句法位置频次

位置 数量及比例	宁可＋S	S＋宁可	省略主语
数量（次）	15	35	50
占比（%）	15	35	50

（三）"宁可"的词义与准连词说

语气副词说和连词说对"宁可"的分布都不能完全覆盖，却又试图得出非此即彼的结论，从语言发展的视角观测，这恐怕是有失偏颇的。我们认为"宁可"是介于两者之间的"准连词"。"准连词"的提法早有前贤提及。邢福义（2002：226）在谈到关联副词时，曾指出：关联副词是副词的特殊类型，如果仅看联结作用，关联副词也可以被认为是"准连词"。准连词的提法实际上是注意到了连词和副词纠葛不清的问题。是否非要确定绝对统一的标准，我们认为，针对不同的目的可以采取不同的策略。若针对教学目的，因其可用于复句联结，具有连词的典型功能，不妨把它确定为连词。若针对研究目的，我们考察清楚其分布情况，承认连词和副词有交叉，造成这种情况是语言本身发展的问题，所以不必做出断言。

汉语词类的虚实二分，本质上关注的是词意义的虚灵与实在。古人把虚词称为词。《说文解字》："曰，词也。"徐锴注："凡称词者虚也，语气之助也。"虚词在语气上有帮助之作用。副词因其词汇意义介于虚实之间，所以其分类也介于虚实之间。词类是连续统。语法化是语言单位的渐进性变化，在变化中，语言单位的功能性增强，实在意义减弱。席嘉（2006）指出：在语言单位虚化过程中，往往伴随着去语义化，但由于语法化是过程性的渐变，语义会不同程度的有所滞留。也就是说，相当多的语言单位虚化后或多或少地保留了一定的源词的语义，如"否则、不然、因此、然后、不仅"等。连词只有连接作用而不能成为句子成分或句子成分中的实质性结构部分，因此处在它所连接的结构前面，不仅是解码过程中最容易辨识的位置，而且在编码过程中的可及性程度也要高一些（指在记忆中存取比较容易一些）。[①] 发展变化过程中，出现一些交缘性语言单位是必然的。

基于上述理论背景，我们认为“宁可”属于准连词，与关联副词有细微区别（见表2－3）。

表2－3 “宁可”的词性特征

区分特征 / 词性	关联性	主语前	主语后	在单句中使用	意义虚灵
连词	+	+	+	−	+
语气副词	−	+	+	+	−
关联副词*	+	−	+	−	+
准连词	+	+	+	+	−

*该分类据邢福义《汉语语法三百问》，商务印书馆（北京），2002，第90页。

从表2－3可知，准连词可用在单句中，有一定的词汇意义，位置在主语前后皆可区别于关联副词的三个特征。

准连词用在复句中表现出了连词的特征，用在单句中则表现出了副词的特征，如：

（16）我宁愿流浪街头，拣香烟盒子当纸，拣火柴棍当笔，也要写诗。（刘心武《钟鼓楼》）

（17）孩儿宁愿跟着三娘去的！（刘斯奋《白门柳》）

准连词甚至可以表现出意愿类动词的特征，如：

（18）我宁可他好色，总算还有点人气，否则他简直没有人味儿。（钱钟书《围城》）

（19）我宁可你死了，也不愿你做坏事，你明白了么？（金庸《神雕侠侣》）

（20）我宁可他待我更凶些，也别娶新妈妈。（同上）

上述画横线的3例皆为主谓短语，句子成分划分只能为 S_1 ＋宁可＋ S_2P，

① 席嘉：《近代汉语连词研究》，博士学位论文，武汉大学，2006。

“宁可”后的主谓结构宜分析为 S_1 的宾语。这样，“宁可”就具有了意愿动词的特点，同时也可与后小句关联。

“宁可”具有［+意愿性］的词汇意义，相当于意愿动词“希望、愿意”等；同时，又具有强语气性，这和语气副词是一致的。史金生（2003：21）把语气副词的分类加以细化，“宁可”被划为意志意愿类语气副词。下列等式的不成立可为旁证：

*连词+语气副词=关联功能+语气

带*号的连接方式是有问题的，复句中前小句加上关联标记后多为客观表述，这与主观语气是矛盾的。杨彩梅（2007）认为：关系化可作为一种识别主观性语言实现的形式手段，英汉句子主观性的语言实现不能出现在关系从句中。齐沪扬（2002）认为，语气副词具有表述性功能，在句子层面才能起到表述性的作用。语气副词的位置比较灵活，可以位于主语的前面，也可以位于主语的后面，动词、形容词的前面。这种灵活性证明了语气副词的主要功能是表达说话人的主观态度。通过上述分析，我们基本可以确定“宁可”为准连词，[①] 其词汇意义为［+意愿性］+［+强语气］。

二　对复句语义关系的影响

复句的语义关系与联结标记的词汇意义有很大关联。联结标记往往是连词，连词的用法也就表现为复句的语义关系。“宁可”的准连词性给其归类带来了困难，当对其词汇意义［+意愿性］+［+强语气］倚重时，往往认为有这种关系的复句是选择关系复句。史金生（2003）认定表意愿的语气副词有“宁可、宁、宁肯、宁愿、偏偏、偏、就、就是、死活、非得、非、毋宁；只好、只得、只有、不得不；索性、率性、爽性”等，它们都体现出了主体对某种行为、状态等的主观选择。那么，内嵌意愿性动词和有这些意愿性副词的句子，若作为复句的构件，是否都可以被绝对认定为选择关系复句呢，虽然这种词汇意义对复句语义关系的影响是明显的。与“宁可”类似的情况，在现代汉语中比较常见。邢福义先生

① “准连词”的说法体现了语言发展的动态性。在与邢福义先生的交谈中，笔者也曾多次提及这个问题。

（2001）在《汉语复句研究》序言中言：“我想写点东西，还想早点发表出来。”这里的“还”似表递进。“今天到会的有市长、副市长，有各大工厂的厂长、副厂长，还有几个劳动模范。”这里的“还”似表并列。这表明“还”作为副词确实有表层递的意思，但在现代汉语中，其语法化进程仍在继续，待其意义彻底消失时表并列也未尝不可。若仅依据词汇意义便对某类复句的语义关系进行认定，那么按照行为主义的刺激反应论，即语言行为说，所有的复句都可以被认定为选择关系。因为行为的发生是要有目的的，即心理学中所讲的动机。时蓉华（1998：217）认为：动机（或动机作用，即 motivation）是直接推动个体活动达到一定目的的内部动力。个人的一切活动都由一定的动机引起，并指向一定的目的。动机是个人行为的动力，是引起人们活动的直接原因。它是一种内部刺激，是个人行为的直接原因。动机为个人行为提出目标，使个人明确其行为的意义并为个人行为提供力量以达到其体内的平衡。由此可见，动机具有两方面的作用，一方面为活动性（activity）。一个人怀有某种动机之后，能对其行为发出推动作用，表现为对其行为的发动、加强、维持，直至终止。另一方面为选择性（selectivity）。具有某种动机的个人，其行为总是指向目的而忽视其他方面，使其行为表现出明显的选择性。故分析个人动机的作用时，首先要确定其方向。在正确方向指引下，动机越强烈，则其行为越具有积极的社会意义；否则，方向不符合社会要求，动机越强烈，其行为对社会带来的消极意义也越大。由此可见，联结标记的词汇意义对复句的语义关系有所影响，但不能据此对复句的语义关系做出决定性判断。

第四节　多可性与复句语义关系

如果以原型理论来观照语法范畴的话，语法范畴应是语法意义的典型特征集。它固然有一个单一的心理“意象”（image），不过这只是一个用来感知的“完形”，是人类认识客观世界所凭借的一组通常聚集在一起的特征。[①] 不同的复句语义关系是不同的语法范畴，这些语法范畴之间的边界是模糊的、连续的，而不是离散的。复句的语义关系不是能用仅含有两

① 张国宪：《形名组合的韵律组配图式及其韵律的语言地位》，《当代语言学》2005 年第 1 期。

三种合取或析取特征的定义就可以确定的。

在复句研究中，邢福义（1991）针对复句语义关系提出了“多可性”的语法概念，旨在说明作为复句格式反映的对象，复句的语义关系具有多可性。从客观实际看，甲、乙两种事物之间可能只有一种关系，也可能存在多重关系……如果说，复句格式形成之前，关系可以是游移不定的；那么，复句格式形成之后，关系便是被框定了的。同一逻辑基础项存在不同逻辑关系的可能性，如学英语、学法语，既可以作为并列关系的逻辑基础项，也可以作为递进关系的逻辑基础项。这样的例子很多，不再赘述。多可性是由语言的经济性原则决定的，这个原则使有限的语言符号可以表达无限的意义。同时，多可性也给我们分析复句逻辑关系带来了麻烦。具有多可性的逻辑基础项在被格式限制后仍有转化为其他关系的基础。这种多可倾向在关系标记控制下被约束，关系标记便使多可性中的一种倾向变成主导倾向。其他倾向虽从显性层面退到了隐性层面，但未消失，仍保留在语义层面中，存在构成其他关系的可能性，通过插入其他关系标记就可以激活。主观视点的转移便是一种激活目的。邢福义（1991）用大量事实证明了复句的语义关系具有二重性：既反映客观实际，又反映主观视点。这里仅举一例说明，并列句式中隐含逆转的情况，如：

一面挥着手巾，一面高声呼喊。/一面笑脸相迎，一面暗暗诅咒。

后者的逻辑基础项虽然在形式上存在并列关系，实际上通过加关系标记“但”可以转为转折关系。我们认为，并列关系中不同类型的逻辑基础项之间存在着转折性，通过关系标记可以显现，但没有插入其他关系标记前，仍由主导标记——并列关系控制，转折性不能显现。如“一面……一面……”显示的是并列关系，但是插入“但”以后，逻辑基础项便受到了控制。那么，转折关系在反映主观视点的同时也验证了该逻辑基础项之间存在转折性。邢福义（2001）在《汉语复句研究》中对复句的三分关系给出了说明（见图 2－1）。

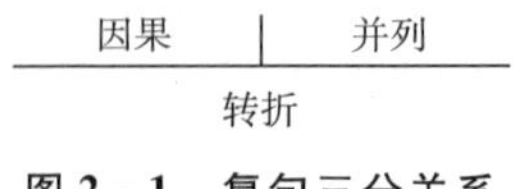

图 2－1　复句三分关系

从图 2－1 可看出，因果关系和并列关系是最基本的复句语义关系，而转折关系的构件是在并列或因果的逻辑语义基础上构建的。

语法范畴的连续性和复句语义关系的多可性使得“宁可”类复句的归类见仁见智。为此，我们拟以“或者……或者……”作为选择关系的典型成员，“即使……也……”作为让步关系的典型成员，对“宁可”类复句做相似性调查。[①] 关于语料的选择，参照张宝胜（2007），其从形式上把“宁可”划分为——A：宁可 S_1，S_2；B：宁可 S_1，不 S_2；C：宁可不 S_1，S_2；D：宁可不 S_1，不 S_2。这种分类有助于呈现“宁可”类复句的完整格局。调查对象为 50 人，受教育程度皆为大学本科及以上。调查问卷附于章后。调查结果让我们很意外，100% 的调查对象都选择了第三项，可得出“宁可”类复句与“即使”类复句相似。这为我们最后为其归类提供了富有说服力的证据。

第五节　结语

我们倾向于把“宁可”类复句归为让步关系复句，理由有以下几点。

第一，不是选择关系的典型成员。“宁可”类复句，由于其关联标记具有一定的选择性的词汇意义，这在教学上是需要着重指出的，但其联结的小句具有忍让转折关系。因为词汇意义的选择性，所以可将其认定为选择关系复句中的非典型成员，与一般的选择关系成员在特征上有较大不同，即项的数量不能扩展、项之间的地位不平等、不具有选择的并列性。

第二，与“即使”类复句具有相似性。对比调查显示，“宁可”类复句与“或者”类复句不具有相似性，而与“即使”类复句具有相似性。这说明在心理现实性上，两者接近。

第三，该类复句的归类难题在涵括细节范畴理论方面也可以得到很好的解释，[②] 这为其入类提供了另一理论佐证。我们认为，涵括细节对

① 这样确定是因为学界关于这两种形式的复句归类的观点基本一致。

② 储泽祥（2004：175）在理论上详细论述了建立涵括范畴、细节范畴对语法研究的重大意义。涵括与细节是相互依存、相互对立的。从认识论或思维方式来讲，综合、整合得到涵括，分析得到细节，涵括和细节是一个问题的两个方面。涵括是人类在对世界的经验中建构和识别事物时的网络，而细节就是网络上的节点。涵括具有整体性、抽象性和概括性，细节具有局部性、具体性和生动性。涵括是人们对某事物“完形”感知的结果，是该事物不同认知域的总汇，是不同侧面的综合或整合；细节是人们关注某事物一个或一些认知域的结果，是涵括所关涉的方方面面。如老张是“人”，这是涵括的体现；他“五十多岁”“不识字”则是细节的体现。

语义范畴、对复句关系的确定有很强的参考意义。“宁可”类复句难于归类的症结不在于是归为“选择关系”还是“让步关系”。大家看到的是不同的细节，而这些细节经过高度概括后就会明确该类复句的地位。诚如“人”体现出来的是涵括，至于黑头发、蓝眼睛则都是细节。我们既要看到黑头发和红头发的细节差别，分析气候、地理等方面的原因，也应该看到它们在生理上有相同的构造。从涵括的角度讲，它们具有一致性。这启示我们在复句研究中既要看到类差，也要重视共性。只有这样，才能在一定的范围内对个体的特点进行准确分析。就“宁可”类复句而言，表示“总让关系”的“无论”涵括了所有条件，“宁可”是用极端的条件来涵括所有条件。“宁可”类复句与“无论”类复句的相似性和“宁可”类复句与“即使”类复句的心理相似性共同构成了让步关系复句的共性。

调查问卷

您觉得在句义上，每组中的第 1 个句子与第 2 个或第 3 个句子哪一个更为相近，请在括号中标明序号。

A（ ）

1. 宁可不当官，也不落骂名。
2. 或者不当官，或者不落骂名。
3. 即使不当官，也不落骂名。

B（ ）

1. 宁可叫群众吃亏，我个人也不吃亏。
2. 或者叫群众吃亏，或者我个人不吃亏。
3. 即使叫群众吃亏，我个人也不吃亏。

C（ ）

1. 宁可不养活父亲，也要上大学。
2. 或者不养活父亲，或者要上大学。
3. 即使不养活父亲，也要上大学。

D（ ）

1. 宁可徇私舞弊，也要考上大学。
2. 或者徇私舞弊，或者要考上大学。
3. 即使徇私舞弊，也要考上大学。

本章语料来源：

张平：《十面埋伏》，作家出版社，2009。
路遥：《平凡的世界》，人民文学出版社，2004。
姚雪垠：《李自成》，中国青年出版社，2006。
刘心武：《钟鼓楼》，作家出版社，2009。
刘斯奋：《白门柳》，中国青年出版社，2005。
钱钟书：《围城》，人民文学出版社，1991。
金庸：《神雕侠侣》，文化艺术出版社，1998。

第三章 “宁可p，也q”与“宁可p，但q”的转换条件及相关问题

第一节 引言

一 “宁可p，但q”语言事实例说

对“宁可”类复句的研究，学者多关注其一般形式，即“宁可……也要（不）……”，如居志良（1979），高书贵（1989），杨玉玲（2000），何宛屏（2001），王灿龙（2003），邵敬敏、周有斌（2003），周有斌（2004a，2004b，2004c），张宝胜2007等，而对“宁可”类复句的其他相关形式关注不够。

“宁可p，但q”作为“宁可”类复句的一种相关形式在语言中是客观存在的。邢福义（1983、2001）在考察“但”类词和“既p，又q”等句式时敏锐地观察到了这一语言现象，并以“但+宁可p，也q→宁可p，但q”为题目专述了这一问题。周有斌（2004c）提到，个别“宁可”类复句可插入“但、却”等转折词语，但仅限于简单描写。我们研究的“宁可p，但q”如同下列复句：

（1）我宁肯相信那是奇迹，有神在帮助你，但我不会靠奇迹来做决定。（阿来《尘埃落定》）[①]

（2）我倒宁愿你不是傻子，但你确实是个傻子嘛。（同上）

---

① 我们对“宁可、宁愿和宁肯”不作具体差异分析，统归为“宁可”类复句。我们所引纸质语料只标注书名，作者及出版信息见本章语料来源；所引电子语料均注明了网址；同一用例，为说明不同问题重复引用时，不再注明出处。例证的序号分段排序，不依顺序排序。

(3) 我宁愿她长相平凡一些，但要有一头好头发。(池莉《怎么爱你也不够》)

(4) 我们做生意要规规矩矩的，宁可慢一点，但一定要配好货。(周而复《上海的早晨》)

(5) 宁可慢些，但要真实有用的材料。(同上)

二 问题的提出

“但”作为转折复句的典型标记毫无争议，即在联结项前出现“但”便可认为该复句为转折复句，但我们也应同时注意下列句子：

(1) 他宁可牺牲生命，也不肯泄露机密。[《现代汉语虚词词典》(1998年)]

(2) 他虽然幼稚，也明白这里有危险。(同上)

(3) 你不说，我也知道。(同上)

(4) 即使下雨，也要完成任务。(同上)

“也”作为副词的基本用法是表类同，其关联用法也都可以用类同来概括。“也”的这种关联用法与经典辞书中的处理是一致的。[①] 上述各例中的“也”具有同一性，其类同用法被逻辑语法关系隐含，即我们在确定复句类型时，多关注其前小句中由“也”承接的类同，可补出：

(1a) 不牺牲生命，不泄露机密。(理所当然的结果)

(1b) 牺牲生命，也不泄露机密。

(2a) 不幼稚，明白这里有危险。(理所当然的结果)

(2b) 幼稚，也明白这里有危险。

(3a) 你说，我知道。(理所当然的结果)

(3b) 你不说，我也知道。

(4a) 不下雨，完成任务。(理所当然的结果)

(4b) 下雨，也完成任务。

可见，这四者的逻辑基础是相同的，“也”的作用在于承接对立条件，即在相对的条件下，结果不发生改变，这也是题中“隐含的条件对立”的

① 详见《现代汉语八百词》(1980)和《现代汉语虚词词典》(1998)中的该词条。

要义。邢福义（1992）指出：转折句式的成立，取决于事物间存在转折关系的逻辑基础。具体点说，这取决于事物间具有的违逆性、对立性或差异性，并且取决于所用句式和逻辑基础的对应性。这些特点可视为转折复句成立的直接条件。“也”在上述复句中对“对立条件”的承接可被视为转折复句的一个相关条件，那么，“也 q”和“但 q”便有了契合点。两者有时可以替换，诚如下列句子：

（5a）她宁可死在刀刃下，也决不能受辱。（姚雪垠《李自成》）

（5b）她宁可死在刀刃下，但决不能受辱。（仿造）

（6a）宁肯舍弃爱情和婚姻，但绝不舍弃山里的孩子。

（http：//www.gs.xinhua.org/news/2008－04/21/content_13033543.htm，2009 年 9 月 9 日查询）

（6b）宁肯舍弃爱情和婚姻，也绝不舍弃山里的孩子。（仿造）

同时，两者又不完全相同，不能在任何情况下都替换，如下列句子：

（7a）我倒宁愿你不是傻子，但你确实是个傻子嘛。

（7b）我倒宁愿你不是傻子，你也确实是个傻子嘛。（仿造）

我们将对“宁可 p，但 q”进行小三角查析，进而探讨“也 q”和“但 q”在承接“宁可 p”时的转化条件。

第二节　“宁可 p，但 q”的小三角查析

要想弄清楚两者可以互换的条件，有必要对“宁可 p，但 q”进行深入的描写和考察。

一　前后小句的形式特征

（一）“宁可”前可出现表评价的语气副词“倒”[①]

（1）我倒宁愿你不是傻子，但你确实是个傻子嘛。

① 我们对语气副词的界定和细类划分依据史金生《语气副词的范围、类别和共现顺序》（《中国语文》2003 年第 3 期）。

（二）“但”后经常出现各类语气副词

语气副词可以是断定类的“绝、确实”，如：

（1）她一心扑在山乡的教育事业上，宁肯舍弃爱情和婚姻，但绝不舍弃山里的孩子。（http：//www. gs. xinhua. org/news/2008 -04/21/content_ 13033543. htm，2009年9月9日查询）

（2）我倒宁愿你不是傻子，但你确实是个傻子嘛。

语气副词也可以是表确定性推断的“一定”，如：

（1）我们做生意要规规矩矩的，宁可慢一点，但一定要配好货。（周而复《上海的早晨》）

语气副词还可以是表意志的“就是”，如：

（1）车商宁可加配备，但就是不降价！（http：//forum. u -car. com. tw/forumdetail. asp？fid =43084，2009年9月9日查询）

语气副词还可以是表评价的语气副词“却”，如：

（1）山庄乡1984年组建后，乡党委宁肯借民房办公，但却首先建起了一所六配套的学校。（http：//www. wulian. gov. cn/html/wljs/200058798. htm，2009年9月9日查询）

相比之下，后小句可插入的语气副词无论是从类型还是数量上都较前小句多。

（三）后小句通常是陈述句，但也可是反问句

（1）宁可慢些，但要真实有用的材料。

（2）他宁可希望不是这样，但有啥事实能够证明不会这样呢？（周而复《上海的早晨》）

二　前后小句的逻辑语义类型

虽然后小句前的点标志“但”足以把该类复句划归为转折复句，但转

折关系的内部小类并不完全一致。邢福义（2001：50）指出：所谓转折关系既是对并列关系的逆转，也可以是对因果关系的逆转。

（一）目的关系与未然

所谓目的，在该格式中特指说话人对前小句有所忍让而所要实现的话语动机，通常为现在的或以后实现的，用"为了、以便、以免"等表示目的关系标记做替换后基本逻辑语义关系不发生改变，如：

（1）宁可空缺，但不要把陈嘉庚科学奖又演化成终身成就奖。（http：//cie. nwsuaf. edu. cn/upload//20071221041701786. doc，2009 年 9 月 9 日查询）

显然，说话人对"空缺"忍让接受的话语动机是"不要把陈嘉庚科学奖又演化成终身成就奖"。这种话语动机既可能是现在实现的，又可能是以后实现的。在形式上，可做如下替换，替换后与原句在逻辑上等价：

（1a）为了不把陈嘉庚科学奖又演化成终身成就奖，宁可空缺。（仿造）

（1b）宁可空缺，以免把陈嘉庚科学奖又演化成终身成就奖。（仿造）

再看一个后小句是肯定形式的，这更能体现出目的的未然性，如：

（1）汪县长明确指出：宁可少抓，但要抓好，宁可从小处抓起，但要抓实。（www. huarong. gov. cn/xwzx/ShowArticle. asp？ArticleID = 3665，2009 年 9 月 9 日查询）

"抓好，抓实"都是忍让后待实现的目的，同样可做上述替换。

上面这些复句的后小句目的性较强，说话人的态度也较为积极；但也有后小句目的性较弱的，说话人的态度较为消极的，如：

（1）我宁愿她长相平凡一些，但要有一头好头发。

上例做替换后勉强可以成立。为了要一头好头发，说话人对长相也就不挑剔了，"有一头好头发"恐怕只是说话人无奈情形下的话语目的。

（二）非目的关系与延伸

非目的在该格式中与目的相对，特指说话人对前小句有所忍让所要实现的并不是说话人的目的所在，而后小句言说的情况通常已经实现。这里不能用“为了、以便、以免”等表示目的关系标记做替换，如：

（1）我倒宁愿你不是傻子，但你确实是个傻子嘛。

（2）首先对客户陈述清楚其中的利害关系，对双方不能达成一致意见的评估项目，宁肯放弃，但因此又赢取了另一部分客户。（www.gdzypg.com/about_01.htm，2009 年 9 月 9 日查询）

后小句并不是前小句的目的，不能用目的关系标记做逻辑替换。“是个傻子”是早已确定的，“赢取了客户”是已然的。

后小句的行为也可以是一以贯之的，是从过去到现在乃至将来的延伸，如：

（1）我宁肯相信那是奇迹，有神在帮助你，但我不会靠奇迹来做决定。

（2）男人宁可喜欢一个永远捉摸不透的小魔鬼，但罗小梅和金冉冉都不是这种小魔鬼。（王晓方《驻京办主任》）

（3）我宁愿贫穷，但不愿意连一口好水都喝不到。（http://www1.da.gov.cn/dispbbs.asp?BoardID=7&replyID=893&id=383&skin=1，2009 年 9 月 9 日查询）

无论前小句怎样，后小句都可看作已确定的。“不会靠奇迹来做决定”在说话人看来是早已确定下来的。“罗小梅和金冉冉都不是这种小魔鬼”也不会随着“男人是否喜欢”而变化。“不愿意连一口好水都喝不到”也可看作说话人一贯的想法。

上述分析旨在把目的关系和非目的关系从转折关系中区分出来，而且非目的关系内部还有待于进一步细化分类。我们可粗略地认定，“宁可 p，但 q”基本逻辑语义关系包括以下两种（见图 3-1）：

图 3-1 两种逻辑语义关系

三 “宁可 p”与“但 q”的“分”—“宁可 p”与“也 q”的“合”

“宁可 p，但 q”的语用价值在与“宁可 p，也 q”的比较中更容易得到体现，并与结构层次的紧密程度有关。

（一）多重复句中的层次断裂与黏合

“宁可 p，但 q”的联结较为松散，若与其他关系共现时，两者层次易断裂，[①] 如：

（1）如果没有时间，宁可放弃，｜但做事一定要认真。（http://www.ylbid.cn/Article/Print.asp?ArticleID=1787，2009 年 9 月 9 日查询）

（2）没有自己满意的人，我宁可单身，｜但我坚信总有一天我会娶到一个满意女人做妻子的。（www.dadao.net/htm/write/tm200302241513.php? id=295，2009 年 9 月 9 日查询）

从层次上看，第一层次在“但”前，“宁可 p”应属于第二层次中的后小句。在王维贤（1994：319）提到的包孕能力分级表中，转折和因果的最高层级均为 18 级。“但”的包孕能力强。“宁可 p，但 q”在层次上的分属说明两者的结合程度并不紧密。在形式上，下句中，“宁可”前出现的“则”更易与前小句被看作一个整体，即使没有“但 q”，句子也成立。试比较：

（1a）如果对成语有怀疑就应当查词典，懒得翻查则宁可不用，｜但千万不可以乱改。（http://www.ycwb.com/gb/content/2005-03/23/content_871038.htm，2009 年 9 月 9 日查询）

（1b）（如果）懒得翻查则宁可不用。

（1b）作为一个整体完全可以自足，而且中间没有停顿。如果没有前小句，下例也是可以成立的：

（1c）宁可不用，但千万不可以乱改。

① 多重复句的划分皆经过了专家的系统验证，验证结果一致。

相比之下，“宁可p，也q”的联结较为紧密，并在多重复句中层次黏合，仍可被划分为同一层次，如：

（1）他为什么不能沉住气，｜宁可让暴露的六连付出牺牲，也不上敌人的圈套？（刘白羽《第二个太阳》）

（2）如果让我选择，｜旅游宁肯住room或zimmer（德语，房间之意），也不愿住五星饭店。（张洁《无字》）

上述复句的第一层次在“宁可”前，而“宁可p，也q”仍作为一个整体被划分。下面这个句子更容易看出“宁可p，也q”的整体性：

（1）如果原来知道贵得这么惊人，｜那他宁愿在街上蹲一夜也不来这里！（路遥《平凡的世界》）

上句用“如果……那¢”区分层次，“宁可p，也q”作为一个整体，中间没有停顿。

所以，从多重复句划分层次上可看出，“宁可p，但q”的层次易断裂，“宁可p，也q”则易黏合。

（二）语用动机的“分”

“宁可p”和“但q”的结合紧密程度不如“宁可p，也q”，其紧密程度的差异是与“但”的用法有很大关联的。邢福义（1983）就曾提到：“但”既有转化成转折关系的作用，还有划清转折界限的作用。我们认为，层次上的易断裂在语用上可起到使前后小句“离分”的作用。这种结合紧密度的差异反映在语用动机上则表现为“宁可p”与“但q”的离分，具体表现为“但q”对“宁可p”的前提补充，如：

（1）我宁愿她长相平凡一些，但要有一头好头发。

（2）我宁愿贫穷，但不愿意连一口好水都喝不到。

这种补充可看作前小句忍让接受的前提，表现为说话人对前小句接受的底线。对“长相平凡一些”的接受是以“有一头好头发”为底线的，否则不能接受；接受“贫穷”是要以能喝到好水为前提条件的，如果连好水都喝不到，最起码的底线要是被突破了，就不能接受“贫穷”了。

这更多地表现为“但 q”对“宁可 p”的语势补充。“但”后经常出现语气副词，转折后的后小句的语气更加坚定，可在语势上对前小句形成加强态势，如：

(1) 她一心扑在山乡的教育事业上，宁肯舍弃爱情和婚姻，但绝不舍弃山里的孩子。

“但绝不舍弃山里的孩子”，语气副词“绝”一方面有使后小句自足的作用；另一方面也使前后小句在语气上和谐，给受话人一种毅然决然的语势压力。

这种语势补充还可以是对前小句的确认，如：

(1) 我倒宁愿你不是傻子，但你确实是个傻子嘛。

“你确实是个傻子”与前小句形成对立补充，以便进一步确认“你是傻子”。综上，“宁可 p，但 q”在结构层次上易断裂，是由“但”的包孕能力强所致；在语用上“但 q”则表现为与“宁可 p”的分，重在前提补充和语势补充。

第三节　基于语料调查的“也 q”替换“但 q”

本部分的研究方法是基于语料调查的，所用语料包括“宁可 p，也 q”与“宁可 p，但 q”两种语表形式。

具体操作步骤如下。

第一步：基于语料库搜集两种格式的语料。

第二步：把经筛选后的语料中的“也”和“但”进行替换，变成生成语料。

第三步：用生成语料做接受度调查。[①]

第四步：统计数据，筛选出接受度较高的语料、接受度较低的替换语料。

第五步：归纳上述两种语料生成的条件。

---

① 小规模调查选取 12 人，均大学本科及以上学历，语料分为正确、错误和模糊三种认识水平，分别记 1 分、0 分和 0.5 分。语料后的括号中左边为得分，右边为正确程度，下同。

一 由“宁可p，也q”到“宁可p，但q”

在“宁可p，也q”中，由于“也”经常可以省略，所以“宁可p，¢q”也要作为可替换的对象加以考察。通过小规模替换调查发现，真实语料“宁可p，也q”经过“宁可p，但q”替换后生成的语料，可分为接受度较高和接受度较低两个等级。接受度较高的生成语料如下：

(1) 宁可箭头偏高一点儿射过了靶子，但万不可偏低一点儿，不到靶子就落下。(6.5，54%)

(2) 我宁可没了一切，但绝不能没了这个家，绝不能没了你。(10，83%)

(3) 她宁可死在刀刃下，但决不能受辱。(6.5，54%)

上述生成语料的接受度都在50%以上，在形式上看，“但”后配搭使用断定类语气副词“绝、决、万”等；从逻辑基础项上看，后小句和前小句构成了直转。

接受度较低的生成语料如下：

(4) 宁可死于沙场，但不可死于西市。(5.5，46%)

(5) 宁肯多杀几个人，但要把义军的纪律树立起来。(5.5，46%)

(6) 他宁愿不吃饭，但不愿意他吃稠的让家里人喝汤。(3，25%)

(7) 乔柏年宁可不当国戚，但要另投别门！(1，8%)

(8) 宁可不回自己的屋子，但要先上西偏院去。(3.5，29%)

(9) 我宁可自己染上天花死掉，但要叫那个小蛮子滚出皇族去！(2.5，21%)

(10) 在下宁可不做领东大掌柜，但不能去给洋鬼披麻戴孝！(5.5，46%)

(11) 宁可不娶媳妇，但不妥协。(3.5，29%)

(12) 宁可多饿死一些百姓，但不能使将士饿着。(2，17%)

(13) 绝大多数的男人，宁愿被砍去脑袋，但不愿被切去男根。(4.5，38%)

(14) 我宁可断子绝孙，但希望新月万事如意！(5.5，46%)

(15) 宁可挨他一顿打，但比这样儿好受。(4.5，38%)

(16) 宁可把一百二十个档头换光，但要把这件事查个水落石出。(4，33%)

上述生成语料的接受度低于50%，这只是反映了真实的调查情况，不能据此就认定两者不能或完全不能替换。因为测试者的语感缺乏内部一致性，所以有些生成语料还是有相对较高的接受度的。

二 由"宁可p，但q"到"宁可p，也q"

两种生成语料的接受度都可以说是分明的，由"宁可p，但q"到"宁可p，也q"的接受度极高。从语料接受度上便可确定，"宁可p，也q"是"宁可"类复句中最为常见的语表形式。替换后的生成语料可粗分为两类，考察的11个语料中，有7个接受度在62.5%以上，如：

(1) 我宁愿她长相平凡一些，也要有一头好头发。(10.5，88%)

(2) 宁可慢些，也要真实有用的材料。(10，83%)

(3) 我们做生意要规规矩矩的，宁可慢一点，也一定要配好货。(11，92%)

(4) 宁可空缺，也不能降低标准。(12，100%)

(5) 我宁愿贫穷，也不愿意连一口好水都喝不到。(8.5，71%)

(6) 宁肯舍弃爱情和婚姻，也绝不舍弃山里的孩子。(10，83%)

(7) 宁可不做，也绝不糊弄。(12，100%)

上述各例的语表形式不拘于肯定否定，也不拘于语气副词是否出现，显示出"宁可p，也q"格式灵活性的特点。下面四例的接受度相对较低，如：

(8) 我们宁肯没有汽车，也要主权。(5，42%)

(9) 我宁肯相信那是奇迹，有神在帮助你，也不会靠奇迹来做决定。(5，42%)

(10) 车商宁可加配备，也就是不降价！(4.5，38%)

(11) 我倒宁愿你不是傻子，你也确实是个傻子嘛。(2，17%)

调查的结果是客观的，而且由于被调查者的个人条件及对语料的理解程度对调查结果可能都有影响，所以这方面的统计学探求恐将更有意义。我们认为，绝对不能成立的恐怕只有例（10）、例（11）了。

三 “但q”和“也q”可否替换的条件及原因

以上，我们对语料做了简单的个案分析。两者之所以可以替换，前文已经讲过，是因为两个句式有契合点。“也q”承接的是p与非p的条件对立，这种对立是隐含的；“但q”承接的是p的对立，这种对立是显性的。“也”联结的类同中的对立可看作点，或可看作一面，被“但”替换后接受的程度较低。从普遍认知上说，人们对界限分明的事理较容易辨清，即对大是大非往往看得比较清楚，但对细枝末节却往往分辨得不是很分明。如果我们可以把面看作若干个点（可以是两个点，也可以是多个点）的集合，那么对面的转折即对点的转折；而对点的转折，则不一定是对面的转折，即应该有如下结论：若有对“点”的转折，则未必有对“面”的转折；相反，若有对“面”的转折，则必有对“点”的转折。

这只能说明“宁可p，也q”的接受度较高。在形式上，当后小句用断定类和推断类的语气副词时，两者的替换较为便利。语言不是数学公式，两者的替换条件不能得出绝对化的结论。我们认为，“但q”和“也q”只能是有条件替换，这主要是以下五方面综合因素共同作用的结果。

（一）词性不同的限定

“也”在小句中是副词，经常用在谓语前；“但”是连词，通常用在主语前。两者位置同一只是主语承前省略的表象，“宁可p，¢ +也+q”在形式上体现为“宁可p，也q”，“宁可p，但+ ¢ +q”在形式上体现为“宁可p，但q”，所以，两者的表层形式一致，但若主语不省略，则难以替换操作，如：

（1）宁可人头落地，我也不能胡来。（徐贵祥《历史的天空》）

上述例句就不好替换，这与两者词性不同有关。

（二）“宁可”类复句充当其他复句的转折分句

“宁可”复句已做了“但”的联结项，“也”便不能再被“但”替换，因为“宁可”前的“但”已经承担了对整个复句的转折关系的管辖，如：

(1) 但宁可不娶媳妇，也不妥协的想法其实是错误的，干嘛认真呢，事实上传宗接代是必要的。(懿翎《把绵羊和山羊分开》)

(2) 虽然他明知山中有很多狼，但他宁肯躲在山洞中受冷，受饿，给狼吃掉，也不愿回去再受主人的辱骂和鞭打。(姚雪垠《李自成》)

上面各句中，“宁可”类复句均充当转折分句，“也”若再被“但”替换就会造成语义重叠，违反经济性原则。

(三) 逻辑语义条件

后小句若是对前小句的目的性转折，这时，“但 q”和“也 q”在逻辑语义上通常是一致的；“但”联结的后小句若为非目的转折，则通常不可以用“也”来替换，如：

(1) 宁可慢些，但要真实有用的材料。

(2) 宁可慢些，也要真实有用的材料。(仿造)

上面两个句子的“q”与前小句有目的关系，替换起来容易接受。前后小句为非目的关系的句子就不能换成“也”，如：

(1) 车商宁可加配备，但就是不降价！

(2) 车商宁可加配备，也就是不降价！(仿造)

后小句为前小句的结果，已经确定，替换后的句子不易被接受。

(四) 后小句的句式

“也 q”通常不能为反问句，“但 q”则可以是反问句，如：

(1) 他宁可希望不是这样，但有啥事实能够证明不会这样呢？

(五) 语用动机的分合

说话人使用“但 q”与“也 q”的语用动机存在“分、合”的不同。

当“宁可 p，¢ +q”时，有时可做插入“但”或“也”的双重理解，如：

（1）宁可在此战死，决无投降之理。（姚雪垠《李自成》）

（2）我们的荒地和陋巷宁可照旧荒陋，决不能用租让或引资的办法开发，免得洋人又挖了心肝去熬油点灯。（《长江日报》1994 年 8 月 22 日）

（3）墨涵宁可为兵为卒战死沙场，绝不能陷于不义之地。（徐贵祥《历史的天空》）

上述三例插入“但”与“也”都可成立，究竟选择哪种句式，从根本上来说，这是由说话人的主观视点决定的，[①] 这要看受话人是偏重于“分”还是偏重于“合”了。

第四节 余论与结语

《现代汉语虚词词典》（1998）把“也 q”中的“也”解释为：表示类同或并存。这里的类同或并存在概念上很宽泛，如“生和死”，这在行为范畴上可以看作类同，但同时在语义上却也可以看成对立。例如，“你有一本书，我也有一本书”。这个句子中，“你、我”的类同在于后面的宾语一致，即在书这一细节上，“你、我”具有一致性；但“你、我”本身也可以被看成是对立的，即使是孪生关系也不完全一样，因为世界上没有两片完全相同的叶子。对立和类同并不矛盾，因为事物总是有相似和相异两方面。研究者看到相似，就趋近类同；看到相异，就趋近对立。这就是研究视角的“横看成岭侧成峰”。

用“也”时，类同的对立被隐含，所感觉到的转折并不明显，这也是“宁可”类复句归类的一个难点所在。若中间用“但”，恐怕归类问题就好解决了。

用“但”时彰显了相异的对立。对立是转折范畴中的，感觉到的转折

① 关于主观视点的问题，邢福义（1991、1992）等多次提及：复句语义关系具有二重性，既反映客观实际，又反映主观视点。某一句式的成立固然决定于客观上存在的这样那样的转折关系，但人们在表述问题时选用哪个句式，却是由表述者的主观视点所决定的。

明显。邢福义（2001）指出："但"的作用是使后小句的地位得到提升，隐性的转折关系显性化。用"但 q"承接"宁可 p"正是为了突出前后小句的对立，说话人是把两者分立开来的。

值得注意的是，两者的替换除了在形式和位置上受到约束外，还要受到前后小句的逻辑语义关系的制约。通常情况下，当后小句为前小句的目的时，两者替换的可能性增加。至于在完全同一的句子中使用"但"还是"也"，这与说话人语用动机的"分、合"有很大关系。

本章语料来源：

王晓方：《驻京办主任》，作家出版社，2007。
姚雪垠：《李自成》，中国青年出版社，2006。
阿来：《尘埃落定》，人民文学出版社，1998。
周而复：《上海的早晨》，人民文学出版社，1958。
徐贵祥：《历史的天空》，人民文学出版社，2000。
懿翎：《把绵羊和山羊分开》，人民文学出版社，2002。
池莉：《怎么爱你也不够》，江苏文艺出版社，2000
路遥：《平凡的世界》，人民文学出版社，2004。
张洁：《无字》（第三部），北京十月文艺出版社，2002。
刘白羽：《第二个太阳》，人民文学出版社，1987。

第四章　以“宁可”类复句为构件的多重复句小三角查析*

第一节　引言

以往的学者［如孙云（1983）、高书贵（1989）、邢福义（1985，1992，2002）、王维贤（1994）、杨玉玲（2000）、何宛屏（2001）、王灿龙（2003）、邵敬敏、周有斌（2003）、周有斌（2004a，2004b）、张宝胜（2007）］对“宁可”类复句的研究多集中于静态分析，即就“宁可”类复句本身进行讨论，从前后小句联结的逻辑基础、逻辑语义分析，与其他格式的关系等诸多角度得出有价值的结论。这与近年学者多关注类型学、语法化之类的研究热点有关。稍微耙梳一下不难发现，20 世纪 80 年代初期，还是有诸多学者［如邢福义（1979），吴启主（1980），沈开木（1982），王缃（1983），王健伦（1988），罗日新（1988），陆丙甫、金立鑫（1988）等］关注多重复句研究的，多从层次划分方面展开讨论。我们拟从动态的角度，把“宁可”类复句扩展到多重复句角度观察，把以“宁可”类复句作为构件的多重复句当作对象进行整体观照，对“宁可”类复句与其他小句之间的关系进行考察。语料主要为茅盾文学奖（第一届到第六届）获奖作品及部分入围作品，也有个别语料为其他当代作家的作品，[①] 如：

（1）a 如果原来知道贵得这么惊人，b 那他宁愿在街上蹲一夜 c 也不来这里！（路遥《平凡的世界》）

---

* “‘宁可’类复句为构件”，以下简称为“宁可”类为构件。我们的多重复句以二重复句为主，间或涉及三重复句和四重复句。

① 所引语料出版信息见本章语料来源。

a、b、c 作为一个整体的考察是在复句内的考察，有别于句群小句构件间的考察。关于句群视角的研究，将另文阐述。诚如李宇明（1997）指出的：小句如何集群化、小句集群化与小句分句化有何同异等问题，还需要深入探讨。本研究的理论背景是小句三律，主要涉及联结律。邢福义（1995）提出的“小句中枢说”认为小句三律——成活律、包容律和联结律是各级语言单位形成和生效的内在机制。尤其是从小句与更大的语法单位的联系看，小句的联结是复句和句群的构成基础。联结律有两条基本规律。

联结律一：小句联结 + 小句分句化 = 复句

联结律二：小句直接/间接联结 + 句子集群化 = 句群

对联结律的个案分析，学界至今未见。把以“宁可”类为构件的多重复句当作研究对象，从事实层面对联结律进行例析无疑是具有验证意义和完善意义的。小句三律是语言单位的基本组织规律。联结律一旦在理论层面把复句的组织规则形式化，不仅适用于单重复句，同样适用于二重复句，甚至多重复句。二重复句和多重复句是联结律反复作用的结果，具体的小句联结和分句化则与单重复句有较大不同。基于上述认识，我们提出了假设理论关系式，下文将对此进行详细分析。

二重复句：

1. 小句联结 + 小句分句化 = 单重复句
2. 单重复句 + 小句联结 + 小句分句化 = 二重复句

三重复句：

1. 小句联结 + 小句分句化 = 单重复句
2. 单重复句 + 小句联结 + 小句分句化 = 二重复句
3. 二重复句 + 小句联结 + 小句分句化 = 三重复句

……

N 重复句：

1. 小句联结 + 小句分句化 = 单重复句
2. 单重复句 + 小句联结 + 小句分句化 = 二重复句
3. 二重复句 + 小句联结 + 小句分句化 = 三重复句

……

N. N－1 重复句 + 小句联结 + 小句分句化 = N 重复句

第二节　层次的构建与承接

层次是指“宁可”类复句在多重复句中与其他小句或者复句的结构层次；关系是指“宁可”类复句在多重复句中与其他小句或者复句的逻辑语义关系。两者不可完全剥离开来、互有关联，谈及层次必涉及关系，谈及关系也必涉及层次。下文将其分开研究是有所侧重的，这样有利于全面描写出以“宁可”类为构件的多重复句的语言面貌。层次的构建主要是从构件的组建方式及其特点等方面对以“宁可”类为构件的多重复句进行考察，这里将着力从层次的承接上发掘其特点。

一　构建表达式与配置

多重复句的联结是以小句为基本单位的，小句结合后，构成一个分句体，即单重复句，单重复句再与其他小句或单重复句组成多重复句。这是构建在小句中枢基础上的，[①] 如：

(2) 如果他的确犯了什么过错，/宁愿挨比这厉害百倍的骂，///甚至师傅打他，//也毫无怨言。(霍达《穆斯林的葬礼》)

显然，第一层次和“如果”关联，由于关系标记“那么”被省略，所以第一层次的切分可在后面任一小句前。单纯从理论上讲，这是有据可依的。“宁愿”和“也”构成了“宁可”类复句，具有整体性，这样第一层次只能在“宁愿”前面。若逆向观察，可先用“宁愿”和“也”组成“宁可”类复句，使其作为复句整体再与“如果”小句组成多重复句。“宁可”类复句易做整体性观照，如下例中，“宁可”类复句整体是作为后小句出现的：

(3) 如果杀了一个杆子头领会引起一部分人哗变，那就宁肯多杀几个人也要把义军的纪律树立起来。(姚雪垠《李自成》)

上例中，“宁可”类复句充当后小句。在形式上，“也”前的停顿可省

① 关于小句的中枢问题，参见邢福义《小句中枢说》，《中国语文》1995 年第 6 期。

略，使二重复句在形式上表现为单重复句，但逻辑语义关系仍为多重。复句的层次划分和语言的线性关系不大，"宁可"类复句次第排列在前，不是第一层次，但"宁可"类复句的整体性不变，如：

(4) a 宁可往最坏处想，最坏处打算，//b 也不要有侥幸心理，/c 免得大意失荆州。(张平《十面埋伏》)

关系标记"宁可"与"也"联结的小句组合后，再与"免得"联结的小句组合成多重复句。这是一个典型的二重复句，构建的表达式如下。

1. 小句联结（a+b）+小句分句化（关系标记"宁可"+"也"）=单重关系复句（a、b）

2. 单重复句（a、b）+小句联结（a、b+c）+小句分句化（关系标记"免得"）=二重复句（a、b、c）

这种构建模式具有很强的类推性，如：

(2) a 如果他的确犯了什么过错，/b 宁愿挨比这厉害百倍的骂，///c 甚至师傅打他，//d 也毫无怨言。(霍达《穆斯林的葬礼》)

这个复句虽然形式复杂，但依然可通过假设的理论关系式把它推导出来。

1. 小句联结（b+c）+小句分句化（关系标记"甚至"）=递进关系复句（单重关系复句 b、c）

2. 单重复句（b、c）+小句联结（b、c+d）+小句分句化（关系标记"宁愿"+"也"）=让步转折关系复句（二重关系复句 b、c、d）

3. 二重复句（b、c、d）+小句联结（b、c、d+a）+小句分句化（关系标记"如果"）=假设关系复句（三重关系复句 a、b、c、d）

类似例子不妨再举一个，如：

(5) a 与江小璐做爱是一件美妙的事，/b 张仲平宁愿事后对没有接手机的事向唐雯作解释，//c 也不想在跟江小璐做爱的时候被打扰，///d 何况唐雯还不一定会打电话。(浮石《青瓷》)

构建模式如下。

1. 小句联结（c+d）+小句分句化（关系标记"何况"）=递进关系复

句（单重关系复句 b、c）

2. 单重复句（c、d）+小句联结（c、d+b）+小句分句化（关系标记“宁愿”+“也”）=让步转折关系复句（二重关系复句 b、c、d）

3. 二重复句（b、c、d）+小句联结（b、c、d+a）+小句分句化（关系标记省略）=因果关系复句（三重关系复句 a、b、c、d）

上述层次组合只能大致反映出多重复句的构建，因为语言不可能用纯形式化的公式表现。据我们观察，多重复句的构建符合上文的假设理论关系式。

N 重复句：1. 小句联结+小句分句化=单重复句

2. 单重复句+小句联结+小句分句化=二重复句

3. 二重复句+小句联结+小句分句化=三重复句

……

N. N-1 重复句+小句联结+小句分句化=N 重复句

我们不难看出，在以“宁可”类复句为构件的多重复句中，“宁可”类复句在多重复句的位置无论是充当第一层次，还是充当第二层次；无论是前置，还是后置，对上述理论关系式都具有很强的类推性。

二　层次的承继与添加

层次的承继与添加主要是基于小句之间的逻辑语义关系在层次上的反映，因“宁可”类复句多处于包孕层内，所以本部分讨论也可看作其层次上的特点。承继是前后小句联结的一种常见情况，包括逆承和顺承。下列“宁可”类复句可充当转折分句：

（6）虽然他明知山中有很多狼，但他宁肯躲在山洞中受冷，受饿，给狼吃掉，也不愿回去再受主人的辱骂和鞭打。（姚雪垠《李自成》）

（7）他们曾千方百计让儿子和润叶离婚，但这小子宁愿就这样活受罪，也坚决不离婚。（路遥《平凡的世界》）

上例关系标记“但”联结的“宁可”类复句与前小句为逆承关系，逆承还包括其他类型，如：

（8）要么，姑爹来信叫我去，否则，我宁可死在乡下，再也不跨

徐家的门。（周而复《上海的早晨》）

(9) 你家大人常说他被人画成了大花脸，我却宁可弃官不做，也不能让人家指着脊梁骂我，唾我！（刘斯奋《白门柳》）

上述例句中，关系标记“否则”“却”表明“宁可”类复句和前小句是逆承关系。“宁可”类复句也可做顺承分句，如可充当条件分句：

(10) 只要看不顺眼，就宁可把人家撇在一边坐冷板凳，也不肯委屈自己去奉承。（刘斯奋《白门柳》）

上例用关系标记“就”表明“宁可”类复句和前小句是顺承关系，当然也可以用其他关系标记表明顺承关系，如：

(11) 因为他是这样判断，所以他宁肯冒点危险，也不奔驰太快，以致引起献忠疑心。（姚雪垠《李自成》）

(12) 万一露出马脚，我宁肯自己死，决不会连累张秀才一家人。（同上）

例（11）用“所以”表明顺承关系；例（12）省略了关系标记“那么”，但仍可补出所标示的顺承关系。

从承继的类型看，据小规模语料库观察（基于茅盾文学奖获奖作品所建的小规模语料库），“宁可”类复句绝少出现在各种类型复句的前小句位置。为此，我们把“宁可”与常见前置关系标记组成标记对，即“宁可因为、因为宁可、如果宁可、宁可如果、要是宁可、宁可要是、只要宁可、宁可只要”，在 CCCS 复句语料库和北大语料库做匹配查找测试，查找结果为 0 例。这验证了上述结论，进一步认定“宁可”类复句在多重复句中不被承前包孕在其他关系中。“宁可”类复句可充当各种类型复句的后小句，并由相应的关系标记使其分句地位得以显现；不被包孕的时候，“宁可”类复句可成为前小句，但由于类型和层次特点较为单一，所以在本节不做分析，下文会有所提及。这里为使分析更清晰，只考虑其充当后小句的情况，充当分句的“宁可”类复句从理论上讲不能充当复句的第一层次。因为它在其外层已被包孕，被包孕后的这类复句与独立的复句在复句地位上有所不同，根据是否有标记可将其分为隐性包孕和显性包孕两种。“宁可”类复句在层次上除了承继前小句外，还可“添加”小句，这种“添加”是出于特定语用目的的需要而完成的。从语言线性的角度看，“宁可”类复句有两种表现形式：一为“宁可”联结的小句添加在其他类型的复句后；一为其他类型的小句添加在“宁可”联结的小句后。前者如：

(13) 你是我的丈夫，尽管你狼心狗肺，宁肯叫你杀我，我不动手杀你！(姚雪垠《李自成》)

(14) 我不愿王头目单独为我而死，宁肯同王头目奔赴黄泉，也不愿再回到丈夫身边！(同上)

(14′) 我不愿王头目单独为我而死，也不愿再回到丈夫身边！

例 (13) 中，“宁肯叫你杀我”是对前小句的补充，但从整体性上考虑，其在层次上和“我不动手杀你”易划在一起。即使没有“宁肯叫你杀我”，该句也仍然成立，例 (14) 和例 (14′) 则体现得更为明显。后者如：

(15) 那天地不是她们的，a 她们宁愿做浮云，b 虽然一转眼，c 也是腾起在高处，有过一时的俯瞰。(王安忆《长恨歌》)

(16) a 我宁可死，b 中国之礼仪不可毁，c 不学你这种无父无君、寡廉鲜耻的人！(姚雪垠《李自成》)

例 (15) 中，“虽然一转眼”的添加破坏了“宁可”类复句的整体性，在层次上只能使 b、c 联结后再与 a 联结，这样的层次划分在语义上仍然成立。b 被删除后，a、c 的联结同样成立。例 (16) 中，b 虽无标记，但显然已破坏了 a、c 的整体性。b 作为插说小句，上承 a，下接 c，在层次上类似于单句中的兼语，分属前后都是有道理的，这是因语用上的插说而造成的一种层次难题。

三　承继和添加的区别及语义释因

作为多重复句的组合形式，承继和添加的区别在于以下三个方面。

第一，语表形式上。承继的“宁可”类复句前可带联结标记“却、那么、所以”等，起到包孕的作用，如：

(17) 而定生他们现放着近在咫尺的钱牧斋不去请，却宁可绕道金坛去求周仲驭，也是毫无道理！(刘斯奋《白门柳》)

关系标记有时可以省略，即使省略，也可补出，如例（12）可在“我宁肯自己死”前补出“那么”，添加的“宁可”类复句则不可补出联结标记，因为没有包孕关系，如例（14）。

第二，是否可以压合。若把观测范围局限在 a、b、c 三构件复句中，承继的“宁可”类复句不能压合成 ac 式，而添加的“宁可”类复句则可压合成 ac 式或 bc 式，如：

（18）a 你所担心的是新媳妇能不能孝敬婆母，b 所以你宁愿取一个农家姑娘，c 不愿娶皇宫中的一个美女。（姚雪垠《李自成》）

上例属于承继的“宁可”类复句，不能减少构件变成 ac 式。例（13）可变成 ac 式“尽管你狼心狗肺，我也不动手杀你”，也可变成 bc 式“宁肯叫你杀我，我不动手杀你”。至于是否压合，则要看语用上的需要。

第三，逻辑语义基础的指向不同。关于逻辑语义基础的向性问题，王维贤（1994：357）曾举例指出，在多重复句中，就发生的直接逻辑语义关系讲，有的小句只有单向联系，即只跟句中的一个小句有直接的逻辑语义关系；有的小句有多向的直接联系，即可跟句中两个以上的小句发生直接的逻辑语义关系。[①] 我们认为，逻辑语义关系的向性在多重复句中具有普遍性。承继的“宁可”类复句通常带有联结标记，因为煞尾小句 c 的逻辑语义基础只与 b 小句相关，所以联结标记具有管控 b、c 小句的能力，逻辑语义基础的指向为单向。所以不能压合，压合后的逻辑语义基础会缺失，让人不知所云。如例（17）若压合为“而定生他们现放着近在咫尺的钱牧斋不去请，也是毫无道理！”便不能成立。添加的“宁可”类复句不能带有联结标记，因为煞尾小句 c 的逻辑语义基础与 a、b 均相关，逻辑语义基础的指向为双向，所以可以压合。联结标记只是主观视点的凸显，但即使有时可补充上联结标记，由于逻辑语义基础可双重指向，也不能视为承继，只能看作添加。在形式上，删除其中的一个逻辑语义基础，句法上仍然成立。比较下例：

（12）a 万一露出马脚，b 我宁肯自己死，c 决不会连累张秀才一家人。（姚雪垠《李自成》）

① 王维贤等：《现代汉语复句新解》，华东师范大学出版社，1994，第 357 页。

(14) a 我不愿王头目单独为我而死，b 宁肯同王头目奔赴黄泉，c 也不愿再回到丈夫身边！(同上)

例（12）只能是承继，因为“决不会连累张秀才一家人”只与“我宁肯自己死”有关，而两者组合后与“万一露出马脚”有关。所以，如果删除 b，则 a、c 不成立。例（14）只能是添加，因为 c 的逻辑语义基础是可以指向 a 和 b 的。即使 b 前可补充“那么”作为联结标记，也只是起到修饰 b 的作用，不能起到管控 c 的作用。所以，b 被删除后，a、c 完全成立；a 被删除后，b、c 也成立，问题的关键在于双重指向。

这里用指向的条件对上述问题做个小结。

若 c→b 同时 c→a，“宁可”类复句 b、c 和前小句 a 的层次类型是添加，通常无联结标记，即使有联结标记，也可压合成 bc 或 ac。

若 c→b，不能 c→a，“宁可”类复句 b、c 和前小句 a 的层次类型是承继，通常有联结标记管控 b、c，不能压合。

第三节　多重复句构件的逻辑语义关系

以“宁可”类复句作为构件的多重复句可承接多种逻辑语义关系，这与其论域有关。论域本是逻辑语义学的术语，是作为一种分析工具在演绎逻辑特别是在谓词逻辑中使用的标识量词所涉实体的集合。说得简单些，论域是指在一定语境中涉及的客观事物，即论题所包括的同类事物的总和。例如，当人们谈论白梨和鸭梨时，各种梨就是论域。不同论题涉及的论域不同——人们谈论数学时，一切数就是论域；人们议论物价时，一切经济问题就成为论域，而医疗保健问题则是论域之外的客体。[①] 在复句研究中，论域是话语中所可能论及的事物的范围，可解释为“一个复句关联词所有有可能出现的各种各样的话语范围”。[②] 以“宁可”类复句作为构件的多重复句承接的多种逻辑语义关系的总和就是“宁可”类标记联结的所有话语范围。话语范围用通用的逻辑语义关系主要可概括为前导后续型和

① 详见 CNKI 概念知识元库，即 http://define.cnki.net/WebForms/WebDefines.aspx?searchword=%e8%ae%ba%e5%9f%9f。

② 参见王维贤等《现代汉语复句新解》，华东师范大学出版社，1994，第 314 页。该书还指出，各种类型的复句的相互包孕能力的大小是值得重视的。

前导后补型两大类，两者的区别在于“宁可”类复句能否被包孕和“宁可”类复句所处的前后位置。

一　前导后续型

从线性角度看，“宁可”类复句在前，其他小句在后，前小句在整个多重复句中起导入作用。通过语料库观察，关系类型主要有：

1. 让步关系—目的关系

（1）a 宁可枉杀几个好弟兄，/b 也不能让别人找到借口，//c 突然吃掉我的小袁营。（姚雪垠《李自成》）

2. 让步关系—因果关系

（2）a 我宁可削职为民，/b 断不会阿谀求容，//c 有负生平所学，///d 为天下后世所笑。（姚雪垠《李自成》）

3. 让步关系—承接关系

（3）a 工厂宁可闲着赔钱，/b 也不能多生产一些，//c 卖给急需的单位。（张洁《沉重的翅膀》）

以上三种关系都是通过让步关系来作为先导的，这种类型的多重复句在整个语料库里出现的并不是很多，而且与“宁可”类复句承接的后续小句在语义关系上只能为并列关系和因果关系，不能为转折关系。

二　前导后补型

从线性角度看，其他小句在前，“宁可”类复句在后，前小句在整个多重复句中起导入作用。关系类型主要有：

1. 推断关系—递进关系—让步关系

（4）a 我既敢造反，/b 就一反到底，//c 宁可死在战场上，///d 决不中途后退。（姚雪垠《李自成》）

2. 条件关系—让步关系

（5）a 我只要亲自腰斩了那个负义之徒，/b 宁可肝脑涂地//c 亦不顾及。（陈忠实《白鹿原》）

3. 并列关系—让步关系

（6）a如同军队打仗一个理儿，/b宁可备而不战，//c不可战而不备。（王海鸰《新结婚时代》）

4. 因果关系—让步关系

（7）a因为，地方上的领导很看重名气，/b宁愿给那些唱唱跳跳的人一个个地开工分养着，//c也要让他们演出去，演出十七八里地去传播名声。（曹文轩《天瓢》）

5. 让步关系—让步关系

（8）a虽然他明知山中有很多狼，/b但他宁肯躲在山洞中受冷，受饿，给狼吃掉，//c也不愿回去再受主人的辱骂和鞭打。（姚雪垠《李自成》）

6. 假设关系—让步关系

（9）a万一露出马脚，/b我宁肯自己死，//c决不会连累张秀才一家人。（姚雪垠《李自成》）

7. 因果关系—转折关系—让步关系

（10）a这倒是我佩服的一个人，/b上面有人拉他整第一把手，///c还应许干成之后这个第一把手的位置就是他的，//d他却宁肯给部党组成员写公开信来表示对第一把手的意见，///e也不愿利用这个机会整人，////f给自己捞个一官半职。（张洁《无字》）

从上可见，“宁可”类复句充当后续小句的语义承接范围比其充当前小句要广得多——无论是因果关系、并列关系还是转折关系，可以说，三分系下的各种复句语义关系基本上都囊括了。

三　后转隐含型

这种类型比较特殊。以往，后小句只出现“宁可”句的情况，通常不做研究，我们提出来的主要目的在于描写。这类“宁可”类复句充当多重复句的后小句，但只出现“宁可”联结的小句，而“也”联结的是小句隐含，如：

(11) 相公欲当清国之臣，妾身却宁可做大明之鬼。(刘斯奋《白门柳》)

(12) 如若一定要死，弟子宁可代老师去死！(同上)

(13) 遇到这件主要和汉人打交道的案子，说不好汉话的鳌拜，就宁肯不作声。(凌力《少年天子》)

之所以认为“也”联结的小句隐含并非不存在，主要是基于以下三点。第一，在“前导后补型”中，我们看到了“宁可”类复句可以承接多种语义关系，不赘述。第二，“宁可”类复句在多重复句中可语义叠置，如：

(14) a 我觉得我一会儿也离不开你，b 我宁可没了一切，c 也绝不能没了这个家，d 也绝不能没了你。(张平《抉择》)

(15) a 最好别查，b 宁可撤掉一个两个，c 也别去查。(同上)

例（14）中的 a、d 和例（15）中的 a、c 在语义上完全叠置，若分别去掉 d 和 c，便构成后转隐含型。第三，隐含的部分一般可补出，如例（12）可补为：“如若一定要死，弟子宁可代老师去死，也不让老师去死。”

单从形式上把这种复句处理成单重复句比较直观，但若顾及其深层语义关系，并联系该类复句的整个分布情况看，似乎把它处理成隐含型多重复句更为准确。

四　论域与语义分布

上述逻辑语义分布是从多重复句的角度观测的，组合后的“宁可”类复句做煞尾的情况较多，承接的语义关系也较为全面，这和前面在层次研究中提到的情况是一致的。“宁可”类复句做前句虽有个例，但不能被包孕。我们认为，这与“宁可”类复句本身的论域有关，若观测的角度扩展到句群、篇章（另文论及），会看得更清楚。“宁可”类复句在话语过程中，绝不会“打头炮”充当话题，一定是被引导的。这是因为“宁可”类复句的论域范围很窄，以至于自身不能独立完成话语交际，必须要受到引导。其论域范围窄则是其语用上的特殊价值导致的。

第四节　“宁可”类复句构件语用价值检视

语值验查作为小三角分析方法的最后一环，侧重于从应用的角度看待一种语言现象。① 把“宁可”类复句作为一个整体进行语用价值的观测，有利于在动态中、在与其他小句的联系中得出有价值的结论。通过对语料表里层面的考察，我们认为“宁可”类构件在决心行为及动因、信息流的传递模式和情感认同等方面都有独到的语用价值。

一　决心行为与动因

“宁可”类复句通常是决心行为的表达，说话人通过隐忍达到毅然决然的行为目的。这种单一论域使得这类复句在单独使用时，虽然在句法上成立，但在不明语境的情况下，人们往往会问“为什么”。就像我们发誓要做某事，一定是有原因的，否则人们会对你付出代价从事的某种活动感到不解。“宁可”类构件在多重复句中通常与造成这种决心的动因共现，这样就使受话人与说话人易于达成语境共知，如：

(1) a 倘若胡人不能保太后平安，b 我们宁愿战死 c 也不会投降。(姚雪垠《李自成》)

(1′) 我们宁愿战死也不会投降。(仿造)

(1′) 在句法上完全成立，但会造成交际困难，人们不禁要问“为何要战死”；但有了 a 小句，人们就会明白使用“宁可”类复句的原因，也就不会再追问。这也是为什么“宁可”类复句必须要有所承接的原因，如果在多重复句中这种动因得不到体现，受话人还会寻求追溯。毋庸置疑，“宁可”类复句在前的时候，人们一定会追溯；但逻辑语义类型若为并列关系中的同位类型，也会造成追溯，如：

(2) a 他为什么不能沉住气，b 宁可让暴露的六连付出牺牲，c 也

① 邢福义先生的诸多著作都对语值的概念进行了界定，主要包括语境值和修辞值。在单句研究层面，小三角的研究方法被广为应用；但在复句层面，尤其是多重复句层面，由于语境的扩大，所以动态化的语用法研究就显得更有意义。语用法的规律性探索无疑将对句法规律的提炼起到升华的作用，多重复句中的语值考察将更为切适。

不上敌人的圈套？（刘白羽《第二个太阳》）

上例中的 a 和 b、c 无疑是同位关系，人们自然要向下继续看，寻求造成 b、c 的动因。这种章法有引人入胜之功效，再如：

（3）a 你要抱定决心，b 宁可把一百二十个档头换光，c 也要把这件事查个水落石出。（熊召政《张居正》）

和例（2）一样，人们需要知道为什么要下这样的决心。“宁可”类复句构件的这种特性可称为句法自足，但交际不自足，而因果类型和并列类型的复句基本不存在这样的问题。

二 信息流的传递模式

在对单句的语用价值研究中，学者多关注信息的新旧、焦点的位置和主次等问题，而对复句的关注则明显不够，更谈不上系统了。在复句中，信息主要表现为信息流中的勾连集群。显然，仅仅从新旧信息等问题着手就有些力不从心，而且不利于对复句整体价值的发掘。我们对“宁可”类构件复句的信息流分析主要还是建立在对三段复句的观察上，通常是其他类复句充当前段，即 a 句；宁可类复句充当后段，即 b 句、c 句。我们发现，a 句和 b 句、c 句存在告知与发散的传递模式，如：

（4）a 你所担心的是新媳妇能不能孝敬婆母，b 所以你宁愿取一个农家姑娘，c 不愿娶皇宫中的一个美女。（姚雪垠《李自成》）

a 句告诉受话人一个信息，而 b 句、c 句提供的信息则对 a 句有进一步解释——在逻辑语义上可体现为各种纷繁的关系。上例就是因果关系，b 句、c 句则是对原因的解释，这也为上文提到的追溯提供了很好的解释。如果只有发散，没有告知，则让人不知所云，必然会引起再追溯。告知与发散的信息传递模式具有很强的解释性，也适用于其他语义关系，如：

（5）a 而这个可怜人又那么一个死心眼不变，b 宁愿受罪，c 也不和她离婚。（路遥《平凡的世界》）

a 句信息告知我们有这样一个人，b 句、c 句信息发散则体现为具体地展开说明这个人的具体行为。

三　情感易于认同

以“宁可”类为构件的多重复句在整体情感上易于被接受。无论是向善还是向恶，人的情感是可以被引导的。也就是说，情感认同可表现为多方面，如：

（6）他在县狱里待过，知道里边的厉害，所以宁愿自杀，也不愿进去受罪。（莫言《檀香刑》）

（7）上面有人拉他整第一把手，还应许干成之后这个第一把手的位置就是他的，他却宁肯给部党组成员写公开信来表示对第一把手的意见，也不愿利用这个机会整人，给自己捞个一官半职。（张洁《无字》）

（8）三个亲兵先用鞭子将战马赶下深谷，宁肯忍心叫他们的战马跌死摔伤，决不让敌人得到一匹。（姚雪垠《李自成》）

交际双方对例（6）中的“他自杀”易产生怜悯的情感认同，而对例（7）中的“那人”的敬佩之心恐怕将占据交际双方的心灵感知。同样，在例（8）中，对于“战马跌死摔伤”这种情况，大多数人会产生可惜、遗憾的情感认同。我们可以认定，正是“宁可”类构件使多重复句产生了情感认同效应。

第五节　结语

“宁可”类复句在其作为构件的多重复句中多处于包孕层，居于后小句位置，在层次上、划分上易作为整体进行处理，表现为对前小句的承继或添加。它可承接多种逻辑语义关系，但因其论域范围较窄而自身不能独立完成话语交际，这背后有着特殊的语用原因：“宁可”类复句主要表示说话人的决心，完整的交际模式要求与下决心的原因同现；前小句与“宁可”类复句在信息传递模式上构成“告知—发散”方式；以“宁可”类复句对整个多重复句进行煞尾，使话语双方容易形成情感认同。

我们选择以“宁可”类复句为构件的多重复句——通常是二重复句作为研究对象，主要是希望用具体的个案对小句三律，尤其是联结律的运转机制进行扩大视角的观测，希望得出一些有价值的东西，使这种理论更加丰满。实践证明，在小句联结的过程中，如果真正按照小三角的手段进行分析，详尽地描写观测语料，在总结深层语法规律的同时兼顾表层的语用价值考察，那么所得出的结论无论是对基础理论的建构与完善，还是对教学理论的实践与应用都是大有裨益的，即充分的语言材料描写和观测，辅之以正确的分析手段，无疑会使研究更加深入。

本章语料来源：

姚雪垠：《李自成》，中国青年出版社，2006。
张平：《十面埋伏》，作家出版社，2009。
周而复：《上海的早晨》，人民文学出版社，1958。
刘斯奋：《白门柳》，中国青年出版社，2005。
张洁：《无字》，北京十月文艺出版社，2002。
凌力：《少年天子》，作家出版社，2009。
刘白羽：《第二个太阳》，人民文学出版社，1987。
熊召政：《张居正》，长江文艺出版社，2009。
莫言：《檀香刑》，上海文艺出版社，2008。
霍达：《穆斯林的葬礼》，人民文学出版社，2005。
浮石：《青瓷》，湖南文艺出版社，2006。
王安忆：《长恨歌》，东方出版中心，2008。
张洁：《沉重的翅膀》，人民文学出版社，2004。
陈忠实：《白鹿原》，作家出版社，2009。
王海鸰：《新结婚时代》，作家出版社，2007。
曹文轩：《天瓢》，长江文艺出版社，2005。

第五章 “宁可”类复句间接联结句群视角研究

第一节 引言

一 问题与题解

先看两个例子：

（1）宁可坐汽车去，也不走着去。

（2）我宁可喝咖啡，也不喝茶。

这是赵淑华（2003：245）从第二语言教学的角度讨论“宁可……也不……”句式时的用例。赵认为，它从句法上看没有问题，但从意义上看，这显然是病句。同时指出，除非说话人说明取舍的原因，否则就不成立，如：

（3）公交车那么挤，我宁可走着去，也不坐汽车。

（4）我宁可喝白开水，也不喝茶，要不然晚上该睡不着觉了。

从动态的角度看，例（3）、例（4）的成立在于给出了原因。如果例（1）、例（2）给出适当的原因，便也可以成立。如：

（2′）如果说吃冷饮，那么我宁可吃水果，如果说吃水果，我宁可喝茶，如果喝茶，我宁愿喝咖啡。（http：//hi. baidu. com/妖就是妖/blog/item/e4b4a20a37 ab623fb1351dce. html）

显然，动态研究观点和静态研究视点的不同会得出不同的结论。静态地评测一个句子正确与否只能得出一般的规律；而言语本身是灵活多变的，扩大研究视角、进行动态分析，无疑对语言规律的应用是有所裨益的。

“宁可”类复句在复句层面的剖析研究已有了不少成果，如孙云（1983）、高书贵（1989）、邢福义（1985，1992，2002）、王维贤（1994）、杨玉玲（2000）、何宛屏（2001）、王灿龙（2003）、周有斌（2004a，2004b）、张宝胜（2007）等，但多是就复句本身展开论析。王彦杰（2002）对“宁可”类复句的语篇否定功能做了简要论析，但文中所谈诸多之处值得商榷，其对这一个案的动态性分析显然不够。张志公（1962）曾指出，一段之中，句子和句子是紧密联系在一起的。特别是在汉语里，常常把可以组织成一个复杂句子的密切相关的几层意思分成几个句子来说。因此，从应用的角度着眼，我们也可以略为前进一步，注意一下一段之中句子和句子的联系情况，这对我们提高读书、说话和作文的能力会有帮助。[①] 语言作为交际工具，一定要传递有效的信息。从信息流的角度观测，语言的线性序列是呈量递增的，说话人认为新的信息往往编码方式繁复。[②] 题中间接联结是特指句群的构成方式为“复句＋单句”和“复句＋复句”两种模式，而相对直接联结则是“单句＋单句”。因构件单位必须有“宁可”类复句，所以我们不涉及直接联结。[③]

二　理论背景、目的与方法

小句的间接联结得到的语言实体就是句群。邢福义（1996：41）指出：如果说小句联结是句群产生的实体基础，那么句子集群化便是促使句群得以形成的动态条件。所谓句子集群化指的是：句子集结成群，共同接受群体关系的制约。邢欣（2005）指出：邢福义先生提出的小句中枢学说和句管控理念，用成活律、包容律和联结律将语用和语法有机地结合起来了。联结律是指小句的语篇功能。小句中枢说的语法观最核心的部分是对

① 张志公等：《语法学习讲话》，1962，上海教育出版社，第 266 页。

② 方梅：《篇章语法与汉语篇章语法研究》，《中国社会科学》2005 年第 6 期。文章把编码形式的简繁序列表述为：零形式 > 代词 > 光杆名词 > 代词/指示词 + 名词 > 限制性定语 + 名词 > 修饰性定语 + 名词 > 关系从句。信息结构在句法方面的表现为重心在尾原则和轻主语限制，句子前轻后重的格局是符合线性增量原则的。

③ 关于联结的问题，邢福义（2002：41）在《汉语语法学》中有详细论述，我们的间接联结与书中观点一致。

句子做更细的分析，以区分出小句的三种功能：独立成句功能、句法结构功能和形成语篇功能。联结律将句子分析扩大到了语篇分析，区分出了语篇中联结小句和独立小句的不同。李宇明（1997）指出，我们对于句群的研究还相当薄弱，对于句群的认识还相当肤浅。郑贵友（2005）谈到，在已有的论著中，理论介绍类的论著多于具体语言事实分析类的论著；在具体语言事实分析类论著中，外语语言事实分析类论著多于汉语语言事实分析类论著；在汉语语言分析类论著中，宏观性现象分析类论著多于微观性事实分析类论著。

基于上述研究背景，我们将着重关注“宁可”类复句是如何接受群体关系制约的。下面将以“宁可”类复句为构件的句群作为研究对象，探究“宁可”类复句作为组构成分形成句群的特点，并归纳出这类句群形成的动态条件。

我们以“宁可”类复句为基点逆向扩展到句群以获得研究对象，尽量以二重句群和三重句群为主，必要时不回避四重句群。[①] “宁可”类复句包括两种类型：一种是以“宁可、宁肯和宁愿”为前关系标记的复句，后小句用“也”或省略；一种是以“宁可、宁肯和宁愿”为后关系标记的复句，前小句的联结标记多种多样。为使研究对象简单化，研究只涉及“宁可 p，也 q”这种类型的“宁可”类复句。一般情况下，把其作为一个整体观照，必要时把前小句定义为 n_1，后小句定义为 n_2。我们采用的语料为现代汉语语料，多以茅盾文学奖获奖作品为主，辅之以其他的现当代文学作品，具体版本信息将根据不同的需要在“本章语料来源”中加以说明。

第二节 以“宁可”类复句为构件的句群语表类型

根据构件间有无特定词语，可将其联结方式分为两种。[②]

一 有特定词语

我们通过对 400 多万字的封闭语料进行穷尽式检索，得到了“宁可”

① 邢福义（1996：399）指出，就语法研究来说，最有意义的是基本句群……研究多重句群，在一般情况下，要是能够把三重句群、四重句群描写清楚，也就差不多了。对于这种说法，我们认为是有一定背景的，时下对基本句群的研究不够细致，只有把基本句群描写清楚了，才能以此为依托展开下一步研究。直接进入多重句群的研究无异于无本之木、无源之水，所得结论也必如空中楼阁般不可靠。

② 邢福义（1996：399）将特定词语分为一般关系词语、组群关系词语和句中示意词语三种。

类复句99例、以“宁可”类复句为构件的句群2例，如：

(5) 大顺军的主力部队携带眷属和辎重已经陆续走了两天，李自成同泽侯田见秀却不急着走，为的是照料大顺军全军撤退和长安百姓们出城逃难。他明白，如今士气十分不振，他如果先走，一旦有什么风吹草动，军心就会彻底瓦解。因此他宁可冒些风险，也必须留在后边。(姚雪垠《李自成》)

(6) 我还有天良，明知我今日说太子是真，未必能救了太子，而我自己必死无疑。可是我宁肯粉身碎骨，也要证明太子是真的，以后决不翻供。(同上)

上述例子分别用“因此”“可是”联结“宁可”类复句与前句，旨在突出句群前后构件的因果关系和转折关系。用一般关系词语作为联结手段的情况只占整个语料的2%，联结手段较为单一。充当联结手段的只是一般关系词语，而组群关系词语和句中示意词语在语料中都未见。可见，通常情况下，以“宁可”类复句作为构件的句群不需特定词语也能自然联结、准确表义。邢福义（2002）曾指出：表示同样一种语义蕴含，尽管全量形式和简化形式都可以采用，但人们更多的还是选择简化形式。这个特点从句群的角度观测尤其明显，句群间关系词语的少用与汉语的意合性特点是紧密相关的。

二　无特定词语

无特定词语的情况较为多见，这里略举几例，如：

(7) 秀莲知道少安会坚决不同意分家的，因此也就不敢提念这方面的一个字。真的，她非常清楚，少安宁愿和她离婚，也不会抛下家里这么一大群人的。(路遥《平凡的世界》)

(8) 强龙不压地头蛇，你何必同他争吵？以后遇到本地泼皮后生休惹他们。宁可自己少说几句，忍受点气，吃个哑巴亏，不要打架斗殴。(姚雪垠《李自成》)

(9) 抗战胜利后他们的生活更是无法维持下去，几乎到了讨乞的地步。包老太爷最后宁肯自杀身亡，也不能看着号称“东北王”的包家沿街讨饭、丢人现眼，这是后话。(张洁《无字》)

无特定词语的句群是一种常见句群。结合“宁可”类复句本身的特点，发现不论其是否添加了特定词语都不影响成句。添加特定词语后，说话人的主观视点更明确；无特定词语的句群，说话人并不注重前后构件的语义关联，符合现代汉语流水句的一般特点。无论是否有特定词语，我们都应注意到以“宁可”类复句为构件的句群在整个句群中的位置比较固定，通常是在后，起到煞尾的作用。

如果用标记理论来看待“宁可”类复句位置的话，有无标记都是相对的，是否有标记要看常态。如果人类都是五个手指，那么六指便被视作有标记的，容易引起人们的注意，让人觉得奇怪。相反，若都是六指，缺少一个指头便也被视作有标记，容易引起注意。据我们对上述封闭语料库的检测，“宁可”类复句出现在句群首位置的情况是不存在的。在进行更大规模的语料搜集后，我们发现这种情况是相对的，“宁可”类复句也可出现在句群首位置。但是，这是说话人一种有标记的言语行为，说话人直陈其事，在随后的小句中要加以解释。出现这种情况是由其特定的语用价值决定的，如：

(10) 小王宁可挨骂，也不给水。他认为这水喝了，一定是对他们不好的，他婉言解释，但他们不听。正在这时，大道上就有一挂车，喀啦喀啦赶来了。(周立波《暴风骤雨》)

上例中，“小王宁可挨骂，也不给水”使受众觉得唐突，必须通过后文“他认为这水喝了，一定是对他们不好的”加以解释。结果先出现，后面呈现原因，目的在于解释前面这种异常选择的原因。原因和结果的语序可以互换，但要增加结果标记“所以”，否则两句不易联结，如：

(10′) 他认为这水喝了，一定是对他们不好的。所以，小王宁可挨骂，也不给水。

下个例子的后句直接给出了原因，如：

(11) 就拿“文化大革命”那些年来说，她宁肯耍赖不写，也不肯跟着那些挂羊头卖狗肉的理论家们吹喇叭。她明白，这绝不是因为勇敢，而是因为她幸好不搞理论。(张洁《沉重的翅膀》)

由此我们可以断定，“宁可”类复句出现在句群首位置的情况虽比较少见，但从语义表达上看，旨在突出结果。下文将对这种情况从理论上加以概括。

第三节　“宁可”类复句在句群中的联结类型

联结类型主要是指层次类型和语义类型。层次类型是指“宁可”类复句与其临近单句或者复句表现出来的直接结构联系；[①] 语义类型是指这种表层联系体现的句群语义关系，如：

(12) a 如果说出来，阿英又要跳进朱家的火坑，那个罪哪能受得了？//b 说不定还要带动她娘。/c 宁可让自己一个人上油锅，也不能再让年纪轻轻的女儿去过刀山了。(周而复《上海的早晨》)

上例中的 c 在层次上作为句群的第一层构件单位，与第二层构件单位相连，形式化为：a//b/c（c_1+c_2）。语义关系类型为因果关系：a、b 构成递进句群后与 c 再构成因果句群，a、b 作为 c 的原因，推进结果产生。其用关联标记可表示为：（因为）a→（而且）b→（所以）c。这种模式具有一定的广泛性。关联标记作为显性标记，如：

---

① 关于层次划分的问题可能会出现分歧，因为在无形式标记的情况下，只能根据句群的语义中心进行划分，这样很容易出现见仁见智的情况。为了做到相对客观，我们对语料的层次划分均与其他研究者做过划分测试，当双方意见不一致时，再与第三人做划分测试。田小琳（1986：13）指出：没有中心句的，只能用意义联系来切分。这种切分要达到准确无误不大容易，有时可能还有不同的切分法。小句间接联结后，呈现出的形式为句群。按照单一语义中心的看法，一组句子可能是一个复杂句群，也可能是若干个句群。怎么确定句群主要涉及句群的外部切分问题。吴为章、田小琳（2000：129）指出：作为一个语言表达单位，句群是一个形式和意义的统一体。进入运用时，这个统一体可大可小，常因人而异——喜欢复杂谨严一点的，可能用一个多重句群，甚至可能与段落重合；喜欢简单明了一些的，则可能用一个简单句群，甚至可能用只有两个句子的最小句群。在进行分析的时候也一样，同一段落，切分得大一点，可以将其看作一个包含有分句群的多重句群；切分得小一点，也可以将其看作若干个各自独立的简单句群。这里，只要都把握住形式和意义的统一，即都体现了“超句统一体”和“逻辑统一体”的紧密结合，应该是没有是非对错的。不过，只要可能，我们还是主张尽可能地切分得小一点。此外，由于使用者的语言组织能力不一，未必都合乎条理，由于日常口语运用是边想边说的，往往形同“流水”——潺湲不断，很难划分出明确的界限，所以这都给句群的外部切分带来了困难。

(13) a 如果以“关系网”谋职，虽能解决暂时的困难，却会因此损害公众的利益，玷污自己的人格。b 所以，她宁愿当清洁工，也不依赖“关系网”。(徐恒足《女议员与清洁工》，《文汇报》2007 年 10 月 14 日)

有特定词语，即有关联标记的句群，从语料上看，其语义关系也只有上文我们提到的因果关系和转折关系两种。所以，下文我们要扩大语料范围，以便能较为全面地观测各种关联标记句群的联结类型，其中主要有以下几种。

一 因果型

(14) a 他知道，外面的人很少了解这个世界的情况。///b 他们更瞧不起生活在这个世界里的人。//c 是啊，人们把他们称作“煤黑子”、“炭毛”。/d 部分女人宁愿嫁给一个农民，也不愿嫁给他们。(路遥《平凡的世界》)

上例的语义关系推进表达式为：a→b→c→（因果）d。

(15) a 我不能为了我个人利益而牺牲大家，那太自私了。/b 我宁可自己吃不开，也要顾全大局，为工商界的利益着想。//c 我愿意做民族资产阶级的忠臣烈子，也不贪图个人的前途。(周而复《上海的早晨》)

上例的语义关系推进表达式为：a→（因果）b→（并列）c。

例（14）中，“宁可”类复句与 a、b、c 三个构件的整体直接联结构成因果关系。这时的“宁可”类复句在句群中是单一联结，因为只涉及一重语义关系。例（15）中，a 与 b、c 构成因果关系，b、c 之间构成并列关系，这时的“宁可”类复句在句群中是复合联结。虽然“我宁可自己吃不开，也要顾全大局，为工商界的利益着想”与“我愿意做民族资产阶级的忠臣烈子，也不贪图个人的前途”构成直接的并列关系，但两者合在一起与“我不能为了我个人利益而牺牲大家，那太自私了”构成因果关系，这时的因果关系与 b、c 任何一个构件都是间接的。从中我们可以看出，“宁可”类复句在句群衔接上既可以煞尾，又可以承上，也可以启下。

二 转折型

（一）直转型

（16）a成仁和他的妻子香兰，婚后恩恩爱爱，不曾有过反目的时候，如今正在困苦中相守，忽然间来了这意外的事，香兰走不走呢？/b按香兰的意思，她宁愿跟丈夫饿死在一起，不愿意单独逃生。//c可是成仁苦劝她逃生，因为她若逃生，可以把小宝带出城去。（姚雪垠《李自成》）

（17）a这事也不容他怀疑，消息灵通人士冯永祥说的，而冯永祥又是从赵治国副主任委员那里得来的，千真万确。b这还能有假吗？c但他宁可希望是传闻失误，也要减少总经理的忧愁。（周而复《上海的早晨》）

上述两例的语义关系推进表达式为：a→b→（转折）c。

从位置上看，“宁可”类复句可出现在转折句群的前后两个位置。“宁可”类复句出现在转折句群的前构件位置时，后构件出现转折关系标记，如例（16）中的“可是”；出现在转折句群的后构件位置时，可出现转折关系标记，如例（17）中的“但”。这对关系判断起到了重要作用。

（二）让步型

（18）a每当看见这情况，她常背转家里人，忍不住眼泪都掉在了饭碗里……孙少安完全能体谅亲爱的人儿对自己的一片好心！/b但他决不能允许妻子为他搞“特殊化”。//c_1他宁愿不吃饭，c_2也不愿意他吃稠的让家里人喝汤——他怎能咽下去呢？（路遥《平凡的世界》）

（19）a油麻地的夏天其实是极其炎热的，那太阳出来时，便犹如向大地泼火。/b但油麻地的人很少对太阳的毒辣有所怨言。//c_1他们宁愿被太阳烤得蜕皮，c_2也不希望它一去几十天不见踪影。（曹文轩《天瓢》）

（20）a他不能交代。b不能，绝对不能！c_1他宁可背着包袱到棺材里去，c_2也不能丢掉这个面子。（周而复《上海的早晨》）

（21）a 我总是为你着想的。b 你要我怎么样，我就怎么样。c_1我宁可牺牲自己，c_2也不能叫你有一丝一毫的损害。（同上）

上述四例的语义关系推进表达式为：a→b→（让步）c（c_1+c_2）。

“宁可”类复句经常出现在句群后构件的位置，与前构件构成让步关系时，我们的分析与吴为章、田小琳（2000：48）文章中的用例类似，即让步句群中的前后构件具有陈述与推进陈述的关系。例（18）中，“他宁愿不吃饭，也不愿意他吃稠的让家里人喝汤”是承接“特殊化”的，旨在对不搞“特殊化”进行解释。同样，例（19）中，c 也是对 b 的推进陈述。这里要注意的是，表让步关系的句群中，b 和“宁可”类复句的后小句 c_2在语义上可有所重复，c_2可看作对 b 的深化和细节表现。例（18）中，“家人喝汤”正是“特殊化”的某种细节。

这里的“宁可”类标记无异于“即使”，即具有让步关系的句群。“宁可”可被“即使”替换，替换后句群仍可成立。c_2与 a 或 b 具有语义关联，c_2可以被 a 或 b 做整体替代或部分替代，而与 c_1的关系不变。所以，把这种句群看作让步关系，这是比较妥当的。这在例（20）中表现得更为明显：b“不能，绝对不能”只是作为插说成分出现，起到凸显强烈语气的作用；c_2则具体细化 a 交代的后果——“不能丢掉这个面子”。例（21）中，c_2可被 a 替换，该复句仍然成立：我宁可牺牲自己，也要为你着想。

三 并列型

（22）a 王主任，你完全听错了我的意思。b_1我宁可做一个跛足而有心的人，b_2不愿做一匹只知奔跑而无头脑的千里马。（戴厚英《人啊，人》）

该类句群中，a、b 之间也是陈述与推进陈述的关系。之所以把这类句群归为并列类句群，主要原因在于 b 所含有的 b_2与 a 没有语义上的重复关联。b 对 a 主要是解释，不可用“即使”等表让步关系的关系标记附着、凸显语义关系；也不可用转折关系标记“但、可是”等附加在 b 前凸显关系，即 a、b 之间的语义关系是平行的。“我宁可作一个跛足而有心的人，不愿做一匹只知奔跑而无头脑的千里马”与“你完全听错了我的意思”在语义上是对照或注解。

需要说明的是，从理论上讲，并列关系有很多种，但具体到以“宁可”类复句为构件的句群中，从语料上看只有这种解注关系，这恐怕与“宁可”类复句本身的语义有关。因为“宁可”类复句是让步转折关系的，若与前句构成并列关系，则前句也必然为同类关系复句，即前句也必须为让步转折关系复句；但句群要想表达一个相对完整的语义，仅有让步转折关系无法支撑。

第四节　句群视角下的“宁可”类复句的语用策略

以上的描写和分析使我们对以“宁可”类复句作为构件的句群有了一个直观认识。上文从标记理论的角度，认定“宁可”类复句在句群中的煞尾形式为无标记形式，在句群首位置为有标记形式，简要地说明了“宁可”类复句出现在标记位置时是为了凸显结果。以往对语言单位语用价值和使用策略的分析多集中在单句层面和复句层面，对动态中的复句鲜有从使用的角度着手探讨的。我们以句群中的“宁可”类复句作为分析对象，主要对无标记形式的“宁可”类复句的语用策略进行着重探讨，重点对“宁可”类复句与前后构件在使用策略上的勾连做出理论和条件上的分析，并对其语用价值进行概括。

一　顺序推衍与结果煞尾

从线性的角度观测，顺序推衍是按照句子的先后顺序理解句子含义的方式。邢福义（2001）在讨论语句的联结相依时认为，语句间的关系只有在接受了篇章的句管控后才能得以确定。他指出，从前小句到后小句，含义的理解通常有顺序推衍和逆序裁定两种方式。特别是逆序裁定，涉及语言片段与语言片段的句间联结与相依，已经是语篇问题，理所当然地应受到明确的“句管控”。这里，我们把顺序推衍的含义扩大化了。在小句的间接联结中，顺序推衍作为一种句义理解方式可以帮助我们观测联结成分在整个句群配置中的特点，如：

（23）那天上午，在女儿家。他躺在炕上，仰望着已经悬挂在房梁上的绳子套儿，等待着女儿行刺不成或者行刺成功的消息，随时准备悬梁自尽。因为他知道，女儿此去，无论是成功还是失败，对他来

说，都难免受牵连再入牢狱。他在县狱里待过，知道里边的厉害，所以宁愿自杀，也不愿进去受罪。（莫言《檀香刑》）

这是典型的叙事型语体，“宁愿自杀，也不愿进去受罪”在“所以”后面充当结果。造成这种结果的原因并不突兀，因为已在前面提及“他在县狱里待过，知道里边的厉害”。解释性的原因向前追溯，受话人接受起来比较自然。这正是由语言的线性决定的，顺序推衍会使人们的理解变得顺畅。同时，由于原因和结果得到了完整表述，整个句群也变得自足。“宁可”类复句充当的结果形式作为整个句群的煞尾也就自然了。如果原因不向前回溯，则“宁可”类复句作为结果就显得突兀了。这时就需要在下文对原因进行说明，构成“结果+原因”模式，如：

（11）就拿“文化大革命”那些年来说，她宁肯耍赖不写，也不肯跟着那些挂羊头卖狗肉的理论家们吹喇叭。她明白，这绝不是因为勇敢，而是因为她幸好不搞理论。（张洁《沉重的翅膀》）

若下文没有“因为她幸好不搞理论”，则顺序推衍“她宁肯耍赖不写，也不肯跟着那些挂羊头卖狗肉的理论家们吹喇叭”，便会让受众感到莫名其妙。因为“宁可”类复句在句群首位置出现，是有标记的句法表现。语用价值是体现说话人意在追究这种情况产生的原因，这也能对有标记的“宁可”类复句出现的原因从理论上加以说明。

二 语用关联与决然态度

语用关联主要是指句群构件之间在语气、修辞、语境切适性等诸多方面的关联。“宁可”类复句在句群中与其他构件的语用关联主要表现在决然态度上，这是“宁可”类复句本身的语气功效融入句群后的结果。“宁可”本身就带有意愿性词汇意义，使用这类复句，说话人往往是出于某种特殊的语用需要。

（一）人物表现的需要

“宁可”类复句在句群中能使人物的性格得到充分表现。通过对比，我们会看得更为清楚，如：

（24）建国说他十一点多就能回来，这会儿已经十点多了。他宁

肯在门外等一个钟头，也不想给儿媳妇打电话要钥匙，不想让人嫌弃。（王海鸰《新结婚时代》）

（24′）建国说他十一点多就能回来，这会儿已经十点多了。因为不想给儿媳妇打电话要钥匙，不想让人嫌弃，所以他在门外等一个钟头。（仿造）

例（24）和例（24′）的基本逻辑语义是相同的——“还有一个小时，建国就回来了”，但他（建国的父亲）决然要继续等待，而不想给儿媳妇打电话。说话人用“宁可”类复句把建国父亲倔强的性格表现得淋漓尽致；对比之下，后者则显得语言平实乏力，虽然也可以把意思表达清楚。

上述例子着重表现的是人物的性格方面，而下面的例子则主要表现人物的心理活动，如：

（25）陈永福说：“万不得已，宁可多饿死一些百姓，不能使将士饿着。一旦军心不稳，敝镇也无能为力。”（姚雪垠《李自成》）

（26）郑亲王接着说：“我们的八旗兵还没有同流贼交过手，千万不能轻敌。宁可将敌人的兵力估计强一点，不可失之大意。”（同上）

例（25）中，“宁可多饿死一些百姓，不能使将士饿着”接在“万不得已”后，把陈永福的无奈心理活动展现了出来，担心“军心不稳”则是对这种无奈的解释。例（26）则更能看出郑亲王的谨慎心态——“千万不能轻敌”，自然有嘱咐的意味；“宁可将敌人的兵力估计强一点”则凸显了其思虑的小心谨慎。

（二）言语和谐的需要

如果说上面的语用需要是章法写作的结果，下面我们将着重关注“宁可”类复句前后构件语用衔接的需要。从某种程度上说，“宁可”类复句的使用是语用衔接顺畅的表现和需要——我们称之为“言语和谐”。下面的例子更能体现出说话人言语和谐的特点：

（27）“什么‘传宗接代’？”天星瞪着眼说，“我宁可断子绝孙，也希望新月万事如意！”（霍达《穆斯林的葬礼》）

上例中，说话人用一个“什么‘传宗接代’”反问句表达了反对。言语链的完整与否、连续与否，都与语用目的紧密相关。这本来是一个完整的句群，被一个插入语拆分了。“瞪着眼说”，通过词汇意义表达了“天星”的激动与愤懑。下面的“宁可”类复句更进一步把说话人语气的坚决与严厉、气愤与激动彻底释放了出来，整个句群体现出了语用上的高度和谐一致。言语和谐在交际语篇中往往表现为说话人的言状呈对称呼应，如：

(28) 刘宗敏不等闯王回答，不耐烦地说：“管他是不是已经勾上手了，都不是善良百姓。如今是特别吃紧关头，宁可多杀几个，免留祸患！”(姚雪垠《李自成》)

(29) 有些老汉泪流满面，扯开衣服，露出干瘦的胸膛，对警察说：“打吧！打死我也不离开这地方！宁愿死在故乡田地，也不活着回铜城去！”(路遥《平凡的世界》)

(30) 哼！汝等只知刁明忠来襄阳原为探母，情有可原，却忘记军令如山，凡不听约束者斩无赦。为将的若平日可以不遵军令，临敌岂能听从指麾，为朝廷甘尽死力！今日本督师宁可挥泪斩将，决不使国法与军威稍受损害。(姚雪垠《李自成》)

(31) 自成冷笑说：“你放心，我决不后悔。既然敢起义，就不惧担风险。我看官军把我奈何不得。即令官军奈何得我，你知道我的秉性脾气，宁肯在马上战死也不会跪地乞降，苟全性命，像你们王家兄弟一样。”(同上)

所谓言状对称，我们专指在交际语篇（句群）中，言语表达方式在语码线性排列过程中的语用对应情况。例（28）中的言语表达方式通过状语“不耐烦”来表现；例（29）则通过一系列动作——“泪流满面，扯开衣服，露出干瘦的胸膛”来表现；例（30）通过语气词“哼”来表现；例（31）通过状语“冷笑”来表现。虽然表现的方式不拘一格，但都是与“宁可”类复句和谐对应的。这种衔接上的特点在以“宁可”类复句为构件的句群中表现得较为突出。

三　言语背景与主张言语行为

我们以小说文本作为观测的语料，语料基本都是叙事体的。叙事体篇章的成文特点对本研究有着很重要的借鉴作用。方梅（2005a：56）认为：从篇章的角度看，不同类型的篇章有不同的组织原则；就叙事体而言，它的基本组织形式是以时间顺序为线索的。一个叙事语篇中，总有一些语句——它们所传达的信息是事件的主线或主干，这种构成事件主线的信息可以称作前景信息。前景信息可以用来直接描述事件的进展，回答"发生了什么"这样的问题。另一些语句它们所表达的信息是围绕事件的主干进行铺排、衬托或评价，传达非连续的信息（如事件的场景、相关因素等），这种信息可以称作背景信息。背景信息可以用来回答"为什么"或"怎么样发生"等问题。背景信息和前景信息是西方语言学从篇章叙事线索的角度提出的，考虑到汉语自身流水句意合性的特点，这两个概念性的提法并不能直接切入汉语实际。和篇章传递的信息量相比，句群的信息量相对少；从一般的组织规模上看，句群的规模也是小的。但是，两者却都有一个共同的特点，即言语组织都围绕中心展开。汉语研究对背景的关注则多体现在对言语链中信息的铺陈和介绍上。所谓的前景信息，从线性的角度观测则多体现为与背景信息相对的在受话人看来是凸显的言语目的。也就是说，背景信息在以"宁可"类复句为构件的句群中更多地体现为一种组织规则，对"宁可"类复句起铺垫作用。前景信息体现为"宁可"类复句的言语含义。

通过观测语料发现，"宁可"类复句通常出现在句群尾的位置；若出现在句群首位置则显得突兀，让受话人摸不着头脑、不明就里。从句群的角度和言语交际的角度来看，"宁可"类复句更多的是表达"主张"这一言语行为。这种行为一般不能独立出现，必须要有相关背景支撑才能完整地传递言语信息。"主张"作为言语行为的实现是"宁可"类复句的言语含义及言语背景整合后的结果。

一个完整的以"宁可"类复句表达"主张"言语行为的言语路径可称为"金字塔式"路径（见图5－1）。

图5－1 "金字塔式"路径

图5-1清晰地显示出“主张”这一言语行为得以表达的言语背景不可或缺地沉于整个路径的底端，“主张”这一言语行为向前一步步通过“宁可”类复句的言语含义表达了出来，这是由言语链的线性增量决定的。[①]“主张”这一言语行为体现出了言语主体的意志。主体所指与“宁可”类复句的前后小句在语法上的主语通常是一致的，在言语含义表达的过程中与逻辑语义融合在一起凸显了出来，如：

(24) 建国说他十一点多就能回来，这会儿已经十点多了。他宁肯在门外等一个钟头，也不想给儿媳妇打电话要钥匙，不想让人嫌弃。(王海鸰《新结婚时代》)

“建国说他十一点多就能回来，这会儿已经十点多了”是整个句群叙事的背景信息，处于金字塔底部，起到告知或明示作用，让受话人知其所以然。“在门外等一个钟头，也不想给儿媳妇打电话要钥匙，不想让人嫌弃”则是主张言语行为的言语含义，体现的主体意志与“他”一致，即“他”是言语行为的主体所指。受话人对言语含义“知其然”的理解是基于背景信息的。

通常来说，以“宁可”类复句为构件的句群，“主张”的主体所指通常与说话人是一致的，即为第一人称，这通过静态分析复句也可以看出。“宁可”类复句在CCCS复句语料库中出现986句，冠“我（我们）”的有66例，“我（我们）”在后的有1例；冠“他（她、她们、他们）”的40例，“他（他们）”在后的有1例，“她（她们）”在后的没有；冠“你（你们）”有的2例，“你（你们）”在后的有1例。可见，动态的句群分析与相对的复句分析具有一致性，如：

(15) 我不能为了我个人利益而牺牲大家，那太自私了。我宁可自己吃不开，也要顾全大局，为工商界的利益着想。我愿意做民族资产阶级的忠臣烈子，也不贪图个人的前途。(周而复《上海的早晨》)

(32) 年轻人上班不吃饱，没有力气，哪能把生活做好？我宁可少吃点，让他们多吃点。有时我就饿一顿两顿，让他们吃，好做活。

① 关于线性增量原则，参见方梅《篇章语法与汉语篇章语法研究》，《中国社会科学》2005年第6期（b）。

（同上）

（33）我们的八旗兵还没有同流贼交过手，千万不能轻敌。宁可将敌人的兵力估计强一点，不可失之大意。（姚雪垠《李自成》）

上述三例便既有与说话人一致的第一人称，如例（15）、例（32），也有承前省略但可还原的无形式主语，如例（33）。

上述分析使我们对如何在言语交际中使用“宁可”类复句有了一个清晰的脉络：说话人意图表达主张这一言语行为，主体所指具有强意志性，背景信息的交代，言语含义的复句形式表达。

第五节　结语与几点思考

对句群的研究当属语言研究之基础研究，以某类复句为构件的句群研究尚不多见。我们以“宁可”类复句为视角切入句群研究，根据句群前后构件有无特定词语把其分为两类；根据前后构件的语义类型，把这种句群分为因果型、转折型和并列型三种。通过对这类句群的详细描写和深入观察，并结合语用策略，我们发现：“宁可”类复句在句群中经常煞尾，这符合顺序推衍的过程，是一种无标记的言语行为；若其出现在句群首，则句群不能完整的自足表义，必须要对其进行解释，可视为有标记的。使用“宁可”类复句作为构件的句群在语用上有表现人物性格的作用，使言语链的前后衔接和谐顺畅。

下面谈几点我们在写作过程中产生的思考。

第一，句群构件之间的关系是句间关系而非句内关系，语义联系较为松散。[①] 联系松散的构件自然有不同于复句的形式特点，比如插入语的问题、停顿的问题等都值得进一步研究。

第二，句群自身的构件特点研究。邢福义（1995）举例说明“问答”关系的集合，一般不会在复句中出现。那么，其他关系集合的情况呢？

第三，句群的联结有直接联结和间接联结两种，对于直接联结，按照句类的研究，即陈述句＋陈述句、陈述句＋祈使句、陈述句＋感叹句、陈

① 这点是邢福义（1995）在《小句中枢说》一文中提到的。

述句+疑问句，这只是以陈述句为基点的组合，类似的组合大有研究价值；对于间接联结，若按照复句的联结关系进行组合，组合的方式在理论上是无穷尽的。基础研究不妨从对有两个构件或三个构件的句群的研究做起。

第四，针对某类复句的句群研究属于动态研究，动态研究的实质是视角扩大的研究。那么，这里就要考虑研究对象的范围问题，因为语料的提取对结论的获得影响很大。以我们为例，“宁可”类复句需要严格筛选，必须是“宁可 p，（也）q”这种模式，不能选择“宁可 p”在复句中煞尾的复句作为语料。视角扩大只是意味着“宁可”类复句作为一个整体构件与其他构件共同接受了观测。

第五，以往对句群的研究更关注理论层面，但我们认为，研究结果要想“用得上”,[①] 便要切实以某类句群为主做动态分析。当然，这种分析是建立在细微描写基础上的。

第六，在解决具体的某类句群问题上缺乏理论研究，如某类句群的前后构件、联结方式、联结手段的判别等。

本章语料来源：

姚雪垠：《李自成》，中国青年出版社，2006。

周而复：《上海的早晨》，人民文学出版社，1958。

莫言：《檀香刑》，上海文艺出版社，2008。

霍达：《穆斯林的葬礼》，人民文学出版社，2005。

王海鸰：《新结婚时代》，作家出版社，2007。

曹文轩：《天瓢》，长江文艺出版社，2005。

戴厚英：《人啊，人》，人民文学出版社，2007。

周立波：《暴风骤雨》，时代文艺出版社，2009。

路遥：《平凡的世界》，人民文学出版社，2004。

张洁：《无字》，北京十月文艺出版社，2002。

① 这是在与邢福义先生的交谈中获益的。另外，邢先生曾多次在不同场合强调指出，文章要看得懂、信得过和用得上。

第六章　关于“与其p，宁可q”格式

第一节　对“与其p，宁可q”格式的两种看法[①]

“与其p，宁可q”是一种使用频率非常低的复句，学界对该格式持存否两说。

王灿龙认为这一格式不合法。王灿龙（2003）检索了现代汉语语料，未见“与其……宁可……”的语料，汉语发展史中也未见该格式。从而，他从历时和共时的角度判断现代汉语中这一格式不合法，并认定所有辞书中的“与其……宁可……”都为不合法形式。又因“与其p，q”与“宁可p，q”在语用义上存在较大差别，这更从功能的角度否定了“与其p，宁可q”的衔接可能性，从而判定下列句子不成立：

*你与其坐在这儿闲聊，宁可看会儿书。

*他与其这样辛苦打工挣钱，宁可伸手向父母要几个。

邢福义先生等诸多学者则认为该格式是合法的。邢福义（2001：147）举例证明了“与其”后可不用“不如”，而可以用“宁可、宁肯、毋宁、无宁”，并认为“与其……（宁可）……”大体相当于“与其……不如……”，如：

（34）我怎不会呢？与其吃它们，宁肯咬掉我身上的肉！（宇心《雾中鼓声》，《昆仑》1983年1期）

同时，周有斌（2004）认为，在现代汉语中，“与其……宁可……”

① 为了研究方便，我们不区分“宁可”与“宁肯”、“宁愿”与“宁”的区别。

就是"与其……不如……"的一种，如：

(8) 但我自己，却与其看薄凯契阿，雨果的书，宁可看契诃夫，高尔基的书，因为它更新，和我们的世界更接近。(鲁迅《且介亭杂文二集·叶紫作〈丰收〉序》)①

(12) 他们是没有物我的区分，没有国族的界别，没有奴役因袭的束累，他们与其受人爵禄，宁肯负石投河，牺牲一己的生命而死。(郭沫若《孤竹君二子》)②

另外，王灿龙（2003）列举的经典辞书都承认"与其……宁可……"格式的合法性，这里不赘述。

这种格式到底合法不合法，要以语言事实为标准，除此之外的断言都是不客观的。为此，我们"撑开"大三角中的普角和古角，看看普通话中的语言事实是什么样的，古代汉语中的和其具有渊源的格式又是什么样的。该格式如果合法，在现代汉语中应如何理解。我们拟利用小三角的分析方法对其进行审视，这也是我们将要着重要探讨的。

第二节 "与其p，宁可q"为"与其p，宁q"的形变格式

如果不把现代汉语看作历时发展的一个阶段，"与其p，宁可q"在历时发展过程中确实未见，但不能据此就否定这个格式存在的合理性。一种语法形式在共时平面是否存在关键要看真实的语料情况，后文将有详述。我们认为，该句式与上古就已出现的"与其……宁……"格式具有渊源关系。

一 形变的依据

（一）辞书学依据

《经传释词》引："《说文解字》：'宁，愿词也。'徐锴曰：'今人言宁可如此，是愿如此也。'襄二十六年，《左传》引《夏书》曰：'与其杀不

① 转引自周有斌（2004：56）。

② 转引自周有斌（2004：56）。

辜，宁失不经。'是也。常语也。"徐锴系五代南唐人，卒于974年，这说明"宁可"成词表意不晚于北宋初年。

辞书反映了专家系统的通识，故笔者查看了三本现代人编撰的汉语辞书。《古代汉语词典》（商务印书馆版）对"宁"的解释为宁愿、宁可，释例：与其杀不辜，宁失不经。《王力古汉语字典》（中华书局版）、《古今汉语字典》（商务印书馆版）对"宁"的解释一致。

《古代汉语虚词词典》（商务印书馆版）、《古汉语虚词词典》（北京大学出版社）对"宁"的解释为宁愿、宁可，并有其他多种用法，列有"与……宁……""与其……宁……"的词条，均解释为"宁愿、宁肯"。释例：礼，与其奢也，宁俭。丧，与其易也，宁戚。（《论语·八佾第三》3.43）

可见，辞书对"与其……宁……"格式中"宁"的认定是一致的，即为"宁可"。

（二）对译依据

对译作品代表大众的看法，因为对译作品的对象是普通受话者。笔者选取《论语》中四例带有"与其……宁……"的句子作为对译语料：

> A、B：礼，与其奢也，宁俭。丧，与其易也，宁戚。（《论语·八佾第三》3.43）
>
> C：与其媚于奥，宁媚于灶，何谓也？（同上，3.13）
>
> D：与其不孙也，宁固。（《论语·述而第七》7.36）

我们选取杨伯峻（1980）《论语译注》、钱逊（1988）《论语浅解》、金良年（2004）《论语译注》、李泽厚（2004）《论语今读》、姜厚粤（2004）《论语浅悟》中的例子作为译注的翻译文本（见表6－1）。

表6－1　不同译本中的"宁"

样例＼作者	杨伯峻	钱逊	金良年	李泽厚	姜厚粤
A	宁可	宁可	不如	不如	宁可
B	宁可	宁可	不如	不如	宁可
C	宁可	不如	不如	不如	宁可
D	宁可	宁可	宁可	宁肯	宁可

以上各例说明，"与其……宁……"通常可对译为"与其……不

如……”和“与其……宁可……”两种形式。“与其……宁可……”和“与其……宁……”只是在语表形式上有所变化，“与其……宁可……”作为其形式变体在语感上是可以接受的；至于“与其……宁……”格式的逻辑语义是否被“与其……宁可……”完全延展、继承下来，这还需历时考察其相关形式。需要补充说明的是，台湾地区台北县的“光荣国民中学国文考试题”为该格式的成立提供了一个佐证。

19. 下列哪一个句子是不合语法的？（A）宁可光明的失败，决不作假求胜（B）与其作假求胜，宁可光明失败（C）与其作假求胜，不如光明失败（D）与其作假求胜，未必光明失败。

答案为D。

二　“与其……宁……”的相关格式

与“与其……宁……”相近的有“与其……无宁……”“与其……毋宁……”两种格式。值得注意的是，“与其……勿宁……”这种格式在古代并不存在，现代汉语中也未见使用。“勿宁”单用的情形也极少出现，如：“为此李亚爱亦光爱得热火朝天气势磅礴，大有爱不成勿宁死之架式。”（方方《白雾》）古代只在《大正藏·续灯正统》（卷三十九）中出现一例：“一日忽语众曰。世界勿宁。不如归去。”该“勿”可当否定来用。此“勿宁”当为不安宁，非“宁可”义。因“勿、毋和无”音近义通，据《说文段注》，“毋”和“勿”从字源上说是假借关系。所以，有时“毋宁”也写作“勿宁”，但这种情况极少。笔者怀疑，“勿宁”为“毋宁”或“无宁”的错写形式。下面将着重讨论该格式中“无宁”、“毋宁”和“宁”的关系。先看“无宁”，还是以《论语》中的材料为例：

E：且予与其死于臣之手也，无宁死于二三子之手乎？（《论语·子罕第九》，9.12）

《古书虚字集释》：“无宁犹不宁也。举上例为证。并《韩诗外传十》：与其弃身，不宁弃酒乎。文法与此同。”《经传释词》：“无宁犹无乃也。杜预注：无宁，宁也。失之。宁训为乃。”《汉语大词典》（第七卷上册：148）：“无宁亦作毋宁。宁可；不如。”《古代汉语词典》：“无宁，也作毋宁：宁肯，宁可。”

《词诠》：“毋，语首助词，无义。《左传·襄公二十九年》：且先君而有知也，毋宁夫人，而焉用老臣？”《汉语大词典》（第七卷下册：816）：“毋宁：宁可，不如。毋，发语词。”《古代汉语词典》：“毋宁同无宁：宁肯，宁愿。”《古代汉语虚词词典》：“毋宁同无宁。”

上述辞书对“宁、无宁和毋宁”的关系做了基本同义的判断。对《论语》一例的对译情况是：杨伯峻译为“宁肯”；钱逊译为“宁可”；金良年译为“还不如”；李泽厚译为“不如”；姜厚粤译为“还不如”。

由此可见，无论是古人还是今人都认为“与其……宁……”“与其……无宁（毋宁）……”在格式意义上非常相近，可将其视为同类关系。

对于两者最主要的区别，我们认为，由于“无宁（毋宁）”可出现在表疑问的语气助词前，例E中与“乎”同现，在语气上比“宁”弱。有人认为，“毋”系发语词，其实无论“毋”是什么，其主要作用就是停顿，起到舒缓语气的作用。一般用“毋宁和无宁”时，语气有减弱的趋势，即使“宁”的忍让意味有所减弱，也类似于今天的“不如”。“与其……宁……”格式有两种表现形式：“与其……宁……”在语气上较强，“与其……无宁（毋宁）……”在语气上较弱。所以，在文白对译时，前者适宜翻译为“宁可”，后者适宜翻译成“不如”。

三　相关格式的历时发展

诚如现代汉语中存在的同义词一样，在语言的历时发展过程中，表述同一功用的形式不是单一的，有学者从语法化的角度把这归纳为并存原则。其实，语法化的原则也是语言发展的原则。

“与其……宁……”“与其……无宁……”在《论语》中有见。“与其……宁……”在《朱子语类》中仍有用例。“与其……无宁……”则在近现代汉语中仍有个别用例。它们均产生于先秦，文言色彩较为浓重。“宁”在发展中又受到双音化的影响，没有固定下来。但是，语言的交际功能并不因此而受到影响，因为语言的同一表达往往是多形式共存的。与“与其……宁……”并存的类似格式主要有“与其……不如……”，该格式始见于《左传》，如：“与其戍周，不如城之。”（《左传》）该格式一直沿用至今。“不如”到了元明时有插入语气副词“倒”的用例，如：“这是你为官的偏生受，倒不如休也波休，趸随我出家儿得自由。”（《全元曲》）到了清又有与“与其”连用的用例：“我想与其娶小家之女，倒不如娶大家之婢。”（清代陈森《品花宝鉴》）

以上各例，旨在说明“与其……宁可……”的逻辑语义关系早已存在，形式的变化不影响语言的表达和理解。对于现代汉语中的“与其……宁可……”格式，我们只需重新分析其逻辑语义，考察其理解方式便可。任何一个发展阶段都是历时的一个点，现代汉语也可看作历时的最近阶段。在现代汉语中形成的“与其……宁可……”格式在语料上是客观真实存在的，下文将详陈。

第三节　“与其……宁……”的历时语法分析

“与其……宁可……”和“与其……宁……”两个格式虽语表形式相近，但前者在历时文献中并未出现。王灿龙（2003）认为，语文工具书关于“与其……宁可……”格式的描写、说明与举例，可能是最初有人根据上古的“与其……宁……”格式进行了简单类推，后来人们又以讹传讹造成的。笔者认为，事实未必如此，因为以讹传讹的前提是流传的格式本身就是错误的，而“与其……宁……”这种格式在历时语料中却是合法使用的。

笔者认为，这两个格式是有渊源的。“与其”作为连词，其本身的语法意义自上古至今并未发生变化，我们以此为基点探究“与其……宁……”的格式义。至于是何种原因使“与其……宁……”格式中断了发展，后文将有所论及。探讨古代汉语中特定格式义的重要性不言而喻，但在语法研究中又因缺乏语感和验证手段而多为大家回避。为避免随文释义，较为公允地呈现出该格式的古代汉语语法面貌，我们比较了自先秦至宋文献中该格式的部分语料，从含有该格式的语境中归纳出了该格式的语法意义。语料的选择自《论语》起，至《朱子语类》终。《论语》以前的文献如《尚书》中也有该格式的个例，但因其成书问题，我们不涉及。《朱子语类》以后的文献也有些许个例，甚至鲁迅作品中仍有出现，但多为引用的前人的材料，故也不涉及。与该格式类似的格式，如“与……宁……”“与其……宁可……”在语表形式上与之有较大差距，故不涉及。为了清楚地呈现语料，下文语料将被重新编号。

一 《论语》中的“与其……宁……”格式

《论语》成书于战国初期，为语录体文献。该格式出现 4 例，如：

(1)、(2) 林放问礼之本。子曰：“大哉问！礼，与其奢也，宁俭。丧，与其易也，宁戚。”(《论语译注》，20 页)①

(3) 王孙贾问曰：“与其媚于奥，宁媚于灶，何谓也？”子曰：“不然，获罪于天，无所祷也。”(同上，24 页)

(4) 子曰：“奢则不孙，俭则固。与其不孙也，宁固。”(同上，81 页)

上述 4 例皆出自言语交际，说明此格式可在口语中出现，有明显的口语性特征。例 (1)、例 (2) 中，“礼”之根本是唯一的，“奢—俭、易—戚”相对，可据此认定该格式的联结项具有比较性。例 (4) 把“奢、俭”的后果言明了，比较后果是为了显明优劣，可见该格式具有优选性。简言之，“与其”联结的是衬选项，“宁”联结的是意旨项，两者比较存在，“宁”联结的项具有优选性。

二 《左传》中的“与其……宁……”格式

《左传》成书于公元前 4 世纪，系史书。该格式出现 3 例。如：

(1) 十二年夏，卫公孟彄伐曹，克郊。还，滑罗殿。未出，不退于列。其御曰：“殿而在列，其为无勇乎！”罗曰：“与其素厉，宁为无勇。”(《左传译注》，1269 页)

(2) 赵孟曰：“晋国有命，始祸者死，为后可也。”安于曰：“与其害于民，宁我独死。请以我说。”赵孟不可。(《左传译注》，1272 页)

(3) “若不幸而过，宁僭，无滥。与其失善，宁其利淫。无善人，则国从之。”(《左传译注》，819 页)

例 (1) 中，“素厉—无勇”相对。“素”“无”表明两者皆非所愿，

① 我们所引的语料，文中只标注书名和页码。除个别语料随例注外，网络材料的电子信息、纸质材料的详细信息均见本章语料来源。

“宁”联结项为退而求其次者，相对而言较优。例（2）中，“害于民—我独死”相对。两者皆非所愿，“始祸者死”为后果在前，属于明知后果而为之。例（3）中，“失善—利淫”相对。两者皆非所愿之事，“无善人，则国从之”后果在后，可看出“宁”的选择带有不得已而为之的意味，与现代汉语中表“忍让”的“宁可”语法意义相近。三者均出现在言语交际中，有明显的口语性特征。通过上例可看出，该格式的联结项具有通常所说的典型的贬损义词语，如“素厉—无勇”“害于民—我独死”“失善—利淫”。非所愿是该格式对联结项的特定要求，即该格式具有［—所愿］的格式义，具有“忍让选择性”。

三　《国语》中的“与其……宁……”格式

《国语》成书比《左传》稍晚，系史书。该格式出现1例，如：

（1）是以带甲万人事君也，无乃即伤君王之所爱乎？与其杀是人也，宁其得此国也，其孰利乎？（《国语》，632页）

“杀是人—得此国”相对，“其孰利乎”表明该格式是一种中立无主观性的选择，联结项之间具有平等性。值得注意的是，我们引用的《国语》对“宁”的解释为“安也”，整个复句“言战而杀是万人，与安得越国，二者谁为利乎？”虽也说得通，但显然忽略了“宁”与“与其”是相对而在的，这造成了释义简单。

四　《礼记》中的“与其……宁……”格式

关于《礼记》的成书年代，争议较大，据王锷（2004），《礼记》所辑材料最晚为战国晚期。该格式出现5例，如：

（1）子云：“君子辞贵不辞贱，辞富不辞贫，则乱益亡。故君子与其使食浮于人也，宁使人浮于食。”（《礼记译注》，677页）

（2）衰，与其不当物也，宁无衰。齐衰不以边坐，大功不以服勤。（《礼记译注》，71页）

（3）谏若不入，起敬起孝，说则复谏；不说，与其得罪于乡党州闾，宁孰谏。父母怒，不说，而挞之流血，不敢疾怨，起敬起孝。（《礼记译注》，336页）

(4) 子曰：“口惠而实不至，怨灾及其身。是故君子与其有诺责也，宁有已怨。”(《礼记译注》，730 页)

(5) 孟献子曰：“畜马乘，不察于鸡豚；伐冰之家，不畜牛羊；百乘之家，不畜聚敛之臣。与其有聚敛之臣，宁有盗臣。”(《礼记译注》，808 页)

例（1）中，“使食浮于人—使人浮于食”相对。“君子辞贵不辞贱，辞富不辞贫”是两项都可的原因，两者都可视为所愿，但说话人更倾向于后者。例（2）中，“不当物—无衰”相对。“无衰”固然不好，也属无奈而为之。例（3）中，“得罪于乡党州闾—孰谏”相对。“孰谏”的后果是“父母怒，不说，而挞之流血”，显然不是说话人所愿的，但与让父母“得罪于乡党州闾”相比较而言，也只能为之。例（4）中，“有诺责—有已怨”相对。前者不可取的原因为“口惠而实不至，怨灾及其身”。例（5）中，“有聚敛之臣—有盗臣”相对。两者显然都是非所愿之事，后者的选择为不得已而为之。同样，在《礼记》中，这种贬损义词语也经常出现，如“不当物”“得罪于乡党州闾”“有诺责—有已怨”“有聚敛之臣—有盗臣”。这说明该格式具有［—所愿］的格式义，具有“忍让选择性”。

五 《说苑》和《盐铁论》中的“与其……宁……”格式

《说苑》和《盐铁论》均于西汉成书。《说苑》内容繁杂，散文居多；《盐铁论》系对话散文。该格式均在两书中出现 1 例，如：

(1) 与其危君，宁危身；危身而终不用，则谏亦无功矣。(《说苑今注今译》，272 页)

(2) 礼无虚加，故必有其实然后为之文。与其礼有余而养不足，宁养有余而礼不足。(《盐铁论校注》，309 页)

例（1）中，“危君—危身”相对。两者皆非所愿，说话人建议选择后者，即使想到后果也“危身而终不用，则谏亦无功矣”。例（2）中，“礼有余而养不足—养有余而礼不足”相对。显然，“礼、养皆有余”虽为理想情形，但一方的“不足”让说话人只能有所取舍，显现出了说话人的忍让。

六 《全唐文》中的“与其……宁……”格式

《全唐文》系清代董浩等奉敕编写，收录唐五代文章近 2 万篇，以散文、判词居多。该格式出现11例，如：

(1) 徵诸故事，折有其伦，郦生见重于抗词，元淑无嫌于长揖。与其诘过，宁取优贤。(《全唐文·阙名·对小吏欢言判》，10118页)

(2) 与其慢也，宁崇其敬。(《全唐文·王千石·议沙门不应拜俗状》，2069页)

(3) 故君子让荣不忧，辞满为珍，以备其德，以全其真。与其浊富，宁比清贫。吴隐酌泉，庞参致水，席皮洗帻，缊袍空里，虽清畏人知，而所知远矣。嗟尔在位，禄厚官尊，固当弁廉勤之节，塞贪竞之门。(《全唐文·姚崇·冰壶诫》，2085页)

(4) 与其别行新制，宁如谨守旧章。又汉家园陵，八节上食，自兹以降，代行其典。(《全唐文·杨仲昌·加笾豆增服纪议》，3110页)

(5) 司马曰：“与其徇名以利人，宁勤身以安亲。况佐郡之逸乎?”(《全唐文·独孤及·送商州郑司马之任序》，3937页)

(6)(7) 行与其获七宝也，宁见经；生与其亡四句也，宁舍身。(《全唐文·独孤及·金刚经报应述·并序》，3962页)

(8) 及夫进计者入而不出，直言者戮而不容，则天下之君子自谋于心曰：“与其言且不用而身为戮，吾宁危行言逊，以保其终乎?”(《全唐文·元稹·献事表》，6594页)

(9)、(10) 与其废官，宁其虚授；与其失善，宁其谬升。但在乎明覈是非，必行赏罚，则谬升虚授，当自辨焉。(《全唐文·白居易·为人上宰相书》，6886页)

(11) 何必具以寮寀，而欲省其州县。与其削邑，宁愈减官。是为政先，实亦教本。(《全唐文·杜顗·对省官员判》，7863页)

例(1)至例(11)中，“诘过—取优贤”“慢—崇其敬”“浊富—清贫”“别行新制—谨守旧章”“徇名以利人—勤身以安亲”“获七宝—见经”“亡四句—舍身”“言且不用而身为戮—危行言逊以保其终”“废官—虚授”“失善—谬升”“削邑—愈减官”分别相对。例(3)中，“浊富—清贫”中的“浊—清”本身就带有主观评价。“贫”自然非所愿，但和“浊富”比，也就不得不接受了，说话人选择后者带有明显的主观性。例(5)中，“徇名—勤身”为“以利人—以安亲”，可见都是所愿之事，比较后说话人选择了后者。例(8)中，“宁”联结的后小句出现的“乎”

使整个小句带有疑问语气，这使得后小句语气缓和，与现代汉语中的"宁可"有显著不同。因受整个格式的制约，所以不认为这里的"宁"有反问语气的功能。

七 《朱子语类》中的"与其……宁……"格式

《朱子语类》是宋朱熹的语录体著作，该格式在其中出现1例：

（1）与其过也，宁不及，不及底可添得。（《朱子语类·卷二十五·论语七》）

"过—不及"相对，"不及底可添得"为选后者的原因。显然，两者都非说话人所愿。

八 小结、余论与理论思辨

（一）小结

以上我们梳理了自先秦至宋的、带有"与其……宁……"格式的现有语料，共27例。为了系统地观测这一格式，我们还考察了相关格式在文献中的共现情况（见表6-2）。

表6-2 "与其……宁……"及相关格式的历时语料数量

格式 著作	与其……宁……	与其……不如……	与其……不若……	与其……曷若……	与其……孰若……	与其……莫若……	与其……宁可……	宁……不……/宁……无……	宁可……不……/宁可……无……
《论语》	4	0	0	0	0	0	0	0	0
《左传》	3	1	0	0	0	0	0	2	0
《国语》	1	2	0	0	0	0	0	0	0
《庄子》	0	1	0	0	0	0	0	0	0
《礼记》	5	0	2	0	0	0	0	0	0
《史记》	0	3	0	0	0	0	0	4	0
《战国策》	0	2	1	0	0	0	0	1	0
《说苑》	1	0	1	0	0	0	0	1	0
《盐铁论》	1	0	1	0	0	0	0	0	0
《世说新语》	0	0	0	0	0	0	0	4	0

续表

著作＼格式	与其……宁……	与其……不如……	与其……不若……	与其……曷若……	与其……孰若……	与其……莫若……	与其……宁可……	宁……不……/宁……无……	宁可……不……/宁可……无……
《全唐文》	11	2	14	15	16	0	1	32	3
《五灯会元》	0	0	0	0	0	0	0	3	5
《朱子语类》	1	1	4	3	1	0	0	12	1
《初刻拍案惊奇》	0	0	0	0	0	0	0	3	4
《二刻拍案惊奇》	0	0	0	0	0	0	0	1	7
《喻世明言》	0	0	0	0	0	0	0	4	1
《醒世恒言》	0	0	0	0	0	0	0	4	4
《警世通言》	0	0	0	0	0	0	0	4	4
《西游记》	0	0	2	0	0	0	0	6	0
《官场现形记》	0	5	0	0	0	0	0	0	2
《儒林外史》	0	0	0	0	0	0	0	0	0
《醒世姻缘传》	0	1	1	0	0	0	0	0	6

综上所述，可归纳出“与其 p，宁 q”格式的下列特点。

第一，形式上，“p、q”相对，地位平等，格式义重在选择。

第二，“p、q”多含贬损义修饰性成分，格式义重在隐忍。

第三，事理上，“p、q”多为相反，若不含贬损义修饰性成分，则格式义重在比较。

第四，“宁”联结的后小句有时体现出主观忍让态度，有时体现出主观缓和语气。

第五，在同一时期的文献中，该格式可与其他近似格式同现，在同一文献中，也可同现，这表明该格式与“与其…… 不如……”“与其……不若……”等格式存在着语义差或语用差。

（二）余论

“与其……宁……”格式虽在语表形式上与现代汉语中的“与其……宁可……”近似，但上表清楚地表明：《朱子语类》后的文献再未见“与其……宁……”格式。两者为何未接续发展，我们认为有以下原因。

第一，古代汉语中没有形成"与其……宁可……"格式，不是语义和语法上的原因，而是两者在语用功能上不搭配。因为其词汇形式形成较晚，据笔者另文考证，"宁可"完成词汇化应该是在元明时期，而伴随其词汇形式形成的句法联结功能主要迁移到了前小句上。完成词汇化前，"宁可"主要是作为短语用于反诘，表示"怎么（难道、岂）+可以"，与"与其"的功能要求不能搭配。"与其"做前小句的复句重在顺推，后小句在语气上用陈述、感叹、疑问均可，但反诘为逆转语气，旨在推翻前小句之表述，与顺推抵牾。

第二，"与其……宁……"中，"宁"的联结项的联结范围较广，既可侧重隐忍，又可侧重比较。"宁可"词汇化后联结的范围较窄，"与其"的其他格式分担了原来的用法。易孟醇（2005：722）指出，在先秦语法中，"宁"作为选择连词的用法很广。

（三）理论思辨：古代书面语与现代书面语

语言的发展具有历时和共时两个维度，历时是绝对的，共时只是为了研究方便而不得不确定的一个相对封闭的时间段。现代汉语的时限，无论按照学界哪种有影响的标准，都不会晚于"五四"白话文运动。我们不具体讨论文言、白话、书面语和口语等若即若离、错综复杂的概念。在《现代汉语词典》（第5版）中，"口语"被解释为：谈话时使用的语言；"书面语"被解释为：用文字写出来的语言。要从概念上把两者区别对待。上述定义是从使用方式上着眼的，鉴于现代汉语口语和书面语具有较高的一致性，我们认为，仅仅从使用方式方面进行探讨并不能反映其全貌。在现代汉语共时空间内，根据语言事实性质的不同，书面语应分为古代书面语、现代书面语和现代口语。古代书面语径用张中行（1988：5）所持观点："文言都是文人笔下的，印在纸面上的书面语言。"张文所言"纸面"，我们理解为吕叔湘先生提出的近代汉语上限，即唐宋前的典籍文献，但白话文运动前的文献也可视为其言所指。现代书面语主要指在现代文学作品中记载的语言。我们之所以特别强调现代汉语共时空间内古代书面语的地位，主要是鉴于古代书面语在跨时空使用中的特殊作用。我们主要以"与其……宁……""与其……宁可……""与其……不若……""与其……不如……""宁……不（无）……""宁可……不……"等六种相关的句式为例来说明古代书面语和现代书面语在现代汉语中的不同作用（见表6-3）。

表6－3　古今书面语比较

古代书面语存在的格式	与其……不若（不如）……	宁……不（无）……	与其……宁（毋宁）……
现代书面语存在的格式	与其……不如……	宁可……不……	与其……宁可……

1. “与其……不若……”与“与其……不如……”的共时存在

“与其……不若……”在古代汉语中是比较常见的复句格式，如下：

（1）丧礼，与其哀不足而礼有余也，不若礼不足而哀有余也。祭礼，与其敬不足而礼有余也，不若礼不足而敬有余也。（《礼记译注》，73页）①

（2）与其死夫人所者，不若赐死君前。（《韩非子导读》，213页）

（3）与其并乎周以漫吾身也，不若避之以洁吾行。（《吕氏春秋·季冬纪》，71页）

在古代汉语中，“与其……不如……”也同时存在，如下：

（4）故君人者与其请于人，不如请于己也。（《晏子春秋译注》，101页）

（5）与其为善于乡也，不如为善于里；与其为善于里也，不如为善于家。（《国语》，235页）

（6）与其戍周，不如城之。（《左传译注》，1203页）

（7）与其厚于兵，不如厚于人。（《管子新注》，160页）

（8）与其誉尧而非桀也，不如两忘而化其道。（《庄子今注今译·大宗师》，178页）

（9）与其誉尧而非桀，不如两忘而闭其所誉。（《庄子今注今译·外物》，711页）

“不若”在现代汉语中已不单独使用，但它与“与其”组配的复句格式仍可偶见，如下：

（10）小侄愚见，仍以为与其一枝一节求治，实不若治其根本。（刘斯奋《白门柳》）

① 此条语料核实的所出版本为：潜苗金（2007）《礼记译注》，浙江古籍出版社。

（11）与其诅咒黑暗，不若点起蜡烛。（http://www.55188.com/blog.php?page=3&tid=916984）

现代汉语中，“与其……不如……”格式占据主导优势，如：

（12）与其坐以待毙，做瓮中之鳖，不如虎出囚笼！（吴强《红日》）

（13）与其匆匆涉入爱河，不如静静地等待成长。（郁秀《花季雨季》）

从上述各例可看出，两种格式无论是在古代汉语中还是在现代汉语中都共时存在；但在现代汉语中，“与其……不若……”已很少见。但是，我们不能视其存在为无，其偶见仍能体现其特殊语用价值，后文将有详述。

2. “宁……不（无）……”与“宁可……不……”的共时存在

“宁……不……”在上古汉语中较为常见，如下：

（14）若不幸而过，宁僭，无滥。（《左传译注》，819 页）

（15）宁我薄人，无人薄我。（《左传译注》，473 页）

（16）吾宁斗智，不能斗力。（《史记》，328 页）

（17）我宁游戏污渎之中自快，无为有国者所羁，终身不仕，以快吾志焉。（《史记》，2145 页）

由于“宁可”双音化成词较晚，所以“宁可……不……”格式与“宁……不……”格式基本是伴生发展的，即“宁可”双音化完成后，两者共同发展。在现代汉语中，关于“宁……不……”格式，笔者对 CCCS 复句语料库中 65 万例复句进行了穷尽式检索，人工筛选出 50 例，占总量的 0.008%。“宁可……不……”占总量的 0.18%，是前者的 20 余倍。前者所占数量虽少，但仍有事实上的存在，如下：

（18）国家强调“男女都一样”，可到下面有的地方却“同工不同酬”，有的招工“宁要武大郎，不要穆桂英”，连女大学毕业生也面临分配难。（《长江日报》1990 年 5 月 13 日）

（19）宁做“箪食瓢饮”的君子，也不当“汲汲于富贵”的小人。（《人民日报》1997 年 11 月 20 日）

“宁可……不……”格式则大量存在，略举几例如下：

(20) 宁可牺牲胎儿，也保全卜绣文的生命。(毕淑敏《红处方》)

(21) 如同军队打仗一个理儿，宁可备而不战，不可战而不备。(王海鸰《新结婚时代》)

(22) 宁可死，也不做奴隶。(阿来《尘埃落定》)

从上述各例可看出，两种格式在现代汉语中共时存在；但在现代汉语中，“宁……不（无）……”已很少见。与上文的“与其……不若……”一样，我们不能视其存在为无，其特殊语用价值后文将有详述。

3. “与其……宁……”与“与其……宁可……”的共时存在

“与其……宁……”在古代汉语中较为常见，如下：

(23) 与其不孙也，宁固。(《论语译注》，81页)

(24) 与其失善，宁其利淫。(《左传译注》，819页)

鉴于“宁可”词汇化的过程较晚，“与其……宁可……”格式在汉语史上只有一个孤例，如：

(25) 与其失善，宁可利淫。(《全唐文》，9928页)

在现代汉语层面，“与其……宁可……”格式由于对译而较为常见，并衍生出众多语言事实，如：

(26) 与其奢侈，宁可节俭；就丧礼而言，与其铺张浪费，宁可悲哀过度。(北方草博客《于丹的〈论语〉心得之二中关于礼的论述》，http：//zhaojingshen. blog. sohu. com/46088674. html)

(27) 对于顾客来说，与其钱被蛮横地赚去，倒宁可买个高兴……(《人民日报》1983年10月29日)

对译的语言事实很多，在此不赘举。值得关注的是，在现代汉语中，“与其……宁……”及其类似格式“与其……毋宁……”也偶有可见，如：

(28) 与其杀不辜，宁失不经。这是我的奏疏中的精义。(苏童

《才人武照》)

(29) 与其说这是溺爱独生的儿子，毋宁说是完全信任他，尊重他。(刘斯奋《白门柳》)

从上述各例可看出，两种格式在现代汉语中共时存在，但在现代汉语中，"与其……宁……"少见；相应的"与其……宁可……"在现代汉语中有接受的人群，其特殊语用价值将在后文分析。

4. **共时而存的语用价值**

上文显示了在某一个特定阶段的历时层面，现代汉语中句式发展来源的三种情况。"与其……不如……"在古代汉语中以"与其……不若（不如）……"的形式存在，历时发展使"与其……不若……"渐退出交际平台。"宁可……不……"在上古汉语以"宁……不（无）……"的形式存在，由于"宁可"双音化的关系，该格式无可争议地过渡为现代汉语的形式，"宁……不（无）……"也渐退出交际平台。关于"与其……宁可……"的存在，若从"宁可"双音化后形成的"宁可……不……"格式看，其从"与其……宁（毋宁）……"发展而来也不应该存在问题。但是，其线索恰恰是在历时发展中中断的，再加上重新挖掘的语言事实又需要重新理解，故其存在的合法性备受质疑。从对译的事实看，其合法程度是可以接受的。

如果从现代汉语书面语的两种样态的角度来看待上述现象，恐怕更容易认可这种格式。无论是哪种格式，只要古代汉语中曾经存在，那么它在现代汉语书面语中出现时就可视为古代书面语。除此之外，现代汉语书面语还包括区别于现代口语的现代书面语，即"与其……宁可……"格式一类，但其在语感上无法与现代口语一样有较高的接受度。双音化并不会造成绝对的语法强制性效应，能否使用某种语言要素还要受到语用诉求的制约。古代书面语和现代书面语在现代汉语中体现出了特殊的语体价值。

从上文可看出，古代书面语主要以征引和仿拟的方式在现代汉语中存在，如例（28）、例（29）。"征引"一方面可以加强整个表达式的文言色彩；另一方面又可以为整个表达式提供说理佐证，提高表达式的说服力。同样，"仿拟"主要是加强表达式的文言意味，使表达式区别于现代书面语，凸显表达式的书卷气。现代书面语，如"与其……宁可……"格式，在凸显表达式文绉绉意味的同时，更是说话人寄希望通过"取奇"的方式区别于口语和日常惯用的表达方式——这也是需要我们重新理解的一个重要原因。若书面语再扩展到与现代口语进行比较，同样的信息量，书面语求雅，现代书面语中的古代书面语则也同时求简。

在现代汉语中，古代书面语和现代书面语的语用诉求不同。这反映出了语言发展变化的交融性，即任何一个共时平面都不是纯粹的语言系统，在发展过程中也没有彻底的系统质变，只有个别要素的变化及其引起的可能变化。另外，我们在看到现代汉语中的书面语和口语具有较高程度的一致性的同时，更应看到因书面语语体本身需要而产生的语言现象与口语有所差异。如“与其……不如……”格式在现代汉语中处于高频状态，但“与其……宁可……”在现代汉语中的低频出现正说明了两者的一致性与差异性。口语和书面语一致时，语言现象必然高频出现；反之，则低频出现。

第四节　对“与其……宁可……”格式的多维考察

该格式在源头上与“与其……宁……”直接相关，但流变的结果使现代汉语中的“与其……宁可……”可有一种特殊的理解方式。

一　语言事实

王灿龙（2003）指出，《现代汉语虚词例释》中“与其……宁可……”的语料系自编语料，不足信，如：

（1）我们与其匆匆忙忙开始工作，宁可在事先多加考虑。

（2）与其坐车这样挤，我宁愿走着去。

通过语料库检索，我们认为现代汉语中确有这种格式存在。数据和示例如下，华中师范大学语言所CCCS复句语料库：报体语料2例，格式为“与其……宁可……”；报体语料5例，格式为“与其……宁肯……”，出自《人民日报》和《长江日报》。略举几例，如：

（3）青年妇女看见他时，就向父母自荐，与其做别人的妻子，宁可为这个丑人做妾。（《人民日报》1982年7月26日）

（4）对于顾客来说，与其钱被蛮横地赚去，倒宁可买个高兴。

（《人民日报》1983 年 10 月 29 日）

（5）与其篡改原作者的语言，许多剪辑者宁肯精选一些片断，只要保持主要情节叙述清楚。（《长江日报》1995 年 1 月 20 日）

北京大学汉语语言学研究中心 CCL 语料库：文艺作品语料 12 例，格式为“与其……宁可……”；文艺作品语料 2 例，格式为“与其……宁肯……”；文艺作品语料 21 例，格式为“与其……宁愿……”。出处较杂，如：

（6）与其多个马屁精，宁可多个长舌妇。（《贺子珍》）

（7）我说句真心话，与其害病，吃药，贴膏药，灌肠，请医生，搞到身体一天不如一天，躺在一张破床上慢悠悠地死去，我宁肯在肚子上挨一炮弹。[《悲惨世界》（第四部），1334 页]

（8）与其坐在此地，我宁愿去砍柴，搬石头。[《文学少年·蠢人的天堂》（中学）]

基于 CCCS 语料库检索，65 万句中，“与其……宁可……”类格式仅出现 7 例，差不多 10 万句中出现 1 例。可见，这种复句在现代汉语中使用的频率很低。

二　“与其 p”和“宁可 q”的形式表征

（一）“p”中可含贬损义成分

“与其 p”可通过含有贬损感情色彩的词来彰显主观情感，如下例中的“蛮横”：

（1）对于顾客来说，与其钱被蛮横地赚去，倒宁可买个高兴……（《人民日报》1983 年 10 月 29 日）

它也可以通过贬损义的结构来表现，如下例中的“一天不如一天、破、慢悠悠”：

（2）我说句真心话，与其害病，吃药，贴膏药，灌肠，请医生，搞到身体一天不如一天，躺在一张破床上慢悠悠地死去，我宁肯在肚子上挨一炮弹！[《悲惨世界》（第四部），1334 页]

（二）“宁可”前出现共用主语

一般说来，前后小句共用主语的位置在前小句关系标记前，该格式的主语一般承前省略。出现的主语通常是第一人称和第三人称，且一定出现在后小句首，我们未见第二人称主语，如：

（3）与其听他唱歌，我宁愿听夜里的乌鸦叫，不管有什么祸事会跟着它一起来。（《莎士比亚全集·无事生非》，489页）

（4）与其用“精英主义”，陈文发宁可用“能力主义”来形容新加坡的人才政策。（《海外星云·新加坡“透明”的文官制》）

（三）“p、q”的类同与差异

所谓差异，即“p、q”的组构成分在形式上不一致，这种不一致在语用上通常表现为对比焦点。所谓类同，即“p、q”相对而在，形式上整齐划一，组构成分显示出一致性。同一句法位置上的同一用词可看作典型的类同，如：

（5）青年妇女看见他时，就向父母自荐，与其做别人的妻子，宁可为这个丑人做妾。（《人民日报》1982年7月26日）

（6）我反正是注定要死的，但与其死在斗技场里，我宁可死到战场上。（《斯巴达克思》，122页）

（7）我倒觉得：与其多个马屁精，宁可多个长舌妇。（《贺子珍》）

上例中的“做—做、妻子—妾”“死—死、斗技场—战场”“多—多、马屁精—长舌妇”，无论是从韵律上，还是从词聚上，类同的程度较高。所列举的后者体现出了“p、q”的差异性，这种差异是在相对的句法位置上显示出来的。其中也有类同程度较低、差异程度较高的，如：

（8）与其让那些暴民们闯入，破坏那些他们并不了解的东西，法师们宁可自己摧毁了两座塔。（《龙枪编年史》）

（9）与其让鲁西达尼亚的蛮人折磨死，我宁愿死在同胞的箭下！［《亚尔斯兰战记》（第一部）］

上例中，“破坏、摧毁”仍属同类，有程度上的级差和语义轻重的差异；“折磨死、死在同胞的箭下”，“死”是同一的，但“死”在方式上存在语义差异。

还有“p、q”完全差异的，如：

（10）与其坐在此地，我宁愿去砍柴，搬石头。（《文学少年（中学）·蠢人的天堂》）

（11）与其落在不知谁的手，宁可叫郭全海领着。（《暴风骤雨》）

（12）与其叫我独守空床，我倒宁愿穿得破破烂烂，不要吃好穿好。（《十日谈》，524 页）

上述各例中，“坐在此地、去砍柴、搬石头”“叫郭全海领着、落在不知谁的手”“叫我独守空床、穿得破破烂烂，不要吃好穿好”在形式上的差异明显。

三　逻辑语法意义及效用：推断、中止与承前忍让

关于“与其……不如……”格式，邢福义（2001：139）论证了它具有择优推断性；关于“宁可……也……”格式，邢福义（2001：471）论证了它具有忍让转折性。两个格式相峙而在，“与其……宁可……”格式虽与上述两个格式在形式上相似，但其逻辑语法意义却又有所不同。通过观察语料，“与其 p，宁可 q”主要具有推断、中止与承前忍让的逻辑语法意义。

（一）推断、中止与决断结果

“与其 p”具有“推断性”。邢福义（2001：142）指出，“与其 p”是帮助推出正意所在的否定性单位，带有对事情作假定性估量的语气。无标记的推断应由前小句顺承推至后小句，与“与其”承接的后小句则从“不如”变成了“宁可”。这使推断不能继续完成，只能戛然而止。语用动机是为了造成决断势态，下面我们举例说明：

（5）青年妇女看见他时，就向父母自荐，与其做别人的妻子，宁可为这个丑人做妾。（《人民日报》1982 年 7 月 26 日）

（5′）青年妇女看见他时，就向父母自荐，与其做别人的妻子，

不如为这个丑人做妾。

例（5′）中，“不如为这个丑人做妾”是对“与其做别人的妻子”的顺承联结，推断的结果是比较后建议择优的。形式上，“q”后可加入“的好”之类的简单断语，使说话人觉得做丑人的妾比做别人的妻子要好。例（5）中，“宁可为这个丑人做妾”是对“与其做别人的妻子”的联结，使得推断的过程由于顺承结果缺失而中止。单看“q”——“为这个丑人做妾”，用主观评价看无疑是不好的，这正是“宁可 q”忍让接受的前提，以便达到彻底否定“p”的目的。

（二）承前忍让与位置变换

邢福义（2001：471）指出：忍让是心理上、意志上的让步。“宁可”是表忍让之词，加“宁可”表明在别无选择的情况下对不乐意而为之的事情不得不有所忍让，以便实现某种决心。在该格式中，“宁可”的“忍让性”没有发生变化，“宁可”由前小句变成了后小句。忍让的目的在位置上前移，目的的性质也随之发生了变化，成为忍让的前提，即在某种情况下，完成了忍让接受的行为。下面我们举例说明：

（10）与其坐在此地，我宁愿去砍柴，搬石头。（《文学少年（中学）·蠢人的天堂》）

（10′）我宁愿去砍柴，搬石头，也不坐在此地。

例（10′）中，“宁可”充当前小句，是蒙后忍让，意在通过忍让表明对 q 的否定决心。例（10）中，“宁可”充当后小句，“宁愿去砍柴，搬石头”是对前小句“与其坐在此地”的忍让，“坐在此地”成为“砍柴和搬石头”的前提，后者必须回指才能实现。“宁可 q”通过煞尾凸显了其断语功效，在语用上把说话人的毅然决然表现得淋漓尽致。这种前提通过句法变化可以看得更清楚，即“与其”都可用“如果”替换，如：

（10″）如果坐在此地，我宁愿去砍柴，搬石头。

四　“宁可 q”对“与其 p”的转移与避免

“宁可 q”在句法位置上通过回指达到否定前项的语用动机。这种否定语用动机的实现方式，根据"p、q"的类同与差异，可分为转移和避免两类。

（一）"宁可q"对"与其p"的转移

所谓转移，是说"p、q"的类同程度较高。如果把"p、q"分别看作不同事件域的话，可以插入"既然"表明事件已定。转移对整个事件的性质不会造成改变，只是"q"要对"p"的行为方式或行为结果等进行改变——"q"对"p"的忍让程度不高。转移主要是针对例（5）至例（9）这样的情况。"p、q"的差异主要是在修饰性成分和补充性成分上。

例（5）中，既然是一定要结婚的，此事已定，青年妇女无法改变，所以"q"只能对"p"的行为的补充性成分进行选择。通常认为，做妻比为妾要好，做丑人的妾通常更难以被接受。"宁可"对常理的违背，实现了说话人的语用动机。例（6）中，"死这件事情是无法改变的了"，"q"对"p"的地点忍让可看作对行为处所的一种转移。其他语例的分析类同，不再赘述。转移对语篇的衔接分析是有意义的。一般说来，"p、q"前后可插入含有认识情态的［必然］义助动词小句。[①] 例（6）中，"我反正是注定要死的……"，"注定"表明事件域的行为是已定的，[②] 可插入类似的小句，如："这些东西是要被毁坏的，与其让那些暴民们闯入，破坏那些他们并不了解的东西，法师们宁可自己摧毁了两座塔。"其他语例亦然。

（二）"宁可q"对"与其p"的避免

所谓避免，是说"p、q"完全差异。如果把"p、q"分别看作不同的事件域的话，转移是"q"对"p"的行为本身进行改变，"q"对"p"的忍让程度高。避免主要是针对例（10）至例（12）这样的情况。"p、q"的差异是整个事件域的，而不仅是针对行为的。

例（10）中，"宁可q"推翻的是整个"p"，即"不仅坐在此地不行，即使坐在其他地方也不能接受"，其他语例亦然。显然，这对语篇分析也是有益的。从主位推进与信息流动的角度看，这是典型的放射型推进模式，即几个句子的主位相同，而述位各不相同（见图6－1）。[③]

---

① 彭利贞（2007：42）指出，认识情态表达了说话人对命题为真的可能性与必然性的看法或态度，或者说，它表达了说话人对一个情境出现的可能性的判断。

② 事件域的概念主要是依据王寅（2005）。

③ 引自胡壮麟等（2005：168）。

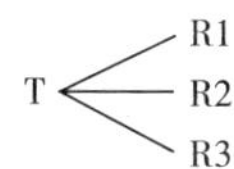

图 6－1　主位推进

主位所表达的信息通常是已知信息，而述位所表达的则是新信息。完全不同的述位表明每个分句都传达了不重复的新信息，没有夹杂强调等语用因素，与之衔接的句子用此作话题的可能性增大。我们查询了例（10）的原文，完整的语篇是：“与其坐在此地，我宁愿去砍柴，搬石头。这种情况要维持多久？”很明显，“这种情况”是指“去砍柴，搬石头”。

五　待解决的问题

作为个案，这样分析“与其 p，宁可 q”是有理据的。如果在三分系的复句系统下审视这种复句，那么便存在两个相关难题有待解决。三分系下的“与其”类复句为推断关系复句，属于因果关系复句；“宁可”类复句为忍让关系复句，属于转折关系复句，两者的点标志明显。“与其”类复句通常可用点标志“既然”来验证，“宁可”类复句中间则可经常插入点标志“但”来验证。“与其 p，宁可 q”的点标志不明确，得不到明确的点标志直接导致该类复句的归属不明确，即在宏观复句系统中的地位得不到体现。我们初步考虑过这个问题，这可能与该格式本身的合成方式有关。目前，这种复句还只能作为复句系统的例外情况处理。随着研究的深入，有些问题只能待日后解决。①

第五节　对“与其 p，宁可 q”格式的一种理解方式及其合法性释因

限于材料和语感，该格式在上古的成因不便探讨，我们只探讨其在现代汉语中一种可能的理解方式。我们认为，在现代汉语中，该格式可能与常用的复句格式“与其……不如……”“宁可……也……”结构的并合、剪除有关。为此，我们不妨把这种格式理解为上述两种格式留头去尾后的

① 吉林大学的王光全教授告诉笔者可以把“与其……不如（宁可）……”统一处理为“与其”格式的弱势态和强势态。笔者觉得很有道理，暂且这样归类。

剪接模式。所谓剪接，就是一种意合的成句方式，即在两个逻辑基础相同的复句中，其基本关系相似，两个复句在特定条件下，因说话人的语用动机而进行的删减和合并的组合。

一 该格式的理解方式与形式理据

该格式的前小句可以概括为"与其 p"，后小句可以概括为"宁可 q"。"与其 p，宁可 q"是完整的格式，该格式由"与其 p，不如 q"和"宁可 q，也不 p"剪接而成，如：

a 与其死在斗技场里，我不如死到战场上。

b 我宁可死在战场上，也不死在斗技场里。

c 与其死在斗技场里，我宁可死到战场上。（《斯巴达克思》）

c 成立的关键是 a、b 有共同的逻辑基础项，即"p、q"两者的位置关系必须是"与其 p，不如 q"与"宁可 q，也不 p"。通用教材和辞书大都承认"与其 p，不如 q"与"宁可 q，也不 p"属于选择已定复句，a 选后，b 选前。两种格式的取舍等式大致如下：

与其 p（前小句舍）≈也不 p（后小句舍）

不如 q（后小句取）≈宁可 q（前小句取）

c 中，"与其 p，宁可 q"格式可以满足"p、q"作为逻辑基础项的条件，并且前后小句是取舍关系。

现代汉语中对该格式的剪接理解与汉语语法结构的趋简性特点直接相关。邢福义（1997）论及语法结构趋简性的形式时指出，其中第四种形式为分句删减，即把复句中的某个分句删减掉，通常是删减三个分句中的第二个，以形成较为特殊的特定复句句式。汉语语法结构的这种特点为复句的结构整合提供了可能。

"不如 q"和"宁可 q"分别处于各自复句格式的后小句和首小句，从线性的角度看，两者逻辑语义相同，在语流中有首尾相接的可能性。如果语用上两种格式有共用的需要，那么就有合并的可能。沈家煊（2006）认为，糅合和截搭是汉语构词造句的两种重要方式。该格式与沈先生提及的截搭方式相似，都是从两个相对固定的格式中抽取一部分组成新的格式，[①] 但糅合和截搭使句式意义发生了隐喻或者转喻的改变。邢福义（2001）曾提及句式的压合现象，那是在一个复句内进行的合并和减缩，与该句式的形成略有不同。所以，我们认为，把这种句式组合看作剪接比较合适，即“与其p，不如q→宁可q”。

有一点需要特别注意，在“与其p，不如q”中，“与其、不如”的联结作用明显，“不如q”被“宁可q”取代后，“宁可”在起到表义作用的同时也起到了联结作用，“宁可”前不能再出现其他表关联作用的词。如果“不如+宁可”可以连用，那么就不能认为原来的格式发生了改变。与该格式差不多的还有几种相似格式，我们不认为它们是两种格式剪接的结果，如：

(9) 由于很多人喜欢吃新鲜猪肉，（所以）宁可出高价在集市上去购买。（《长江日报》1985年5月19日）

(10) 如果得不偿失，（就）宁可不搞。（《人民日报》1980年7月1日）

(11) 由于公共交通的昂贵，有些家庭虽然贫困（也）宁可买一辆旧汽车。（《人民日报》1982年1月6日）

上述复句之所以不能被认为是两种格式的简化结果，是因为“宁可”在句中只起到了语气副词的作用，没有起到联结作用。虽然去掉括号中的关联词，上面的复句也可以成立，但从联结作用的角度来说，其还是可以被补出来的。“宁可”没作为关系标记出现，所在复句的关系也就没有发生任何变化。

二　该格式形成的句法语义限制

这两种格式的剪接受到一定条件的制约。该格式的形成是建立在“与其p，不如q”和“宁可q，也不p”可转换的基础上的，这两种格式在语义上的交叉形成了转换的基础，但又有各自的特点。不是所有的a都可以

① 沈家煊（2006）用绳子的组合来比喻糅合和截搭：糅合是两段绳子搅在一起，截搭则是两段绳子接在一起。我们认为，简单形象地从组成上来说，1×1=1是糅合，0.5+0.5=1是截搭；从性质上说，糅合的组成部分个性不鲜明，整体特性具有混合性，而截搭的组成部分个性鲜明，整体特性具有复合性。

转换成b，a、b是不对称的，a、b的转换要受到一定的句法语义限制。周有斌（2004）就可转换成“宁可”句式的“与其”句式做了有益的探索。文中把“与其”格式的逻辑基础项分为两好、两坏、A好B坏、A坏B好四种类型，认为只有“A坏B好”不可转换为“宁可”格式。我们认为，其实，双好、双坏是基于逻辑基础项之间是平行的，即无法通过主观评价判断两项孰优孰劣。① 两项可以自由变换“p、q”的位置，也可以说，逻辑基础项本身并无好坏而言。如“与其湿些，不如干些”，“干、湿”并无好坏可分，而“A好B坏、A坏B好”通过主观评价则可有较为明显的分辨。“A坏B好”不能转换的原因在于：“宁可q”表示忍让，忍让可以是对“坏”的忍让，而对“好”则不能显示出其忍让性。如“与其吃苦受累，不如享福安乐”就不能转换成“宁可享福安乐，也不吃苦受累”，这主要是从语义上做出的判断。

下面我们从两种格式的句法形式方面来比对可剪接的限制条件及原因，因为未见“与其说p，宁可说q”格式，所以一并排除“与其说p，不如说q”格式。

（一）“不如q”系复杂优选项，不能转换及成因

复杂优选项特指优选项有简单断语或理据语句。邢福义（2001：144）提出，优选项“q”后面经常有简单断语或者理据语句，如“为好、安全、保险、稳当”之类，可黏在“q”后面用于评说。由于“不如q”在逻辑语义上是优选，所以说话人可在后面加上一些补充性成分以表明观点或提供理据。在“宁可q”中，其逻辑语义为忍让选择，与这些示好性成分抵牾，此时不能转换。比较下面四个句子：

（12）与其去山上避雨，不如直接飞走安全。

*（13）宁可直接飞走安全，也不去山上避雨。

（14）与其去山上避雨，不如直接飞走。

（15）宁可直接飞走，也不去山上避雨。

① 王灿龙（2003：221、222）定义的主观评价可分为正向评价和负向评价两种。正向评价基本上是说话人乐意而为之的，表现了人的一种积极态度，负向评价则相反。同时也指出，对于有些命题，孤立地看，我们无法做出正向的或负向的评价。因此，关于这类命题的评价一般都是跟与之相关的另一命题相比较而来的。为此，我们把这类命题定义为中性事件。

因为例（12）中有简单断语“安全”，所以不能变换成例（13）；例（14）、例（15）则可以互换。

（二）“不如 q + 语气词”不能转换

“不如 q”后带语气词，不能转换，因为“宁可”本身具有强意愿性，所以不允许质疑和抒发感情，如：

（16）与其跑到百里之外被压级、降价、敲诈，不如五角钱一斤卖给串村走户的棉贩子呢！（《人民日报》1985 年 3 月 16 日）

（17）与其这样，不如做个大善人呢！（《人民日报》1999 年 11 月 6 日）

（三）“不如 + 更 + q”不能转换

一般说来，“不如 q”有表示递进语义的词语时，不可转换为“宁可 q”，如：

（18）与其让巴尔扎克的孩子们在书柜里闷着，读者在一边闲着，不如更多地译介一些外国现代，尤其是当代的作品，开拓读者的视野，满足多种审美需要，此属美事，何乐不为？（《长江日报》1985 年 8 月 17 日）

（19）与其建水坝和挖井等方法去增加可用的水源，倒不如更有效地使用水源及保护水源，为人类提供“最后的绿色环境源”。（《长江日报》1995 年 6 月 12 日）

（20）与其怨孩子，不如更多地埋怨大人自己才对。（《长江日报》1993 年 9 月 5 日）

上述例子中，“不如 q”不能转换为“宁可 q”主要是有利显示造成的。“更好、更有效、更多”是基于前小句的递进，多出现在状语位置。从［有意］［无意］的角度说，[①] 这是说话人对建议选择“q”的有利方面的凸显。“宁可 q”不能对有利的方面进行忍让，两者的语义矛盾导致了形

① 张黎（2003）指出：汉语的镜像表达以核心动词为界，动词前的成分是有意的，动词后的成分是无意的。

式上的不合法。实际上，这也是“宁可 q”的限制性特点，即“q”中不能出现简单断语、语气词和表递进的“更”类副词。

三　语用动机的变化是该格式形成的直接动因

仍以上文提到的 a、b、c 三个句子为例，“与其 p→不如 q”是说话人对“p、q”比较后推进性的意愿表达。本质上是建议：如果说话人和主语一致，可看作自我建议；如果不一致，可看作建议他人。从说话人的意志性看，语用动机是不情愿地推进言语行为发生的。“与其 p”往往可以向前追溯，暗含对前面话题不认同的评价；“不如 q”是说话人要表达的焦点所在。无论是自我建议还是建议他人，说话人都认为“q”要比“p”勉强好一些——这是说话人着力强调的。说话人自我建议“死在战场上”，是主观认定“死在战场上”比“死在斗技场里”光荣。在谈到“死在斗技场里”的时候，说话人一定对前文提及的这一事情持不认同的评价。说话人建议“不如死在战场上”是基于“与其死在斗技场里”向前推进的，可概括为“不好→好”，这是相对而言的。这种被建议的“好”——“不如死在战场上”，在说话人看来也是非常不情愿的。

“宁可 q→也不 p”是说话人忍让性的意愿表达，前后小句之间存在目的关联。邢福义（2001：471）指出：“也”后采用肯定形式，是强调决心“怎么样”；如果采用否定形式，是强调决心“不怎么样”。王灿龙（2003：224）认为，“宁可”引出的分句并不是真正供人们选择的内容。它总是带有假设推论的性质，目的是将后面分句表达的意思推向极致，以使当事人实施该句所表达的行为的决心得到极大的加强。可见，说话人的语用动机在于循序渐进地进行目的表达，实现途径是对不好的事情有所忍让，自己有所损失，最后表达对后小句中的行为或事件的决心。“宁可 q，也不 p”的语用重心在后小句。b 中，“死在哪里都不好”，但说话人坚决不死在斗技场里，这种决心的表达是建立在对死在战场上忍让性接受的基础上的。前小句的忍让意愿明显，后小句的决心坚定。

两种句式之所以结合，与说话人主观视点的转移紧密有关。

前小句“与其 p”舍弃方式的主观态度发生了变化，“不如 q”通过委婉的建议性语气舍弃“p”，“宁可 q”则通过强烈的主观意愿舍弃“p”。“与其 p，宁可 q”直接通过“宁可 q”毅然否决了“与其 p”，语气上强硬，没有缓和余地。王维贤等（1994：268）指出：“与其 A，不如 B”只表示说话人或句子的主动者比较倾向于B，或者说B略胜于A。“不如”如果改作“宁可”“勿宁”，则语气较接近“宁可A，也不B”。“与其p”在话语链中不出现在首句，“p”也不是说话人第一次提到的，“与其p”一般可回溯找到同指。“宁可”的强意愿性使“与其p”具有谈论某件事的含义，如谈到“死在斗技场”这件事时，说话人无论如何都是不同意的。“宁可”前通常可插入自称代词“我、我们”，而不在“与其p”前插入，就是为了使“宁可”的情态化凸显，以表明说话人的主观态度。

后小句的语用动机发生了变化。“不如q”在语用动机上是主观建议，“与其p”是这种建议提出的基点。当在基点确定后，语用动机在传递的基本信息量不发生变化的前提下会发生转变，由主观建议变成主观决断。因为言语交际要受适量原则的制约，不可能两种格式并用，所以只能选择以“宁可q”取代“不如q”。

归根结底，这种复句格式的整合可视为说话人为了达到某种特定的交际目的，而采取的有着明确语用动机的言语行为。现代汉语中，关于这种格式的语料相见甚少。说话人出于特殊的语用动机而使用这种格式，能起到意外的效用。李光摩（2006）在论及八股文的截搭题时指出，截搭题则是经文中不当连而连，不当断而断，割截而成的八股文题目。由于意思不够完整，有时甚至是前言不搭后语，因此在写法上与一般八股文相比，它更需要出奇制胜。

第六节　被认定为错误的两例及其他误例的真正原因

一　与非第一人称主语有关

“与其……不如……”在CCCS复句语料库中出现了1389例。我们用三称代词对“与其”前后的位置做了一个检验，“与其”前冠“你（你们）”的有1例，“你（你们）”在“与其”后出现的有1例；冠“我（我们）”的有16例，“我（我们）”在后的有1例；冠“他（他们、她、她们）”的没有，在后的情况也没有。由此断言，“与其……不如……”句式附着主语的情况很少，即使有也是经常冠以第一人称主语。我们认为，这与其在话语交际中出现的位置有关，“与其……不如……”句式绝少出现在话语链首句。为了保持话题的紧凑与连贯，我们往往省略非首句的主语。“与其……不如……”不是没有主语，而是主语承前省略了。关于其原因，曹逢甫（1995，2005）有所论述。主话题能把语义管辖范围扩展到了带有次话题的小句，同时也控制了该小句。①

"宁可"复句在 CCCS 复句语料库中出现 986 例，冠"我（我们）"的 66 例，"我（我们）"在后的有 1 例；冠"他（她、她们、他们）"的 40 例，"他（他们）"在后的有 1 例，"她（她们）"在后的没有；冠"你（你们）"的 2 例，"你（你们）"在后的有 1 例。可见，"宁可"复句对第二人称主语的接受度也很低。

无论是"与其"格式还是"宁可"格式，对主语都有一定的选择性，并且对第二人称的接受度都很低，这是错误句子不成立的一个原因。"与其"和"宁可"对第一人称做主语都有一定的接受度，尤其是在"宁可"前加上"我"做主语。那么，这个句子的合法性大大提高了。齐沪扬（2002：245）与笔者的看法类似，通过调查十位不同籍贯且具有一定语法基础的被试者，发现不同的助动词对人称的选择会有不同的表现。其中，涉及陈述语气时，"愿/愿意、想、要"不能接受第二人称代词做主语，并认为这与助动词本身的"主观性"意义有关。

二 "q"的二元主观评价模糊

仅仅从好坏的角度来看"p、q"的关系，有时会很模糊。有些事件不存在社会公众一般价值观下的好坏，即它们是中性事件。王灿龙（2003）所举的两例便是如此——"看会儿书""伸手向父母要几个"，不同的人对此评价好坏不一，我们将其认定为中性事件。

上述两例在下面这种情况下，可以被认为是正确的。中性事件进入特定格式后，体现了说话人的主观视点，便不再是中性事件了。"看会儿书"一旦被"宁可"格式框入后，其负向后果便显现，即"看会儿书"对说话人来说可能是"受累的、痛苦的"，总之是不愿意为之的。"伸手向父母要几个"同样表达了"不光荣的"等言外之意。

那么，我们改动后的句子的合法性大增：

（√）与其坐在这儿闲聊，我宁可看会儿书。

（√）与其这样辛苦打工挣钱，我宁可伸手向父母要几个。

---

① 转引自王静（2006）。

三　“q”含有褒赞性修饰成分

由于“宁可 q”是对“q”的容忍性接受，所以这与“q”中的褒赞性词语在语义上不能兼容，这一点在前面已有所提及。下列例句中的“宁可”是值得商榷的：

（1）依我看，与其去听他那些无甚深意的《骷髅之舞》之类大作，宁可多听听他的两首有魅力的小品。(《一花一世界》)

（2）与其时时刻刻提心吊胆，害怕人家的暗算，宁可爽爽快快除去一切可能的威胁。(《莎士比亚经典悲剧·李尔王》，318 页)

上例中的“魅力、爽爽快快”意在褒赞，不能存于“宁可”句中，使用者的目的在于为勉强而为之制造一点借口。两个句子本应用“不如”承接，若用“宁可”，则分别变换为“恶心、费力”后其合法性才会提高，如：

（√）依我看，与其去听他那些无甚深意的《骷髅之舞》之类大作，宁可多听听他的两首有恶心的小品。(仿造)

（√）与其时时刻刻提心吊胆，害怕人家的暗算，宁可费力除去一切可能的威胁。(仿造)

第七节　结语

以上，我们耙梳了“与其……宁……”格式的历时发展过程和语法特点，认定其与现代汉语中的“与其 p，宁可 q”有一定的渊源关系。[①] 从共时平面，我们证实了“与其 p，宁可 q”格式的存在。我们认为，在现代汉语中，这种格式可作为一种特殊的生成方式，由“与其 p，不如 q”和“宁可 q，也不 p”剪接而成，并在特殊语用动机下使用，说话人主观视点由主观建议到主观决断的转移是形成这一格式的一个动因。依小三角的研究思路，我们对这种格式进行了较为细致的考察，它主要表达推断中止和承前忍让的逻辑语义关系。根据“p、q”的类同和差异，从语篇衔接的角

① 为直接明了地呈现出语言材料的面貌，文后列了五个附录。

度，我们论证了"宁可 q"对"与其 p"的改变主要是转移和避免。最后，我们解释了"与其 p，宁可 q"误用的原因。这主要与非第一人称主语、"q"的二元主观评价模糊以及"q"含有褒赞性修饰成分等几个因素有关。我们的分析对于我们认识该类复句具有四点启示作用。

第一，"与其……宁……"与"与其 p，宁可 q"有一定的渊源关系。

第二，这种复句具有一定的特殊性。

第三，在现代汉语中，我们应当给予这种格式以适当的复句地位。

第四，大多数辞书认为，"宁可"源承于"与其"是有对译的语言事实作为依据的。

本章语料来源：

金良年撰《论语译注》，上海古籍出版社，2004。

杨天宇撰《礼记译注》，上海古籍出版社，2004。

李梦生撰《左传译注》，上海古籍出版社，2004。

上海师范大学古籍整理研究所校点《国语》，上海古籍出版社，1998。

卢元骏注译《说苑今注今译》，天津古籍出版社，1988。

桓宽撰《盐铁论校注》，王利器校注，天津古籍出版社，1983。

董诰编《全唐文》，中华书局，1983。

黎靖德类编《朱子语类》，山东友谊书社出版，1993。

〔法〕雨果：《悲惨世界》（第四部），李丹译，人民文学出版社，1980。

〔美〕艾·辛格：《蠢人的天堂》，《文学少年》2006 年第 4 期。

庄素王：《新加坡"透明"的文官制》，《政府法制》1995 年第 2 期。

〔意〕拉·乔万尼奥里：《斯巴达克思》，李俍民译，上海译文出版社，2007。

裘之倬等：《贺子珍》，http：//www. cnread. net/cnread1/sjwz/zgrw/078. htm

〔日〕田中芳树：《亚尔斯兰战记》（第一部），http：//www. novelscape. com/khxs/t/tianzhongfangshu/yesl/103. htm。

周立波：《暴风骤雨》，人民文学出版社著，1952。

〔美〕马格丽特·魏丝、崔西·西克曼：《龙枪编年史》，朱学恒译，http：//www. mydevils. com/mz/dl/dlsd/dlsd06. htm。

辛丰年：《一花一世界》，《视听技术》2007 年第 11 期。

〔英〕莎士比亚：《莎士比亚全集·无事生非》，朱生豪译，人民文学出版社，1994。

〔英〕莎士比亚：《莎士比亚经典悲剧·李尔王》，朱生豪译，京华出版社，2006。

〔意〕薄伽丘：《十日谈》，方平、王科一译，上海译文出版社，1980。

杨伯峻：《论语译注》，中华书局，1980。
李泽厚：《论语今读》，生活·读书·新知三联书店，2004。
钱逊：《论语浅解》，北京古籍出版社，1988。
姜厚粤：《论语浅悟》，齐鲁书社，2004。
司马迁：《史记》，中华书局，1982。
吕不韦：《吕氏春秋》，内蒙古人民出版社，2008。
赵蔚芝注解《晏子春秋译注》，齐鲁书社，2009。
姜涛：《管子新注》，齐鲁书社，2006。
陈鼓应注释《庄子今注今译》，中华书局，1983。
张觉等：《韩非子导读》，中国国际广播出版社，2009。
毕淑敏：《红处方》，现代出版社，2005。
阿来：《尘埃落定》，作家出版社，2009。
刘斯奋：《白门柳》，中国青年出版社，2005。
吴强：《红日》，陕西师范大学出版社，2009。
郁秀：《花季雨季》，新世纪出版社，2008。

第七章 “宁可”的词汇化路径及动因

第一节 引言

现代汉语中，关于“宁可”的词性归属，大体有副词、连词两说，我们着眼于其联结作用时从连词说，但不否认其亦可作为语气副词。① 作为义近词聚，“宁可”与“宁”、“宁愿”和“宁肯”在现代汉语平面中共时存在，其共存原因符合语言的并存原则，无需太多解释。

我们从量化的角度简单地考察了四者在 CCCS 复句语料库中的联结情况（见表 7－1）。②

表 7－1 “宁可”类词聚占比

量比＼词项	宁　可	宁　愿	宁　肯	宁
联结复句数量（个）	986	506	318	154
占库存比例（‰）	15.17	7.78	4.89	2.36

在四者中，“宁可”的优势联结地位比较明显，“宁”在现代汉语中已鲜用。我们旨在探求“宁可”形成的词汇化路径，以便呈现出其在现代汉语中优势联结地位得以确立的历时线索，兼论词聚中“宁肯”和“宁愿”

① 关于“宁可”的词性问题，我们考察了《现代汉语词典》(2005)、《现代汉语八百词》(1980)、《现代汉语虚词词典》(2001)、《现代汉语虚词词典》(1998) 等四部经典辞书。前三部认为它是副词，最后一部认为是连词。关于其系属，笔者在第二章已有论析，这里不再细加说明。

② 该语料库是华中师范大学语言所研制开发的复句语料库，简称为 CCCS 复句语料库，容量为 65 万句复句，有分词和未分词两种，语料来源为《长江日报》和《人民日报》，语体为报体。

的发展。为了区别作为义项出现的“宁可”、词汇形式的“宁可”和短语层面的“宁可”，我们将其分别标记为“[宁可]”、“宁可”和“宁+可”。

第二节 “宁可”词汇化的历时过程

关于“宁可”的成词过程，学界少有研究。周刚（2002：171、209）把连词产生的方式概括为实词虚化、虚词转化、短语词化、同义复合、邻词黏合和附加后缀等六种情况。他认为，“宁可”形成的中古早期为“连词‘宁’+助动词‘可’”，即句法上是两个相邻的非直接成分；到了唐五代，助动词“可”逐渐虚化，转变为一个构词成分，作为后缀与“宁”黏合成连词。据我们考察，“宁可”词汇化的过程与“宁”的发展联系紧密。现代汉语中的“宁”在古代汉语中本是两个字：①“安宁”义的“宁”，《说文解字》作“寍”，安也。从宀，心在皿上。人之饮食器，所以安人。《广韵》奴丁切，平青泥，耕部。②“宁愿”义的“宁”，《说文解字》中该字在丂部，作“寧”，“愿词也”。《集韵》乃定切，去径泥，耕部。据蒋绍愚（1989：8），“愿词”当为表示所愿的虚词。第一个义项叫作宁$_1$；第二个义项叫作宁$_2$。现代汉语中，少见“宁”的[难道]和[宁可]两种用法。[难道]系古代遗存，已不独立使用，如“王侯将相，宁有种乎”。从上表中可知，[宁可]出现频次很低。现代汉语中的“宁可”中的“宁”音读“ning”，仅[宁可]一种用法，当取“愿词”义项，应为“宁$_2$”演变而来，下文如无特殊注明皆为“宁$_2$”。我们认为，从形成方式上来说，“宁可”的形成和“宁”的反诘义项的消失与[宁可]都有很大关系，而非何宛平（2001）所言：“宁”的反诘用法与“宁可”无关。这首先是由“宁”和“可”结合的可能性决定的。“宁可”的表面形式似为“宁+可（语缀）”，熊娟（2008）认为，“可”为词缀，“宁可”实际上就是“宁”，但其提到的诸多“所可”，如易可、难可、或可、容可等最后都没有成词，而且文中并未论述[宁可]的形式以及其语义是怎样凝结的。可见，“宁可”非其文所述的“所可”类。在历时语料中，我们发现与“可”结合的“宁”只是表反诘的“宁”，[宁可]为后起词形。这样看来，早期与反诘“宁”所搭的“宁可”有可能是其成词的重要词形基础。至于其后来如何转变为“宁可”，这是多方面原因造成的。

一 "宁"在先秦呈现的句法模式与"宁可"的滥觞

先秦语料中，"宁$_2$"多见于比较句中，与"与其"对应出现，如《论语》：[①]

(1) 礼，与其奢也，宁俭；丧，与其易也，宁戚。(《论语译注》20页)

(2) 与其媚于奥，宁媚于灶，何谓也？(《论语译注》24页)

(3) 与其不孙也，宁固。(《论语译注》81页)

(4) 且予与其死于臣之手也，无宁死于二三子之手乎？(《论语译注》96页)

《礼记》和《左传》也多如此。如：

(5) 衰，与其不当物也，宁无衰。(《礼记译注》，71页)

(6) 故君子与其使食浮于人也，宁使人浮于食。(《礼记译注》，677页)

(7) 是故君子与其有诺责也，宁有已怨。(《礼记译注》，730页)

(8) 与其得罪于乡党州闾，宁孰谏。(《礼记译注》，336页)

(9) 与其素厉，宁为无勇。(《左传译注》，1269页)

(10) 与其害于民，宁我独死。(《左传译注》，1272页)

(11) 与其失善，宁其利淫。(《左传译注》，819页)

(12) 无宁以善人为则而则人之辟乎？(《左传译注》，981页)

由此判断，"宁"的句法结构限于"宁 + V（A）"，常用于比较，与"与其"呼应出现在后小句中，构成"与其……宁……"句式。"无宁、毋宁"常用在反问句中表反诘语气，相当于［难道］，如例（4）、例（12）。但是，《左传》中略有变化，如：

(13) 若绝君好，宁归死焉。(《左传译注》，503页)

(14) 宁我薄人，无人薄我。(《左传译注》，473页)

(15) 宁僭，无滥。(《左传译注》，819页)

---

① 所引书目的版本信息参见本章语料来源。

“宁”的位置的前后变化体现了其用法的灵活性，例（13）中，“宁”联结的小句虽出现在后，但不表示对比；例（14）、例（15）构成“宁……无……”对比模式，用于前后句的肯定否定对比。

二 “宁+可”毗邻使用的短语层面形式

（一）最早的“宁+可”的毗邻共现是在西汉

其时，“宁可”是由“宁+可”组成的短语，相当于［难道（怎么）+可以］，如：

（16）魏其大望曰：老仆虽弃，将军虽贵，宁可以势夺乎！不许。（《史记》，2849页）

（17）夫人谏魏其曰：灌将军得罪丞相，与太后家忤，宁可救邪？（《史记》，2851页）

（18）于是上曰：天下方有急，王孙宁可以让邪？（《史记》，2840页）

（19）居马上得之，宁可以马上治之乎？（《史记》，2699页）

“宁+可”句末一定要共现疑问语气词“乎、邪、耶”等，因为这时的“宁可”并未词汇化，还是由“宁”承担反诘功能，“可”只是助动词。此时，两者连用频次出现得很低，整个《史记》中也只是出现了4例。义近形式还有“岂若”“岂可”等，如：

（20）且与其从辟人之士，岂若从辟世之士哉！（《史记》，1929页）

（21）今陛下既已立后，慎夫人乃妾，妾主岂可与同坐哉！（《史记》，2740页）

“宁”表反诘语气时，和上面“宁+可”出现的条件相同。也就是说，“宁”表反诘语气并不仅限于和“可”连用，如：

（22）且壮士不死即已，死即举大名耳，王侯将相宁有种乎！（《史记》，1952页）

（23）此壮士也。方辱我时，我宁不能杀之邪？（《史记》，2626页）

（24）万世之后，吾宁能北面臣事竖子乎！（《史记》，3085页）

"宁"表所愿用法时，句法位置呈现出灵活性的特点，如：

（25）汉王笑谢曰："吾宁斗智，不能斗力。"（《史记》，328 页）

（26）吾与夫子再罹难，宁斗而死。（《史记》，1923 页）

（27）我宁游戏污渎之中自快，无为有国者所羁，终身不仕，以快吾志焉。（《史记》，2145 页）

（28）吾宁不能言而富贵子，子不足收也。（《史记》，2280 页）

（29）十人而从一人者，宁力不胜而智不若邪！（《史记》，2462 页）

（30）与人刃我，宁自刃。（《史记》，2469 页）

（31）吾与富贵而诎于人，宁贫贱而轻世肆志焉。（《史记》，2469 页）

"宁……不能……"与"宁不能"在共时平面共现，为"宁"的"语气副词"说提供了一个强有力的证据。对于其如何受到句式管控，后文将有论述。

（二）《太平经》中"宁可"的专用性

《太平经》是东汉时的道教著作，成书年代不存在争议。该书中，"宁 + 可"毗邻的样式出现 13 例，如：

（32）今人共害其父母，逆其政令，于真人意，宁可久养不邪？（《太平经合校》，116 页）

（33）请问下田草宁可烧不？（《太平经合校》，670 页）

（34）故敢问身宁可得长存与？（《太平经合校》，459 页）

在《太平经》中，"宁 + 可"具有专用性特点，结构特征和层次关系明显。根据频率原则，"宁 + 可"毗邻使用的大量出现可以视作一种相对稳定的结构体成型，① 结构模式为"[宁 + （可 + vp）] + 乎（哉、邪）?"。值得我们注意的是，例（33）、例（34）略有变化，应属一般疑问句，即"宁"与"不、与"构成一般疑问句的语气，"可"表情态。据王敏红

① 据沈家煊（1994），频率原则指的是语法化的一个原则，即实词的使用频率越高，就越容易虚化，虚化的结果又提高了其使用频率。从分布上讲，虚化的程度越高，分布的范围也就越广。按照我们的理解，频率原则不应该局限于语法化研究中。我们只是把它当作一个一般术语使用，指事物出现的次数。

(2007)，“宁”与“可”连文犹“是否能够”，表示推度。

（三）两汉时期的“宁”的用法产生细微变化，基本承袭先秦用法

“宁”除了用在反诘句中，也出现了用在一般问句中的用例，如：

（35）大德之治如此，诸真人宁解晓之耶？（《太平经合校》，333 页）
（36）今已告子，子今宁能说不耶？（《太平经合校》，452 页）
（37）真人宁解迷晓耶？（《太平经合校》，452 页）

“宁”仍主要出现在与“与其”呼应的格式中，如：

（38）与其礼有余而养不足，宁养有余而礼不足。（《盐铁论校注》，309 页）
（39）与其危君，宁危身；危身而终不用，则谏亦无功矣。（《说苑今注今译》，272 页）
（40）故与其杀不辜也，宁失于有罪也。（《贾谊新书译注》，259 页）

“宁 + 可”在魏晋南北朝时期犹是“是否能够”之义。蔡镜浩（1990：245）认为，“宁”为疑问语气词；“可”表商榷之义，用于询问句中，与常见的反诘语气有别。后世“宁可”的这种用法消失，可见，这从词形上为表让步的“宁可”的产生提供了一种可能。

三 隋唐时期，“宁”与“宁可”现合流端倪

为了追求形式上的工整，《全唐文》中出现了“宁可”，如：

（41）与其失善，宁可利淫。（《全唐文》，9928 页）
（42）宁可违凉忍暑，不能适已劳民。（《全唐文》，131 页）

例（41）中，“与其……宁可……”的连用既体现了历时平面的继承性，又体现了共时平面的发展性，但这在整个格式的发展史中属孤例。例（42）中，“宁可”与“不能”形成呼应。蒋冀骋、吴福祥（1997：524）指出，“宁可”或作“乃可”在变文中出现。“宁可”的主要功能仍固定在短语层面，用于反问句，不能被视为稳定的词汇形式，例如：

（43）情义之深浅，宁可同日而言哉？（《全唐文》，1428 页）

（44）斯事之盛，皆我国家元泽寖远，绝垠胥洎，古所不载，宁可默而无述也？（《全唐文》，2950 页）

（45）当今大乱之后，将求致理，宁可造次而望乎？（《全唐文》，6887 页）

（46）今我与文畅安居而暇食，优游以生死，与禽兽异者，宁可不知其所自耶？（《全唐文》，5618 页）

"宁"仍承担［宁可］的语义表达，如：

（47）与其毒害于见存之百姓，则宁使割恩于已亡之一臣明矣。（《贞观政要》封建第八，《四部丛刊续编·史部卷三》）

（48）与其废官，宁其虚授。（《全唐文》，6886 页）

（49）与其失善，宁其谬升。（《全唐文》，6886 页）

虽然"宁可"有了明确的词形基础，但其反诘用法与［宁可］的用法还是比较分明的。

四 《五灯会元》中"宁可"基本完成词汇化

（50）宁可清贫自乐，不作浊富多忧。（《五灯会元》，458 页）

（51）宁可永劫受沉沦，不从诸圣求解脱。（《五灯会元》，254 页）

（52）我宁可截舌，不犯国讳。（《五灯会元》，288 页）

（53）我宁可断臂。（《五灯会元》，487 页）

（54）宁可碎身如微尘，终不瞎个师僧眼。（《五灯会元》，1228 页）

在《五灯会元》中，"宁可"大量出现，形成稳定的词汇形式，完成了词汇化进程，不见短语结构层面的用例，如例（50）至例（54）。其他典籍中也有散见用例，如：

（55）只得随其浅深厚薄，度吾力量为之，宁可过厚，不可过薄。（《朱子语类》，1682 页）

（56）宁可我杀了你，定不容你杀了我。（同上，1706 页）

短语层面的"宁+可"并没有彻底消失，其他典籍中可见残余。如：

(57) 丈人才得一官，宁可复开口议禁中事耶？(《续世说》，99 页)

(58) 晋卿困穷，爱一郡，宁可及乎？(同上，244 页)

(59) 子所贮月光今安在？宁可用乎？(《铁围山丛谈》，3106 页)

“宁”的反诘功能的逐渐消失使其在句首位置上与“可”结合为一个词。董秀芳（2002：291）在谈及跨层结构词汇化的特点时指出，这一类词的形成完全是由于两个单位在线性词序上的紧密相连。在语句的理解过程中，两个临近的单位如果被聚合为一个组块而被加以感知，二者之间原有的分界就可能被取消，并造成结构的重新分析。她进一步指出，处在分句开头位置的跨层结构最容易黏合成词，但词汇化是过程性的。至此，“宁可”的词汇化还处在过程中。

五 “宁可”词汇化完成的标志与词聚中典型地位的确立

“宁可”在短语层面彻底消失大约是在明朝，我们考察了“三言二拍”、《水浒传》、《金瓶梅》、《三遂平妖传》、《封神演义》、《型世言》和《三国志演义》等典籍，均没有发现“宁 + 可”。而且，“宁可”主要在前小句中起联结作用，与后小句中的“也、不”等呼应使用，即句法位置发生了前移，取代了早在《左传》中就有的“宁……无……”中的前置词而涉后关联。至此，“宁可”的词汇化宣告完成，如：

(60) 宁可断头死，安能屈膝降？(《三国志演义》，715 页)

(61) 事成了，你的事甚么打紧，宁可我们不要，也少不得你的。[《金瓶梅》(会评会校本)，627 页]

(62) 我宁可死，决勿到官个。你怕后患，写渠一张，放子渠去罢。[《金瓶梅》(会评会校本)，277 页]

(63) 休得连累了英雄，不当稳便，宁可把我们解官请赏。(《水浒传》，24 页)

(64) 宁可把他来坏了，我夫妻两口儿倒得安迹。(《三遂平妖传》，22 页)

(65) 事到如此，势如骑虎，宁可屈勘姜后，陛下不可得罪于天下诸侯、合朝文武。(《封神演义》，50 页)

(66) 今日宁可置我死地，要我诬人，断然不成的！(《二刻拍案惊奇》，169 页)

（67）我宁可终身守寡，也不愿随你这样不义之徒。（《喻世明言》，36 页）

（68）宁可懵懂而聪明，不可聪明而懵懂。（《警世通言》，18 页）

上例中，“宁可”在联结功用上与现代汉语已不存在差异。同时，“宁”取［宁可］义项的形式散见在为数不多的典籍中，如：

（69）吾宁死，不忍作背义之事。（《三国志演义》，446 页）

（70）宁教我西门庆口眼闭了，眼不见就罢了！［《金瓶梅》（会评会校本），860 页］

“宁肯”的毗邻形式虽然早在《淮南子》中就已出现，如“子中州之民，宁肯而远至此？”但发展缓慢。在“三言二拍”中，“宁肯”出现了 4 次：

（71）宁肯江湖逐舟子，甘从宝地礼医王。（《初刻拍案惊奇》，319 页）

（72）君子自是青云之器，他日宁肯复顾微贱？（《初刻拍案惊奇》，390 页）

（73）一醮不再，妾之志也，宁肯为上所辱？（《醒世恒言》，377 页）

（74）告莺曰：“不谓丽人果肯来此！”莺曰：“妾之此身，异时欲作闺门之事，今日宁肯诳语！”浩曰：“肯饮少酒，共庆今宵佳会，可乎？”（《警世通言》，326 页）

“宁肯”在元明时期主要是短语层面的“宁＋肯”，如例（72）、例（73）中，“宁肯”仍在问句中使用，“宁”的用法仍为“难道、怎么”。例（74）中，“肯”作为独立的词被使用，“宁”仍可以看作修饰性成分，表反诘语气。“果肯”和“宁肯”同为“语气副词＋肯”组构而成，“肯饮少酒”，可见“肯”的词地位。至于“肯”的“能、可以”义项，则是“可”类同引申的结果。（江蓝生，2000：312）在现代汉语中，“肯”作为能愿动词的用法也属于一般用法，“宁愿”的形成暂不论及。

六　小结

上文的耙梳，主要关注“宁可”词汇化的历时线索。先秦时，“宁可”作为“宁”的一个义项使用；西汉时期，“宁可”作为短语层面的组成要素出现在“宁+可”中；到了隋唐时，“宁”和“宁+可”出现了合流的端倪。《五灯会元》中，“宁可”的词汇形式大量出现，但短语层面的“宁+可”仍有残余。元明时期的大量语料显示，“宁+可”已经彻底消失了，“宁可”彻底完成了词汇化。“宁可”的最终成词与“宁+可”用法的渐失是此消彼长的，上文的历时耙梳在图7-1中能清楚地反映出来。

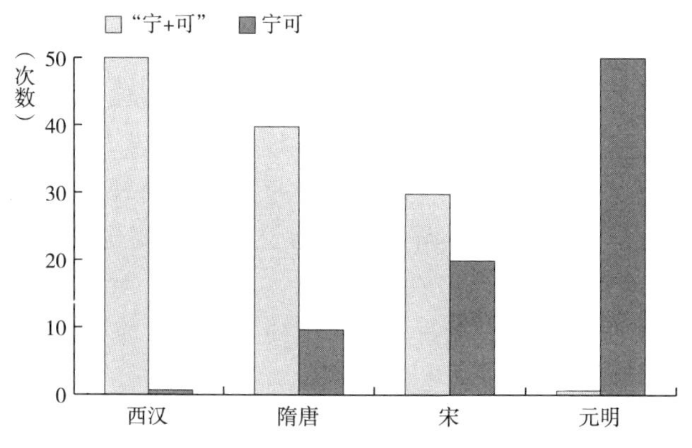

图7-1 “宁可”的词汇化历程

注：本图只是理论图，因为不同数量语料的统计会使量化结果不同，即语料的容量对量化结果会产生影响，但大致情况应如图所绘。

“宁”的［宁可］义项使用频率降低，“宁肯”和“宁愿”作为“宁可”的义近形式在与它的斗争中存在——这为“宁可”在现代汉语同一类聚中处于优势地位做出了来源上的考证，诚如段业辉（2002：176）在谈到中古汉语助动词的渐少和消失时所做的分析：词语表义基本相同，句法功能完全一样，同处于一个语义场中，竞争时，出现时间短、使用频率低的处于劣势，直到最后被淘汰。语言发展过程中，保留了使用频率高的强者，抛弃了使用频率低的弱者，但“宁可”的产生过程仍有一个问题需要思索：“宁+可”的语义融合和过渡是如何完成的。

第三节 “宁可”的词汇化动因

关于词汇化涉及的理论问题，刘坚等（1995）分析了诱发、影响汉语词汇语法化的因素，主要涉及句法位置的改变、词义变化、语境影响和重新分析，并指出这些因素从不同侧面对虚词的产生和形成过程产生影响。同时，它们又是互相交错、互为条件的，常常是几个因素同时起作用，共同推动实词语法化过程的发生和发展。我们认为，"宁可"的词汇化动因主要涉及三个问题：句式选择的需要，即句管控的制约，这个动因是句式动因；词聚内部词语义项的减损与融合，这个动因是语义场动因；句法环境变化造成的语用推理，这个动因是语用动因。

一 "宁"反诘语气用法的产生与消失是句管控的结果①

"宁"本来只有愿词用法，在先秦时不见反诘用法，只是由于反问句式的需要而临时借用，但借用时要用标记词"无"，如例（4）、例（12）。"所愿"用法仍是其主要的用法，常与"与其"对比使用。到了两汉，由于反问句式的选择，"宁"逐渐出现并形成了较为固定的反诘语气用法，如例（32）至例（34）。这段历时发展中"所愿用法与反诘用法"始终是共存的，我们用共时平面的实例来做一下简单分析，如：

（23）此壮士也。方辱我时，我宁不能杀之邪？（《史记》）

（25）汉王笑谢曰："吾宁斗智，不能斗力。"（同上）

（28）吾宁不能言而富贵子，子不足收也。（同上）

（33）请问下田草宁可烧不？（《太平经合校》）

从句管控的角度看，我们认为反问句式赋予了"宁"反诘语气，如例（23）。肯定句式赋予了"宁"肯定语气，既包括对肯定的加强语气，如例（25）；又包括对否定的加强语气，如例（28）。在《太平经合校》里，"宁"在一般疑问句中可做疑问功能的标记，如例（33）。到了元明时期，这种反问句式已经不再选择"宁"做反诘语气词，"宁"的反诘用法也随之消失。但是，"宁"的形式还在，"形式比它的概念内容存活得长久"。②

---

① 邢福义（2001）指出了句法机制对各种语法因素的管控作用。早在《小句中枢说》（1994）、《汉语语法学》（1997b）等书文中，他就已多次提及"入句显类""词受控于小句"等对我们有益的观点。

② 转引自沈家煊（1994），我们主要是从语义转移的角度来理解这句话的。形式和概念的关系，诚如容器和容器物的关系。比如一个空碗，它有固定的容器物，应该是非流体；但我们买来酒时，也可以倒进去，只是临时借用一下而已。如果找到了合适的杯子，会把它转移走。形式相对固定，临时需要应用的概念需要有一个容器承载，这个形式虽不一定合适，但尚可暂时承载一下，直到后来出现更合适的容器，这个概念才转移。

“宁”仍以“所愿用法”为主，但与后面的“可”的组合关系发生了质变。因“宁”经常作为语气副词出现在句首位置，与“可”同现，最初的短语层面的组合关系随着句式的选择变化而变化。两者结合紧密，从短语层面跨越到了词层面，改变了分界，[①] 也就是语法化研究中常说的重新分析。如下：

(17) 夫人谏魏其曰：灌将军得罪丞相，与太后家忤，[宁（可救）邪]？(《史记》)

(64) [（宁可）把他来坏了]，我夫妻两口儿倒得安迹。(《三遂平妖传》)

例（17）中，因为反问句式的限制，“宁可”只能做短语层面的分析。例（64）中，“宁可”不做煞尾句，而且“把”字结构使“宁可”与主要动词之间产生了距离，使之不容易产生直接的组合关系。后小句中的“倒”表转折，与“宁可”呼应，其语义特征表现为［肯定+转折］。此时，“宁可”已彻底完成了词汇化。王灿龙在（2005）论及重新分析时，引用了 Langacker（1977：58）的定义：重新分析是指一种改变结构关系的分析。这种分析本身并不对表层结构做直接的或本质上的修正（Hopper and Traugott 1993：41）。从根本上说，重新分析完全是听者（或读者）在接受语言编码后解码时所进行的一种心理认知活动。听者（或读者）不是顺着语言单位之间本来的句法关系来理解，而是按照自己的主观看法（通常都是在一定的诱因作用下）做另一种理解。这样一来，原有的结构关系在听者（或读者）的认知世界中就变成了另一种结构关系。

例（71）中，“宁肯”的组合体现了两者合流的可能性，可根据前后小句的不同关系做双重理解。

前后小句为并列关系，“宁肯”则在短语层面：

宁肯［怎么可以］江湖逐舟子，｜甘从宝地礼医王。(《初刻拍案惊奇》，319 页)

前后小句为转折关系，“宁肯”则成词：

---

① 转引自沈家煊（1994），改变分界可用公式“A‖B｜C→A｜B‖C”来表示。

宁肯［宁可］江湖逐舟子，｜甘从宝地礼医王。(《初刻拍案惊奇》，319 页)

这种双重理解为词汇化发生提供了理据，但“宁可”受到句式的限制。“可”在陈述句中的情态没有“肯”的主观性强，我们没有发现可作多重理解的语料。

二 “宁可”的词汇化与义近词聚的系统变化紧密相关

中古时期，“宁”的“反诘语气”和“所愿语气”两种用法是共存的，“可”的主要用法与“宁”类似。“宁可”的形成主要与“宁”的义项减损与融合有关，这是可以验证的。先看融合的可能性，“宁”“可”都有反诘和愿词两种用法，其组配关系却只能有两种情况（见表 7－2），原因我们将在下文说明。

表 7－2 “宁”“可”组合的可能性

两种用法 可能的组合	宁［反诘］	宁［愿词］	位次组合
可［反诘］	－	＋	可＋宁
可［愿词］	＋	－	宁＋可

理论上，“可＋宁”也存在出现的可能，但语料中并未出现，我们考虑到的原因是“可”的反诘用法的出现时间晚于“宁”。江蓝生（1992）认为，“可”在东汉前后才出现反诘用法。据我们考察，“宁”的反诘用法在先秦时就有了带标记的个例，在《史记》中就已出现“宁＋可”的模式。现代汉语研究充分表明，表语气的词语相对于谓语有位置的优先居前性，如：

(1) 你难道要去吃饭吗？

(1′) 你要难道去吃饭吗？

(2) 你怎么去公园了？

(2′) 你去怎么公园了？

同样，“宁＋可”中的“宁”，一定表反诘语气而非愿词，同时也排除了其他两种可能性。

“宁＋可”融合为“宁可”是与“宁”的反诘用法的语用频次降低紧密

相关的，今天的“宁”已基本不表反诘，其愿词用法也少见，基本退出了历史舞台。据江蓝生（1992），“岂、可、宁”这三个意义和用法几乎完全相同的疑问副词不可能长久不变地并存下去，因为语言的发展要求分工明确，避免重复。结果，“宁”的反诘用法逐渐被淘汰，“岂”则专司反诘之职。正是由于义近词聚中，所以“岂”的专用性导致“宁”的反诘用法淡出了。

“宁”的反诘用法被淘汰的时间有一个过程，见图 7－2。

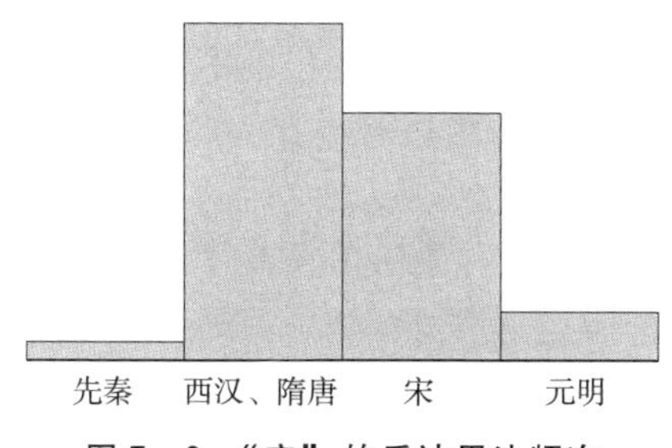

图 7－2 “宁”的反诘用法频次

图 7－2 只是一个虚拟的图，并没有精确的统计数据来支持。因为各个时期的语料的数量不同，一定会造成历时上的差异。诚如先秦时期若只选《论语》作为考察模本，而两汉选《史记》作为模本，那么两者规模的不同肯定会造成统计数据的不同。我们想要知道的无非就是“宁”的反诘用法的消失年代与“宁可”最后成词的关系，从图 7－2 可以看出，在两汉、隋唐时期，“宁”的反诘用法发展较快，到了元明时期则消失殆尽了。从前面的历时耙梳中我们知道，“宁＋可”的结合正是在两汉、隋唐时期发展起来的，到了元明时期基本完成了词汇化，这时的“宁”已绝少有反诘用法了。

这样我们可以说，“宁＋可”→“宁可”的语义融合与下面这些条件的促成有关。

第一，“宁”的反诘用法在语义功能、语法功能的竞争中处于劣势。

第二，“宁”常与“可”构成“宁＋可”模式。

第三，“宁”“可”都具有类似的愿词义。

第四，双音化趋势。①

① 转引自石毓智（2002）。双音节作为汉语的基本语法单位已在汉语里牢固建立。在双音化趋势的作用下，两个高频率紧邻出现的单音节词就可能结合成一个双音单位。这个过程又叫作“复合化”（compounding），即两个语素经过重新分析而削弱或者丧失其间的词汇边界，最后结合成为一个语言单位。复合化有双重效用：语法化和词汇化。

两者有了发生语义融合的形式和语义的可能性，“宁”的愿词用法与“可”的愿词用法得到语义合并，两者都表［+意愿］，由此“宁可”的主观确认性得到了强化，这种强化可看作［+意愿］的叠加。我们说的这种叠加不同于刘丹青（2001）的叠加，而与其所谈到的强化类似。[①] 至此，“宁可”完成了语义融合，成为一个词而固化下来。

三　句法环境变化造成的语用推理

“宁可”的词汇化是在句法环境变化中不自觉产生的，[②] 下面的链接可以比较完整地展示出句法环境的历时变迁。

(17) 夫人谏魏其曰：灌将军得罪丞相，与太后家忤，宁可救邪？(《史记》，2851 页)

(43) 情义之深浅，宁可同日而言哉？(《全唐文》，1428 页)

(67) 我宁可终身守寡，也不愿随你这样不义之徒。(《喻世明言》，36 页)

(17)　　→　　(43)　　→　　(67)

客观原因+主观态度　话题+主观态度　主观态度

“宁可”从短语到词在句法环境中都表示说话人的态度。随着句式从反问句到肯定句的变化，“宁可”从表达客观原因和主观态度发展到表达主观态度。“宁可”居于后小句时，前小句主要是介绍背景语境，并凸显反问的原因。如例（17），“不可以救”的原因在于“得罪丞相，与太后的关系不好”，“不可救”的态度有一定的客观原因。前小句位置只是一个话题时，后小句的反诘语气就不那么强烈了，如例（43）。当“宁可”的句法位置为前小句时，客观态度的表达基础已经丧失了。说话人先表明自己的主观态度——这是强势态度，如例（67）。

第四节　结语

“宁可、宁愿、宁肯和宁”作为意义和功能相近的类聚形式并存是符

① 转引自刘丹青（2001），语法化中的强化（reinforcement）指在已有的虚词虚语素上再加上同类的或相关的虚化要素，使原有虚化单位的句法语义作用得到加强。

② 句法环境除了包含句式变化外，还包括语境变化。

合语法化理论共存原则的，但语言的经济性原则是主导语言形式简化择一的根本性原则。可以断言，若“宁愿、宁肯”不产生新的用法，就有被“宁可”取代的趋势。一种语言形式的消失及另一种语言形式的崛起都要受到多方面因素的影响。李宗江（2002）指出，并存形式之间是不同质的，它们具有不同的价值。典型化从逻辑上讲是并存的逆过程，使得并存的状态成为一种竞争的持续语法化过程。但是，在典型化过程中，在几个并存形式里，系统对典型形式的选择取决于哪样一些因素？一个典型形式为什么会被另一个典型形式所取代？就像“个”取代“枚”一样，这些问题还有待于进一步的研究。

通过历时考察，我们认为“宁可”的词汇化路径可以简明地概括为：“宁”出现反诘语气用法是反问句式选择的结果，在短语层面与“可”的结合为成词建构了“宁可”成词的形式可能；“宁”“可”的愿词用法使其语义融合成为可能，肯定句式的选择、反诘用法的消失与改变分界的共同作用，使“宁可”的词汇化变成现实。“宁可”的词汇化过程有助于我们认清现代汉语中的三个事实。

第一，“宁”在现代汉语中即使使用，也只和单音节动词连用。原因有二：一是，这是古代汉语用法的遗留，“宁”在古代汉语中经常与单音节动词连用；二是，要满足双音节化趋势——周有斌（2004）对此稍有论证。

第二，正是因为“宁”的愿词用法融合在了“宁可”中，所以在现代汉语中，“宁”的愿词用法频次相当低，有退出语言系统的趋势。

第三，同时，由于“宁肯”“宁愿”的词汇化程度还相当低，元明时期大致停留在短语和词的共存层面，所以在忍让类词聚中的使用频次远不如“宁可”。并且，通过现代汉语语料，我们认识到“宁肯”和“宁愿”做标记的复句主观性很强，这与“肯”、“愿”和“宁”结合不紧密相关，该问题将另文再陈。

本章语料来源：

金良年撰《论语译注》，上海古籍出版社，2004。

杨天宇撰《礼记译注》，上海古籍出版社，2004。

李梦生撰《左传译注》，上海古籍出版社，2004。

司马迁：《史记》，中华书局，1982。

王明编《太平经合校》，中华书局，1960。
于智荣：《贾谊新书译注》，黑龙江人民出版社，2003。
董诰编《全唐文》，中华书局，1983。
普济：《五灯会元》，中华书局，1984。
蔡絛：《铁围山丛谈》，转引自上海古籍出版社《宋元笔记小说大观》，上海古籍出版社，2001。
许仲琳编《封神演义》，张耕点校，中华书局，2002。
凌濛初编著《二刻拍案惊奇》，中华书局，2002。
冯梦龙编撰《喻世明言》，何草点校，中华书局，2002。
冯梦龙编撰《警世通言》，马冰点校，中华书局，2002。
罗贯中：《三国志演义》，中华书局，1998。
凌濛初编著《初刻拍案惊奇》，冉休丹点校，中华书局，2002。
冯梦龙编撰《醒世恒言》，张耕点校，中华书局，2002。
秦修容整理《金瓶梅》（会评会校本），中华书局，1998。
陆人龙：《型世言》，覃君点校，中华书局，2002。
施耐庵：《水浒传》，李永祜点校，中华书局，2002。
卢元骏注译《说苑今注今译》，天津古籍出版社，1988。
桓宽撰《盐铁论校注》，王利器校注，天津古籍出版社，1983。
黎靖德编《朱子语类》，理贤点校，山东友谊书社，1993。
孔平仲撰《续世说》，台湾商务印书馆，1983。
张元济辑《四部丛刊续编》，商务印书馆，1934。
罗贯中：《三遂平妖传》，北京大学出版社，1983。

第八章　“宁”标复句的表值解析

第一节　引言

一　共时平面的研究现状

“宁”作为复句关系标记及其使用情况尚未有较为全面的考察，其用法的个性、规律更是无从可知。诸多辞书都认为“宁”的用法和“宁可”“宁愿”及“宁肯”相同，多用于文言文和现代汉语书面语。以下4部具有一定权威性的词典对“宁”的解释基本反映了当前学界对虚词“宁”的理解和认识（见表8-1）。

表8-1　辞书中对“宁”的解释

释义 词典	词性	用法1	用法2	简要说明
《现代汉语词典》（2005）	副词	宁可	岂，难道	
《现代汉语八百词》（1980）	副词	同“宁可”。但用于成语、格言之类		
《现代汉语虚词词典》（1998）	连词	跟“宁可”大致相同	哪里，岂	跟在“宁”后的动词只能是单音节的
《现代汉语虚词词典》（2001）	副词	表示意志和意愿，相当于“宁可”“宁愿”	表示反问的语气，相当于“难道”“岂”	文言虚词多用于文言文和现代汉语书面语

二　研究对象、语料和方法

我们只讨论“宁”的第一种用法，即通常认为的相当于“宁可”的用法，并只对“宁”做前关联标记的复句进行考察。“宁”出现在后小句中的复句，如：

(1) 如果请保姆，宁请男性，薪金付得高些也心甘情愿！(《扬子晚报》1999年9月6日)

(2) 我歆羡他们人生的丰富经历，可是，如果硬要我在幸福和苦难中进行选择，我还是宁要前者。(《长江日报》1996年3月3日)

我们暂不讨论。

我们的语料主要是通过机器检索和人工检索两种方式获得。前者采用语料库检索。语料库采用由华中师范大学语言所研制开发的复句语料库，简称CCCS复句语料库或CCCS。容量为65万句复句，有分词和未分词两种。操作方法为：首先用ICTCLAS（中国科学院研制开发）分词软件，确定“宁”的分词标记为/ag和/dg两种，然后在已分词的CCCS语料库中对其进行穷尽式检索，得出与“宁”相关的复句311句，最后人工筛选出可用语料50句（占总量的0.008%）。其中不包括通过仿词方式构造的相对固定的四字格和紧缩格式22句。后者主要通过网络检索获得，即通过一些常用的搜索引擎对特定时间段的语料进行检索，再经过人工筛选获得。①

三　当下研究的价值与局限

除了辞书中对“宁”的用法的规约性描述外，其他形式的研究性成果并不多，仅限于周有斌（2004）和王天佑（2007）。周有斌（2004：29）提出“宁”和“宁可”等的主要区别在于：由于词汇双音化的韵律要求，“宁”后只能加单音节谓词。王天佑（2007：94）在周的基础上认为，“宁”与“宁可”“宁肯”“宁愿”同类，都属于副词。

但是，我们通过对“宁”和“宁可”实际分布的考察发现，“宁”只能用于单音节动词前，而“宁可”等的位置则相对灵活。据此，把“宁”与“宁可、宁肯、宁愿”归于同类似不妥，对语言教学也无益。总的看

---

① CCCS复句语料库中的语料为报体。语料筛选及甄别的方法与沈威同学多有切磋，获益良多，特此致谢。

来，以往研究多关注“宁”与“宁可”的共性探寻，对“宁”类复句的个性分析偏弱。两者既然语义相当，在共时平面并存的前提一定是“宁”类复句在语用价值上有所不同。我们拟运用小三角的分析手段，在对此类复句语表形式进行充分观测的基础上，着重在语用价值方面对其详加考察分析，即“究其语值”。①

第二节 语表形式观测：形式工整及后涉单音节动词

一 前后小句形式工整

现代汉语中，“宁”联结的小句多以肯定否定对比的形式出现，前小句用“宁”引导，“宁”后一般直接加意愿性动词；后小句则用肯定形式或由“不”赋义的否定形式，联结词“也”可用可不用，如：

(1) 要形成一种风尚，宁要自己的“一瓶油”，也不要人家的“一担油”。(《长江日报》1996年6月16日)

(2) 国家强调“男女都一样”，可到下面有的地方却“同工不同酬”，有的招工“宁要武大郎，不要穆桂英”，连女大学毕业生也面临分配难。(《长江日报》1990年5月13日)

(3) 大学女生分配难，不少用人单位宁要成绩差的男生，也不要成绩优秀的女生。(《长江日报》1994年1月8日)

(4) 宁要市区一张床，不要郊区一幢房。(《长江日报》1993年2月14日)

上举诸例中，“要”与“不要”构成肯定否定对比，宾语无论是在音节上还是在类型上都做到了前后小句整饬：“自己的‘一瓶油’”—“人家的‘一担油’”，同为六音节定中结构；“武大郎”—“穆桂英”，同为专有名词；“成绩差的男生”—“成绩优秀的女生”，同为定中结构；“市区一张床”—“郊区一幢房”，同为不带“的”的五音节定中结构。这种情况在人工检索网络新闻标题时更为常见，如：

① 究其语值是小三角研究方法的一个方面。邢福义：《汉语语法学》，东北师范大学出版社，2002，第451页。

（5）宁丢乌纱不丢脸面（搜狐网，2009 年 4 月 3 日）

（6）拍公益广告李连杰、李冰冰宁不吃饭要先干活（猫扑网，2009 年 4 月 1 日）

（7）宁做“恶人”不做“罪人”（大江网，2009 年 4 月 3 日）

（8）口述：宁做兄妹不做夫妻（华商网，2009 年 4 月 1 日）

（9）王安忆宁写死亡不写暴力（胶东在线网，2009 年 4 月 2 日）

例（5）不用“乌纱帽”而用双音节的“乌纱”旨在与“脸面”工整相对。余例中，“吃饭”—“干活”、“恶人”—“罪人”、“兄妹”—“夫妻”、“死亡”—“暴力”也当是同种情况。这里用“宁”而不用“宁可”，与所用语料是新闻语体有很大关系。

二　后涉动词多为单音节

“宁”经常用在单音节动词前。在 CCCS 中，与“宁”共现的主要动词有“要、犯、过、让、做、洒、受、挤、掴、拆、付、派、当、舍、吃、叫、请、信、花、用、空、听”，如：

（10）唐黎虽年少，虽穷，但其面对金钱的诱惑，宁掴金钱的耳光，亦决不做不实广告坑人，决不做金钱的奴隶。（《长江日报》1996 年 11 月 25 日）

（11）宁做“箪食瓢饮”的君子，也不当“汲汲于富贵”的小人。（《人民日报》1997 年 11 月 20 日）

（12）一位局级女干部想把孩子接回家住几天，或登门看看，但当医生的前夫宁让孩子痛苦，也不答应。（《长江日报》1998 年 10 月 17 日）

“宁”后经常涉单音节动词，若把前后小句看为由两组音节组成的音段，每个音段必然不宜过长，由此而带来的语用价值将于后文详述。另外，如例（10）至例（12）中，“宁……也……”配搭的形式在“宁”标复句中也不甚多见。“宁”本身系上古遗留下来的，通常不带后标记“也”。孟凯（2002）指出，到了近代汉语让步复句中，相当口语化的“也”才成为普遍应用的优势词。

第三节 语值考究：焦点化、口号化与语势[①]

一 焦点化

在单句中，我们通常把焦点分为常规焦点和对比焦点。常规焦点一般只通过自然语序得以表现，而对比焦点则要经过一定的语法手段才能得到凸显。我们在复句中所提的焦点是一种语用行为。“宁”可视为一种语法标记，旨在使其联结的小句产生焦点化的语用价值。“宁”联结的前后小句通常是同类事件的对比，如果不考虑逻辑语法意义上的差异，其与并列复句的逻辑基础是相同的，与并列复句可以互相转换，构成“p，（也）q”的对比并列句式。这种焦点化价值在两种类型的复句比较中能更清楚地呈现出来，如：

（1）宁要低标准的贫穷生活，也不愿扰乱已有的平静，卷入竞争的激流。（《长江日报》1988 年 11 月 7 日）

（1′）要低标准的贫穷生活，不愿扰乱已有的平静，卷入竞争的激流。

（2）宁要蜂一箱，不要彩礼和嫁妆。（《人民日报》1981 年 2 月 21 日）

（2′）要蜂一箱，不要彩礼和嫁妆。

该类复句的语表形式可形式化为：“宁 + p，（也） + q”。通过与并列关系复句对比，例（1）、例（2）确有强调“p”的意味；例（2′）对复合事件不带任何主观色彩的陈述；例（2）则通过联结标记“宁”使“要蜂一箱”得以凸显，即被焦点化。

现代汉语中，被“宁”焦点化的结构通常是动词或动词性结构；但在其历史沿革中，被焦点化的结构也可以是其他结构，如：

（3）宁我薄人，无人薄我。（李梦生撰《左传译注》，473 页）[②]

① 按照小三角的研究思路，语里意义的探讨是一个重要环节。但因为“宁”标复句与“宁可”类其他复句的语里意义并无显著差异，所以我们着重探寻其语用价值。关于其逻辑语法意义，我们追从邢福义（2001）的说法。邢先生指出：“宁可”是表忍让之词，加“宁可”表明在别无选择的情况下对不乐意而为之的事情不得不有所忍让，以便实现某种决心。邢福义：《汉语复句研究》，商务印书馆，2001，第 471 页。

② 所引汉语史著作版本信息见参考文献。

(4) 与其害于民，宁我独死。(同上，1272页)

例(3)中，“宁”出现在主谓结构“我薄人”前使其焦点化，与“人薄我”形成对比。例(4)中，“我独死”与“害于民”形成对比，前加“宁”得以焦点化。

近代汉语中，“宁”多被“宁可”代替，出现在主谓结构前的情况更为罕见，但若有语用需要，仍有散见，如：

(5) 事成了，你的事甚么打紧，宁可我们不要，也少不得你的。[秦修容整理《金瓶梅》(会评会校本)，627页]

(6) 我宁可死，决勿到官个。你怕后患，写渠一张，放子渠去罢。(同上，277页)

由于双音化的影响，“宁”多与单音节动词形成双音节格式，再与其他格式形成并列式四字格，其焦点化的对象则简单化为“宁”后的单音节动词，如“宁缺毋滥”“宁死不屈”，也有较为复杂的动词性结构的，如“宁为鸡口，不为牛后”“宁为玉碎，不为瓦全”。

由此对比形式可以看出，“宁”在现代汉语中的语用价值是使其后面的形式焦点化，成为受众的关注对象。究其根源，与其上古的用法不无关联。它虽被双音化为“宁可”，但其功能并未彻底转移，在现代汉语中仍有用武之地。

二 口号化与语势

人工检索得到的语料对我们有很大的启发意义。我们发现机器检索和人工检索获得的语料的表里是同质的，即同一语表形式既可用在新闻标题中，又可用在报体语料中的其他位置而其语里意义并不发生改变。据前文所述，“宁”标复句在报体语料中出现的频率很低。由此我们推断，该复句应体现出较为特殊的语用价值。特殊语体中的“宁”标复句的语用价值将有助于我们管中窥豹，如：

(7) 宁走千步远，不冒一次险(网易网，2009年3月31日)

(8) 宁要有缺陷的硬规则　不要无制约的软权力(搜狐网，2009年4月29日)

“宁”标复句之所以适用于新闻标题，主要是因其语表形式工整，符合对仗式新闻标题的审美诉求；[①] 音段不长，符合新闻标题“惜字如金”的要求。[②] 应用为标题后，这种语表形式产生的口号化效果便得以凸显，[③] 使受众感到一种强烈的语势。口号的实质在于语用明示。不同的语言环境中，明示可表现为提醒或警示。例（7）体现为说话人的自我提醒，例（8）则为提醒他人，例（9）、例（10）的明示则有警示作用。口号张贴悬挂起来即为标语，宣教作用明显。很多标语为了显示说话人的决心而选择“宁”标复句，如：

（9）宁要家破，不让国亡。（某地计划生育工作标语，汤军 2008 年用例）

（9′）宁可要家破，（也）不让国亡。

（10）宁添十座坟，不添一个人。（同 9）

（10′）宁可添十座坟，（也）不添一个人。

（11）宁吃大锅饭，不当出头汉，免得将来政策变。（某地标语）

（11′）宁可吃大锅饭，（也）不当出头汉，免得将来政策变。

上述标语若用“宁可”标复句替换，则语表形式不工整，韵律不和谐。例（11）的前后小句分别为：单音节 + 单音节 + 三音节，单音节 + 单音节 + 三音节。例（11′）的前后小句分别为：双音节 + 单音节 + 三音节，（单音节） + 单音节 + 单音节 + 三音节。相比之下，例（11）更朗朗上口，更容易造成语势压力。（关于韵律在“宁”标复句中的作用，下文有详述）

第四节 “宁”与“宁可”不可替换的韵律与语用理据

前文已提及“宁”被“宁可”替换的个别用例，我们认为两者能否替

---

① 蔡平、丛唤声（2009）认为，对仗式标题因平仄音律的关系会产生豪放大气的效果。（《如何让新闻标题“明眸善睐”》，《新闻传播》2009 年第 1 期）

② 新闻标题的经济性原则盖与短时记忆有关，音节数量少的对比型音段是否容易形成较为稳定的模块记忆图式，这需要更深入的探讨。

③ 《现代汉语词典》（第 5 版）释义［口号］：“供口头呼喊的有纲领性和鼓动作用的简短句子。”所谓纲领性，是把口号视为一种言语行为后的言语背景。鼓动作用则表明口号具有感染性和号召性。

换将涉及韵律及由此带来的语用价值特殊性的问题。

一 韵律理据

从前文描写中，我们可看出"宁"后构件的形式必为单音节，而"宁可"后的构件则不受限制。"宁"在组合上的特点从深层次上反映出了韵律语法的管控作用。冯胜利（1997：3）认为，汉语最基本的音步是两个音节。就是说，双音节音步是最一般的，尽管单音节音步和三音节音步也是存在的。我们认为，音步是单音节与单音节的组块，相对应的外部表现形式越工整对应，则节奏感越强。"宁可"与"宁"是否可以替换，在很大程度上要受到音步是否工整对应的制约。"宁可"本身即为一个音步，而"宁"与其后的构件组合才能构成一个临时音步。比较下面三组例子：

（1）宁挤红钢城一间，不住武东街一套。（《长江日报》1991年12月2日）

（1′）宁可挤红钢城一间，不住武东街一套。

（2a）宁舍一顿饭，不舍二人转。

（2b）宁可舍一顿饭，不舍二人转。

（2c）宁可舍弃一顿饭，不舍二人转。

（2d）宁可舍弃一顿饭，不舍弃二人转。

（2e）宁舍弃一顿饭，不舍二人转。

（2f）宁可舍弃一顿饭，也不舍弃二人转。

（3）一些农民在建房时宁花10万元盖平房，也不愿花5万元建楼房。（《人民日报》1995年2月13日）

（3′）一些农民在建房时宁可花10万元盖平房，也不愿花5万元建楼房。

语感不支持被"宁可"替换后的例（1′）、例（2b）等，从韵律上看有两点原因。首先，音节组合上的限制。从例（2a）到例（2f），语感支持的例（2a）和例（2f）分别为"宁+舍"和"宁可+舍弃"，组合后分别形成双音节和四音节。语感不支持的例（2b）和例（2e）的组合方式则为"宁可+舍"和"宁+舍弃"，为"双音节+单音节"模式和"单音节+双音节"模式。吴为善（2003）认为，一个双音节形式既可能是两个语素构成的复合词，也可能是两个单音节词构成的短语。双音节是一般人心目中可认作词的最合适的长度。我们认为，无论是双音节还是四音节（即偶音节），语感都有支持倾向。其次，前后小句音步工整的限制。因为替换前例（1）、例（2a）的音步对应是工整的，“宁挤”—“不住”，“宁舍”—“不舍”分别工整相对；而替换后，音步对应的和谐状况被打乱。例（2c）、例（2d）中，虽前小句并无问题，但若与后小句整体观照，则前后的不工整问题就凸显出来了：例（2c）“宁可（双音节）+舍弃（双音节）”—“不（单音节）+舍（单音节）”，例（2d） “宁可（双音节）+舍弃（双音节）”—“不（单音节）+舍弃（双音节）”。相比，例（2f）则前后工整：“宁可（双音节）+舍弃（双音节）”—“也不（双音节）+舍弃（双音节）”。例（3′）语感也比较支持，但替换前后的音步对应均不工整。这与后小句“也”的存在有很大关系，用“也”联结的“宁”标复句，被替换后语感自然。“也”在后小句中除了起到前后联结的作用外，还起到两个作用：减缓语气的作用，避免肯定否定直接面对，这对下文提到的语用动机凸显对比有直接作用；凑音节的作用，使“也不”组成一个临时音步与“宁可”相对。通过对固化格式的观测，我们更能看出韵律在该问题上的管控作用。固化格式，是语法化的结果。当语法化已完成，固化格式作为语法化的结果便沉淀在交际层面，其构成要素不可被替换。我们主要是指“宁A勿（不）B”为框架的格式，如“宁死不屈”。“宁”和“勿（不）”作为构成要素不能被替换。“宁A勿（不）B”具有很强的仿拟性，这恐与其为四字格有关。刘振前、邢梅萍（2003）指出：四字格绝大多数是由两个音步四个音节组成的节奏群，音节措置整齐、节奏鲜明、音乐性强。仿拟格式如“宁露勿透”“宁死勿退”，由于说话人的主观视点仍注重在特定格式上，“宁”作为特定格式中的构成要素不能被替换为“宁可”，整个结构也不能替换为“宁可露勿透、宁可死勿退”。若做替换，则变成了三音步，前后的对称将被打破，整体的节奏感也将减弱。

二 语用动机旨在凸显对比

“宁”与“宁可”虽形式不同，但两者语里意义无异，在现代汉语中可以进行有条件的替换。广义的和狭义的语用价值对是否能够替换也有一定的影响。语用价值的广狭二分是尹蔚（2008：66～67）在其博士学位论文中提出的。所谓“广义语用价值”，指的是当语用需求产生时，能基本满足这种语用需求的语言形式往往不止一个。换而言之，说话人选择其中的任何一种语言形式，都能基本满足当时当地的语用需求而不会影响语言交际活动的进行。这个时候我们就说，这些语言形式具有广义语用价值，因为它们都能基本满足某种语用需求。所谓"狭义语用价值"，指的是在某种特定的语用环境中产生了某种特定的语用需求，尽管能基本满足这种语用需求的语言形式可能不止一种，但是最能满足这种语用需求的却只是其中的某一种。这时我们就说，这种语言形式在此时此地具有其他语言形式所难以替代的独特的语用价值，即"狭义语用价值"。究其根本原因，这是因为语言形式的最终确定往往跟句法语义格式、说话人跟受话人的关系、语用场合，以及语用需求的特殊性有关。"广义语用价值"的存在让人们在语言交际活动中有更多的选择，从而使言辞的运用更加灵活、更加丰富、更加多样化；而"狭义语用价值"的存在则引导人们在语言交际活动中寻求最佳的表达方式，最大限度地、最好地满足当时当地的某种特定的语用需求，从而使言辞的运用更加准确、更加妥帖、更加得体。① 尹文之所以细化语用价值，旨在说明"或者"类词聚相互替换的语用理据。推而广之，"宁"与"宁可"也是如此。若说话人着重表达"宁"的狭义语用价值，那么两者便不宜替换。

这种"狭义语用价值"主要体现在：说话人的交际意图旨在突出前后项的肯定否定对比，若说话人直截了当地凸显肯定否定对比形式，通常不用"也"做后小句标记，"宁"一般也不能用"宁可"替换，如：

(4) 卫兰忙录音出碟最重要　黎明宁做乞儿不救卫诗（Tom 网，2009 年 4 月 1 日）

若替换为"黎明宁可做乞儿不救卫诗"，虽在语法上不能判定它为错例，但语感仍不能被接受。相反，若不为凸显肯定否定的对立，有联结标记"也"，则能替换，如：

(5) 湖南省株洲市宁损 GDP 也不损环境（中华人民共和国环境保护部网站，2009 年 3 月 30 日）

① 狭义语用价值与关联理论所假定的人的认知倾向于追求最大关联有相似之处。〔法〕丹·斯珀波、〔英〕迪埃珏·威尔逊：《关联：交际与认知》，蒋严译，中国社会科学出版社，2008，第 354 页。

上例若替换为“湖南省株洲市宁可损 GDP 也不损环境”则可接受，上文中的例（11）也可做如此替换。插入“也”后的“宁”可被替换成“宁可”，但说话人旨在凸显肯定和否定，交际意图便被隔断——这正是“宁”标复句的狭义语用价值所在。

我们只是单从“宁”标复句的角度考察替换的条件，若要全面考察替换的条件，还需考察“宁可”类复句的全部类型，并进行比配替换。对此，我们将以另文专论。

第五节 结语

通过语料库检索发现，“宁”标复句在现代汉语中并不是高频复句，但因其特殊的语用价值，仍有存在的空间。其前后小句形式多工整对仗，“宁”标后通常接单音节动词或动词性结构。为求直接对比，后小句前的“也”通常省略。其重要的语用价值之一是使“宁”后的结构成为语用焦点，并得以凸显。其语表形式的工整往往容易造成语势，使其常用于新闻标题，甚或成为标语口号。“宁”与“宁可”的替换受韵律和狭义语用价值的制约，某些固化格式会限制两者的替换。当说话人为凸显对比时，“宁”则不易被替换。

本章语料来源：

李梦生撰《左传译注》，上海古籍出版社，2004。

秦修容整理《金瓶梅》（会评会校本），中华书局，1998。

第九章　意旨归结：语言本位观、学术创新与民族品牌意识*

第一节　引言

这里主要是前述成文过程中产生的理论思考，尤其是对以下两种现象的思考。更为确切地说，可算作对本书的意旨归结。

一　冷与热

“冷”与“热”是从语言学期刊的关注方向来观测语言学的研究取向的。据金莹、严明（2009）对语言学期刊篇均引用的文献数统计，2004～2006年排在前4位的分别是《当代语言学》、《现代外语》、《外语教学与研究》和《国外外语教学》，而《中国语文》和《古汉语研究》仅排在第13位和第30位。从中可见，外语类文献充盈，而且在参考的文献数量上远远超过中文文献，这在表层上显现出了外语研究热，或西方语言学与中国语言学的嫁接研究热。邢福义、汪国胜（2008：435）在总结30年来语言学领域的问题时，深刻地指出：在国际语言学的学术大背景下，中国的语言学显露出了自身的弱点。其一，借鉴多而原创少。不少意见具有或带有一定的原创性，但理论深度不够，更谈不上是形成了系统的一派之说。就目前的研究状况而言，其主流还是以借鉴国外理论为主。诚然，对于中国语言学的发展来说，借鉴国外理论是必要的，但一定要持续不断地加强自我创建方面的分量。学者们已经或多或少地注意到了这一点，并且或多或少地审视了某些从国外引进过来的理论。从语言学研究的现状和取向

* 此系作者与邢福义先生经过多次谈话后形成的，文中未引观点系作者演绎。

看，西方语言学可谓“与时俱进”，而对其解释力究竟有多少，学者们关注得显然不够。长此以往，我们本土语言描写的理论化提升将变得更加举步维艰。

二　静与闹

“静”与“闹”是从研究者本身的学术态度方面来观测学风的。随着知识分子明星化趋势的日显，越来越多的学者准备步入或者已步入“学术星工场”。由于学科本身所限，语言学家虽不及经济学家、法学家和社会学家受关注，少具所谓的“星范”，但不知疲倦地出席各种报告会——汇报同一命题作文仍能给他们带来不菲的经济收益。若为了使文章尽善尽美，多和同道交流倒也无可厚非，但若只为了追求经济收益而使这种现象成为常态的话，这恐怕对学术本身就是一种戕害。因为学术本身是一种积累和沉淀的过程，真正能在学术史上留下一笔的，恐怕不是某某的学术报告。正如肖川（2007）所言：一个学术明星可以红极一时，但如果他缺乏原创性的思想养料去滋养一个民族的心灵，随着时光的流逝，还是免不了“风流总被雨打风吹去”。造就学术明星是比较容易的，只需要发达的传播媒体加上学者个人的天赋和努力，而一个社会要造就思想家，却需要充分的思想自由、言论自由和出版自由。

以上两种现象若不被正视，势必会久积成病。笔者认为，形成上述问题的关键在于观念，即语言观。之所以在博士学位论文中使之单独成文，无非就是想疾呼：作为一个从事语言学研究的学者，在纷纭的研究取向面前，在整个大学术气候下要有辨别是非的能力，要坚持自己的语言观。这是为学的前提。

第二节　语言观种种与语言本位观

语言观作为一种学术研究视角，一直受到多学科的关注。哲学视角下的语言观可谓古今中外皆有，切入点多多，如儒家的语言观，也有诸如道教、佛教等的语言观，还有关注各派代表人物的语言观的，如孔子、老子、庄子、洛克、维特根斯坦、拉康、海德格尔、伽达默尔等。文学视角下的语言观，主要是文论视角下的语言观，主要是研究鲁迅、老舍等大作家的语言观。真正语言学视角下的语言观可归纳为学派的语言观和语言学家的语言观，如认知功能学派、结构主义语言学所倡导的语言观和乔姆斯基、沃尔夫、叶斯柏森等人的语言观。从研究的广度来看，哲学界似乎比语言学界更关注语言观的问题。

语言观是什么？不同学术背景的人看法不同。哲学界论及的语言观无不涉及语言、心灵和实在的关系，① 其研究成果主要反映在语言哲学中。语言学界论及的语言观的核心问题则为语言是什么的问题，如任绍曾指出，叶斯柏森对语言的基本观点为：语言是使一个人掌握另一个人的思想、感情和意志的人的劳动。② 我们从语言研究的视角切入语言观问题，这里主要涉及语言本位观的实质及其哲学依据。

一　语言本位观的实质

大凡研究语言的人都必须承认自己在研究时会受到某种学术观念的支配，这种情况既可以是自觉的，也可以是潜在的。语言研究中的语言观就是支配研究方法的观念，这种观念在研究中具体体现为语言本位观。语言本位观是指以哪一层次的语言单位作为切入点来研究语言问题。语言本位观的实质是语言事实观，其表现形式诚如音位及变体之间的情况一样，体现出了多样性。如马建忠提倡的"词类本位"，黎锦熙的"句本位"，朱德熙的"词组本位"，徐通锵的"字本位"，邢福义的"小句本位"，马庆株的词和词组的"复本位"等。不管是什么本位，只是语言研究的切入点不同而已，其背后的实质都将以语言事实为最终落脚点。学者看待问题的角度可以不同，但语言事实不会因视角的不同而发生变化。"横看成岭侧成峰，远近高低各不同"，万变不改的是其山之本质。语言研究中有无本位观均可，但有本位要比无本位好得多。徐杰把本位比作货架，用喻精辟。他认为，卖东西不一定非要有货架，小商小贩卖东西根本就不管什么货架不货架的，辣椒、黄瓜、西红柿摆一地，还不是照样可以做生意赚钱。但是，我们深信，有货架总比没有货架好。商店里的货架有两个重要功能：

---

① 袁文彬：《马克思主义语言哲学问题》，《安徽大学学报》2007 年第 1 期。该文在结语中认为，从恩格斯的《劳动在从猿到人转变过程中的作用》到沃洛希诺夫的《马克思主义与语言哲学》，再到詹明信的《语言的牢笼》，这一马克思主义语言哲学研究承前启后的思想轨迹为马克思主义语言哲学问题提供了一幅生动的地形图，为语言、心灵、实在三维关系的运转提供了崭新的视角。

② 参见任绍曾《叶斯柏森语言观研析》，《外语教学与研究》2004 年第 7 期。

一是把现有的货品分门别类、整整齐齐地排列出来；二是给应该有但尚未进来的货品预留空位。[①] 这个比喻道出了本位观的两种功用：一是使语言体系保持系统完整性，凸显系统价值。没有货架的物品只能是零散的，形成不了系统优势。不能形成系统，这对买卖双方都会有不便。双方对供求不能一目了然，对缺什么东西、哪些东西需要更新都没有一个清楚的认识。东一耙子，西一扫帚的，虽然能够创造些价值，但到底是各自为营，而融资后的集团优势肯定大于个体。二是使语言系统本身存在发展空间。语言系统的发展与完善从根本上说是系统组织内各要素的发展与完善，而语言的三大要素——语音、语义和语法——都是“历史演化的产物”。[②]用发展的眼光看，共时平面总是历时发展的一个环节，语言的发展总是要有兴亡消减的。举个简单的例子，词汇是随时代兴替更迭最迅速的。古代专用于王侯将相的“崩、薨”等词早已“灰飞烟灭”，而今天出现的“房奴、闪存、微博”等词，人们早已习以为常。笔者通过语法化的研究耙梳历时脉络，旨在还语言现象一个完整的演变过程。诚如 Givón（1971）的名言：“今天的词法就是昨天的句法。”[③] 每个商场的货架制作、摆放不尽相同，但其本质目的都是为了支撑、存放和展示商品。无论怎么摆放，商品作为展示的对象不会发生任何变化。语言本位观的形式可以多样，但语言事实不会发生改变。在研究过程中，坚持语言事实观，做到观察充分和描写充分便是研究的首要前提，否则一切演绎都只能是得不到事实支持的推论。至于解释的是否充分便见仁见智了，毕竟，从主客观的角度来说，观察和描写通常属于客观范畴，而解释则带有明显的主观色彩，需要外部评价。事实不变的情况下，阐释可以众说纷纭。[④] 根据研究目的的不同，语言事实可分为两大类：内省事实和应用事实。[⑤] 前者主要是转换生成语法学派为自己的假设生造出的语料，这类语料符合形式化的要求；但也不完全是这样，乔姆斯基也使用应用事实支持其假设。[⑥] 后者主要是话语主体

---

① 参见徐杰《词组与小句之间的差异及其蕴含的理论意义》，《汉语学报》2005 年第 3 期。

② 参见姚振武《“认知语言学”思考》，《语文研究》2007 年第 2 期。

③ 沈家煊：《“语法化”研究纵观》，《外语教学与研究》1994 年第 4 期。

④ 这一点是笔者在和邢福义先生交谈时获知的。

⑤ 许余龙（2000）把语言事实分为内省语料和实例语料。许余龙：《也谈语言学理论与语言事实》，《外国语》2000 年第 3 期。

⑥ 参见石毓智《对乔姆斯基语言学科学性的质疑——回应王强和 Chomsky 的批评》，《外国语》2006 年第 4 期。

语感支持的语言材料，包括口语和书面语。社会语言学便严格地把应用事实作为其研究对象，通常采用田野调查的方式获得应用事实。如20世纪七八十年代，陈建民通过录音获得了真实口语材料，并在分析整理后出版了《汉语口语》。拉波夫的"纽约百货商场－R"的调查案例，[①] 至今仍为学界称道。我们认为，无论何种学派，无论研究目的是什么，语言事实首先应该选择应用事实。语言生物属性的假设一定要建立在对应用事实描写充分的基础上，即使无法完全详尽的描写，也不能放弃这一原则，这也正是语言学的科学性所在。如果因为侧重语言的生物属性的研究就放弃应用事实的话，那么只能使假设和证明变为主观臆断，这在根本上与语言的社会性背道而驰。简单地举个例子来说明这个问题，如：

他睁开自己的指尖，全神贯注地盯住了嫂子的胳膊。（毕飞宇《推拿》，《人民文学》2008年9月，第83页）

内省的语言事实对这类修辞意义上的语言事实是忽略的，"指尖"怎么能够"睁开"呢？然而，修辞的本质正是语言的社会性体现，而这种应用事实描写的目的就是给出动词"睁"完整的使用条件。

二　语言事实观的哲学依据[②]

从研究的角度观测，语言事实就是研究的材料，在研究中处于基础地位。研究者要做的就是把真实的材料进行归类和分析，以便为特定研究目的提取有价值的规律性结论。不同的研究目的会造成不同的结论，这是目的本身使然。语言事实在语言研究中的基础地位，从哲学层面上看，是由物质第一性原理决定的。作为研究材料，自然属于物质层面，而任何由此带来的阐释都是第二性的。因为阐释的主体——人具有主观性，对于同一对象或同一客观过程，不同的主体会有不同的反映，存在着反应速度的快慢、数量的多少、程度的深浅等区别。从根本上说，没有语言事实作为前提，任何理论建构都如空中楼阁。观念的东西不外是移入人的头脑并在人的头脑中改造过的主观映像，[③] 既然是主观映像，便存在着不同的主体对

① 参见胡明扬《拉波夫和社会语言学》，《世界汉语教学》2001年第1期。

② 我们所提的哲学层面都是指马克思主义哲学，非其他学派。

③ 《马克思恩格斯选集》第2卷，人民出版社，2012，第217页。

同一客体的不同解释，在语言研究中主要体现为对同一语言事实的阐释存在多样性。如对“即使……也……”做关联标记的复句，不同的研究者认识不同：邢福义先生主编的《现代汉语》认为是让步关系复句；北京大学版的《现代汉语》认为是转折关系复句；黄伯荣、廖序东的《现代汉语》认为是假设关系复句。不同研究者对同一研究对象的认知程度是不同的，但语言阐释的见仁见智又会使人们的认识不断深化。研究客体和研究主体的这种关系使事物的本质逐渐向清晰化和相对真理化迈进。汉语复句分类的传统方法是仿照印欧语系的方法，在大类上进行两分。随着对汉语事实的挖掘，以邢福义先生为主要代表的研究者把汉语复句进行了三分，这种认识是建立在对汉语复句比较全面的观测和描写基础上的。

从语言事实的发展看，这完全是事物内外因交替作用的结果。王正元指出，语言本体研究应该是包括语言观察、语言描写在内的语言特点、规律及语言意义成因的机理研究，并从语言现象本体研究中求“道”。语言的“道”应该来自对语言本体的探求。语言本体“道”的发现不是对本体的固守、对外界因素的排斥，语言本体所含“道”之机理存于事物的内因和外因中。[①] 他所指的内因就是语言系统自身的演变，即系统的自完善和发展；外因无疑是索绪尔所言的外部语言学，即在语言的社会性方面，造成语言发展变化的诸多原因。语言本身具有强烈的社会性，从新词的迅猛产生便可看到社会对语言事实的影响。但是，同时，我们又不能抛开语言自身发展的内因。如果没有基本词汇，没有基本构词方式，新词无论如何是不能产生的。所以，语言事实的发展离不开内外双重动因。语言发展的内外因交替作用为语言研究提供了一种视角。邢福义（1996）在《说“您们”》一文中指出，这种被认为是错误的词汇形式在词汇系统中是天然成立的，并使汉语的三身系统变得完整。这便是从语言内部的系统性上找到了成立的理据。从实际使用中看，这种形式又有着广泛的群众基础。这又从语言外部的社会性上找到了其合法性的理据，两者结合便使这种形式变得合理合法。

语言事实的演变符合质量转换规律。语言的变化没有突变，否则其交际性便丧失，从而造成社会混乱。语言的量变是“润物细无声”的，语言内部诸要素的演变体现出了不平衡性：词汇往往与时俱进；语音和语法则

---

① 参见王正元《论语言学研究的学术视角》，《中国外语》2008 年第 4 期。

缓步前行，甚至相对滞后。这种对语言事实的渐进性认识是符合认识论中的过程理论的。人们对复杂事物的认识，由于主客观条件的限制，要经历由实践到认识、由认识到实践的多次反复、多次循环才能完成。然而，对于整个认识过程的推移而言，人们的认识是渐进性发展的。因为事物的发展是无限的，从时间上说，一过程向另一过程的推移是不间断的；从空间上说，语言结构的层次，事物、过程之间的联系也是发展的。现在的语法化、词汇化研究正是把历时考察和共时考察结合在一起，力图还原出一幅完整的语法地图。如王灿龙（2005）论证了“恨不得”的成词过程，展现出了一个较为完整的短语成词过程。他认为，“恨 + 不得 + VP”经过重新分析后，可由 A 到 B（见图 9 – 1）。①

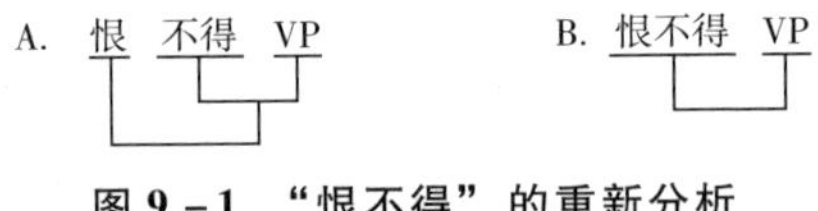

图 9 – 1 “恨不得”的重新分析

语言事实观也是群众观。语言是作为交际工具出现在主体之间的。人民群众是语言的天然使用者和创造者。群众观是以“实事求是”为准绳的，即群众这样说，语言事实就存在；群众不这样说，语言事实就值得商榷了。群众观的实质就是以群众的语言事实作为判别是或非的最后根据，任何理论在事实面前都是灰色的。理论和事实的关系也是千变万变和不变的关系，正所谓“万变不离其宗”，这里的“宗”就是事实。我们不是说语言是一成不变的，而是说语言事实作为客观事实的存在性。作为语言学的研究对象——语言，一定是从具体言语中抽象出来的，而言语主体是否能够表达出来、表达的普遍性如何等问题就成为研究对象是否成立的前提。当然，这也是确保研究工作科学的前提。如果以历时发展作为线索去探究事实的来龙去脉，从发展的角度看群众观，那么这就是历史语言观的本质，这就是语言观中的辩证唯物主义和历史唯物主义。如果我们有什么本位的话，那就是“群众本位和事实本位”，② 两者是一致的。群众的语言行为就是实践，“实践的真理检验性”无疑也适用于语言研究。我们主张：在语言研究中，强调用事实检验，而非用心灵臆断。语言事实可验证的特

① 参见王灿龙《词汇化二例——谈词汇化和语法化的关系》，《当代语言学》2005 年第 3 期。

② 关于群众本位的观点，这是笔者在与邢福义先生交谈时受益得出的。

点符合科学的要义，即要么证实，要么证伪。洪成玉通过对汉语史事实的梳理深刻地指出：语言事实是一个观点的立论基础，也是检验一个观点是否正确的唯一依据，离开语言事实的任何新观点都只能被看作无稽之谈。[①]

违反语言事实观势必造成两种后果。一是造成理论上的骑墙，这在斯大林《马克思主义与语言学问题》一书中体现得尤为明显。该书主要是针对马尔语言学说提出批评的，马尔学说的核心观点之一便是——语言是上层建筑，是有阶级性的，故该书对此进行了彻底的批判。在20世纪50年代中期前后，斯大林的这一著作生发的语言学理论在学界是被奉为圭臬的。但是，随着20世纪中叶“苏共二十大”后，60年代初期的苏联对斯大林思想进行了重新反思，斯大林的理论又呈一边倒态势。[②] 斯大林的语言学观点不需评说，但语言学家在理论上的骑墙正体现了不以事实为基本判定标准，而是以个人的主观态势转移的语言观。这在本质上有违语言事实观，于语言学的发展是无益的。二是造成学术理论的多元化现象。这种现象造成了学术上的表面繁荣，实则是不经深入调查而跟风迎合的结果。当今学界，很大一部分人可被称为追随主义者，下文谈到学术创新时会详加说明。朱德熙（1990）指出，美国学者比较重视理论，相对说来，对事实就没有那么重视。有一种流行的说法，语言学的目的不是描写事实，而是解释事实。能解释事实当然很好，可是要解释事实，先得知道有哪些事实需要解释。如果对事实是什么还茫然，那么怎么谈得上解释呢？等而下之，有的理论不但解释不了事实，反而会歪曲事实以迁就理论。这种把理论与事实的关系弄颠倒的观点不但美国有，中国也有；不但存在于语言学中，也存在于其他学科中。我国理论物理学家彭桓武先生曾说过，离开物理意义单纯搞数学推理就是花拳绣腿（大意如此）。最近在报上看到获诺贝尔奖的美国经济学家季昂迪夫说：“目前经济学上的问题之一是理论太多，假设太多而事实太少。”又说：“许多经济学家凭借推理作为分析的基础而不重视事实。使用假设虽然比较安全，可是要知道，假设是廉价的东西。”理论只能从事实中来，离开事实去追求理论是缘木求鱼。[③] 这在方法论上要求我们多做些调查，多做些描写，虽然要费些

① 参见洪成玉《缺乏汉语史根基的所谓新观点——评〈从所谓“补语”谈古代汉语语法学体系的参照系〉》，《首都师范大学学报》2007年第4期。

② 参见熊寅谷《重读〈马克思主义与语言学问题〉》，《贵州大学学报》1991年第1期。

③ 尹蔚：《多维视域下的有标选择复句研究》，博士学位论文，华中师范大学，2008，第198页。

工夫，但那是负责的研究态度。违反语言事实观，假设也可能成立，但终要靠事实来验证，否则便更值得怀疑。早在20世纪初期，胡适先生就发表了《多研究些问题，少谈些“主义”》一文，提出三种应时势而起的主义：好听的主义、进口的主义和纸上的主义。从中可见，具体实际问题的解决远比高呼什么主义重要。

第三节　学术创新之路径

一　继承与发扬

我们的学术传统、学术底蕴可谓历史悠久，传统的理论需要我们发掘，孔子所言“不践迹，亦不入于室”即是如此。继承便是对前贤的事实描写做出理论概括，从而形成富于本土特色的语言理论。我们本土的语法观念形成得很早，但理论化却相对滞后，这是不争的事实。理论提炼的缺失使我们的研究流于为他人佐证，人家对我们描写的事实“取其有用，弃其无用”，然后扣上普遍语法的帽子，大有盖棺定论之势。陆俭明先生曾在多篇文章中提到这个问题。陆俭明（1997）在谈到配价语法与对外汉语教学时提到：类似配价的观念，我们在20世纪40年代就有了。1946年，吕叔湘先生在《从主语宾语的分别谈国语句子的分析》一文中有那么一段话：细想起来，“施”和“受”本是对待之词，严格说，无“受”也就无“施”，只有“系”。一个具体的行为必须系属于事物，或是只系属于一个事物，或是同时系属于两个或三个事物。系属于两个或三个事物的时候，通常有施和受的分别；只系属于一个事物的时候，我们只觉得这么一个动作和这么一件事物有关系，施和受的分别根本就不大清楚。吕先生在这段话后加了一个注：照这个看法，动词的“及物、不及物”、“自动、他动”、“内动、外动”等名称皆不甚妥当，因为都含有“只有受事的一头有有无之分，凡动词皆有施事”这样的观念。照这里的看法，动词可分“双系”与“单系”，双系的是积极性动词（active verb），单系的是中性动词（neuter verb）。文中所说的“系”，就大致相当于特思尼耶尔所说的“关联”（connexion）；注中所说的“双系”与“单系”，就大致相当于我们现在所说的“二价”和“一价”（或“单价”）。可惜吕先生的这个思想，吕先生本人和他人在后来都没有引发，也没有被进一步的论述和运用，故鲜为人知。所以，20世纪70

年代后，中国有关配价问题的研究与讨论主要是从国外借鉴来的。[①] 由此可见，配价的“醋”我们早就有了，只不过我们没把它装进瓶子里，直到人家换了包装，我们才又进口过来。殊不知，这是出口没成，反倒转了内销，结果还浪费了外汇。我们缺少的就是理论提升能力，诚如陆先生所言：当今世界语言学研究领域内普遍关注和广泛运用的一些语法思想和分析方法，诸如“语义格”“动词的价”“中心词说”“范畴论”“变换”“语用分析”“篇章分析”，以及语法规则的形式化表示等，其实在 20 世纪前半叶我国的汉语语法论著中都已有萌芽，甚至已有所实践，只是所用术语不同而已。遗憾的是，由于我国许多学者缺乏强烈的理论意识，所以这些语法思想和分析方法都没有上升到理论上来并加以论述或阐释，因此也就鲜为人知了。[②] 配价的热闹限于流云，随风逝去。构式语法的讨论又如火如荼地展开了，所谓构式和结构又有何不同，不见人阐述。其实，这瓶“醋”也不新鲜，“把”字句的处置义不就是“构式”过来的吗。邓云华、石毓智（2007）及陆俭明（2008）以同论题比较客观地评价了构式语法的价值和局限。[③] 再如，认知语言学在中国的发展可谓如火如荼，似乎已确立为名品正牌，大有文章写作必贴之，否则审稿必去之的负面影响。姚振武先生于 2007 年 2 月发表在《语文研究》上的《“认知语言学”思考》一文使我们在热闹中冷静了下来，姚先生对认知语言学的研究不是泼冷水，而是善意的提醒，警示学界对待外来的东西要加以甄别，没有什么理论可以包打天下。正如文中所言：科学讲的是用事实来解释事实，它是有局限的，即永远不可能充分解释所有事实（这常常成为“心灵说”的生存空间），但科学的魅力在于它总是能通过不断的证伪获得前进，从而不断证明自己。认知语言学宣称“对各种各样的语言现象都可以从认知上做出充分的解释”，我们自然不相信它有如此法力。在我们看来，这种宣言只是该学说不具有可证伪性的恰当诠释。从认识论角度看，严格地说，一种“可以解释一切”的学说，其实离一切都不能解

① 陆俭明：《配价语法理论和对外汉语教学》，《世界汉语教学》1997 年第 1 期。理论和实践的结合问题引起了我们的注意和思考。理论的升华和实践的需要是辅行相依的。

② 陆俭明：《新中国语言学 50 年》，《当代语言学》1999 年第 4 期。我们对陆先生的观点深表赞同，传统的学术思想需要提升，这样我们才能有学术上的民族品牌。

③ 参见邓云华、石毓智《论构式语法理论的进步与局限》，《外语教学与研究》2007 年第 5 期；陆俭明：《构式语法理论的价值与局限》，《南京师范大学文学院学报》2008 年第 1 期。

释也就不远了……相对于可能采用的语言形式，实际采用的语言形式永远只是冰山一角。如果把某种语言形式与某种认知心理直接挂钩，那么就难以解释语言形式潜在的、本质上的、多种多样的可能性。有充分的证据表明，任何语言形式，它的昨天与今天是不一样的，甚至很不一样；而且我们可以断言，它的明天与今天也会不一样，甚至很不一样。然而，我们却不能说，或至少还不能证明，人类的认知心理——这种"人类自然属性的产物"，它的昨天与今天有什么不同，它的明天与今天又会有什么两样。科学上，一种好的理论应有朴素的、简洁的品格，即所谓"道不远人"。它对外具有最大限度的普遍性，对内则具有最大限度的一致性。认知语言学在这两方面都存在不少问题。虽然认知语言学对"科学主义"啧有烦言，但我们依然相信，科学的理论和方法最终还是要在科学规范之下得到验证。①袁毓林较早地看到了这种追风研究的弊端，指出：认知语言学的许多语义描述和原型范畴基本上是建立在描写者的直觉基础上的，有的纯粹是为了共时描写的方便，并没有多少心理现实性。②郭锡良对姚文评议时说，姚振武的分析是对的，我们同某些人的争论就是选择从事实出发还是从主观概念出发来进行研究的争论，就是"是唯物还是唯心"之争。坚持辩证唯物主义和历史唯物主义，不搞唯心主义，这是我们的信念。③徐盛桓（2008）把这种研究状况看作研究"危机"，在论及科学研究的战略管理意识时指出：在我国，语言学研究"危机"最明显的表现是在"新"理论（不管在国外新不新，总之是新近涌进我国的）涌进而被认为威胁了正在流行的理论的流行程度之时。20世纪70年代，转换生成语法被介绍到我国。于是，外语界的研究言必称表层结构和深层结构，当然那时还谈不上研究的危机，可能只是一种"饥不择食"的表现。20世纪80年代，韩礼德的系统功能语言学在我国兴起，于是全国马上出现了一股"功能"热。对于很多人来说，这恐怕是为了应对生成语言学研究不好做所带来的"危机"。再过一些时间，语用学的各种理论被相继译介，于是刊物上关于

---

① 详见姚振武（2007）《"认知语言学"思考》。该文是时下对认知语言学进行冷思考的好文，使我们看到认知视域下所谓"原则"的诸多反例，由此我们对时下的研究的价值取向不禁倒吸了一口凉气。诚如盖楼，建材吹得再好，基础不牢都将建为"空中楼阁"。

② 参见袁毓林《关于认知语言学的理论思考》，《中国社会科学》1994年第1期。

③ 参见郭锡良《也谈语法化》，该文是其2007年8月14日在陕西师范大学参加第六届国际古汉语语法研讨会的发言稿。

作者的介绍中出现更多的功能—语用两栖专家。20 世纪 90 年代，认知语言学在我国外语界成为显学。于是，我们也看到许多研究语用和功能的学者也成了认知语言学家。[①] 语言学作为社会科学的一个重要分支是这样，其他分支也存在这样的问题。冯象的《法学三十年：重新出发》一文对我国法学的研究状况深表忧虑，认为中国法学界，至少其前沿精英，就应当在拒绝学术腐败的同时培养强烈的政治意识，关注民族利益，敢于担当历史责任，把理论探讨的出发点放在中国的现实中，而非任何“国际规范”。如此，法学才能够触及历史真理，即上升为史学而承载民族精神，加入一个伟大的学术传统。[②] 追风研究的结果是学术研究陷入被动，被人家牵着鼻子走，丧失了语言研究的主导权。也就是说，别人让你做什么你就得做什么，人家的目的会通过你的研究实现。长此以往的后果就是自己的家成为人家的生产基地了。

认清问题对于实施对策很重要，植根于汉语的语言学便是我们极力呼唤的，为此我们首先需要继承国学精粹。继承的要义之一便是要知道我们继承的是传统小学中的开明思想和严谨学风。潘文国先生发表了长达 27 页、4 万多字的文章呼唤建立汉语本土语言学，言之凿凿，令人欣慰。文中历陈了百年来汉语研究的成绩和失误并着重指出，汉语的研究已经有了一个世纪。站在新世纪之交回顾，我们在为一百年来取得的成就感到骄傲的同时，也深为汉语研究中存在的问题深感焦虑和不安。最大的问题是，迄今我们还没有自己的本体语言学，还没有自己的语言理论。放眼四望，许多民族都有自己的语言学：英国有英国的语言学，法国有法国的语言学，俄国有俄国的语言学，至于美国就更不用说了。但是，目前我们所看到的汉语语言学，从理论到方法，几乎都是外来的。古今汉语研究被分割成了几乎不相干的两块，传统的小学研究被撇在了语言研究之外。究其原因，过多地关注而且不断地引进（这当然是需要的）国外的理论与方法是一个原因；但更重要的是，我们在引进过程中不断放弃自我。[③] 继承的目的是为了发扬，而发扬是在学术争鸣中实现的。学术争鸣和实践尝试，可以使认识在广度和深度上有所进展。科学的魅力就在于它的可证伪性，

---

① 参见徐盛桓《语言学研究的因果观和方法论》，《中国外语》2008 年第 5 期。

② 参见冯象《法学三十年：重新出发》，《读书》2008 年第 9 期。

③ 参见潘文国《汉语研究：世纪之交的思考》，《语言研究》2000 年第 1 期。

也正是在不断证伪的过程中，科学得以自我发展和完善。在进行语言研究各层面的操作时，我们的大前提便是承认语言学是科学。波普尔（Karl R. Popper）认为科学之所以为科学，不是因为它可以找到支持自己的例证，而是因为它与一切非科学不同，要接受经验的检验，要在经验事实的发展中不断发现自己的错误，否定或证伪自己，以便过渡到更新的理论。就是说，科学恰恰就在于它的可证伪性。可证伪性和不可证伪性，就是一切科学与非科学的根本界限。[①] 这种观点从长期看是对的，但是科学家自有一套抵制证伪以坚持自己理论的对策——他可以面对大量反例而置之不理，只要科学界不发生信任危机，他就可以把理论修修补补以勉强应付新的经验事实，逃避证伪。如“燃素说”用燃素的“负重量”来应付金属煅烧后重量不减反而增加的现象。[②] 随着人们认识的加深，真相总是会到来的，尽管有时姗姗来迟。“燃素说”统治 18 世纪的化学界 70 多年后，氧气被发现，“燃素说”的真相大白于天下，也就退出了历史舞台。我们说，“燃素说”对科学的发展有相对的积极意义。一种学说要是伪科学，总有解释不了的地方，这便需要人们去寻求新的方法。当然，随着认识的深刻，可能新方法也会被推翻，这就是真理的相对性。理论越辩越明，历史上的论争姑且不论，石毓智《乔姆斯基语言学的哲学基础及其缺陷——兼论语言能力的合成观》一文引发的王强、司富珍等人的争论便使得学界对乔姆斯基学说的思考在广度和深度上得到了进一步深入。[③] 一种理论到底管不管用，到底在多大程度上管用，这些都足以引起讨论和论争，论争的好处便是加深了人们的认识。陆俭明在论及构式语法理论的价值与局限时，认为构式语法理论的前途难以预卜；但有一点可以肯定，无论是走得通还是走不通，都是伟大的成果——走得通，可以给语言研究再走出一条新路；走不通，可以给后来者树一块“此路不通”的警示牌。[④] 所以，发扬最终会使人们辨清真伪、去伪存真，使好的理论在争鸣中完善，使不好的理论遭到扬弃——这是学术良性循环之路径。

---

① 纪树立编译《科学知识进化论——波普尔科学哲学选集》，生活·读书·新知三联书店，1987，第 13 页。波普尔的证伪主义观在狭义上区分了科学与非科学。

② 纪树立编译《科学知识进化论——波普尔科学哲学选集》，生活·读书·新知三联书店，1987，第 14 页。

③ 参见王强（2006）《谈石毓智（2005）一文中的问题》、司富珍（2006）《语言学研究中的科学方法》，均载于《外国语》第 4 期。

④ 参见陆俭明《构式语法理论的价值与局限》，《南京师范大学文学院学报》2008 年第 1 期。

二　学术监控与普遍适用

学术监控是一种学术监督机制，是通过学术评价对学风和学术方向进行良性引导。王正元（2008）指出，语言学的研究过程同产品制造一样，需要随时监控，发现缺陷、非良性运转要即时修正、调整；但对学术研究的监控不是规定性的，也不是强制性的，而是研究者本人的学术反思和界内人士的积极评价和批评。这使膨胀的理论泡沫和学术霸权得到扼制，学术垃圾得以随时被清除，优良学术之风得以发扬，学术研究得以和谐发展。[①] 这种机制可视为学术机制的自我调节。调节主要是通过学术批评和权威话语平台的引导来实现。学术批评既要提倡批评者善意、关切的指出问题，又要提倡被批评者的学术包容，做到只对文不为人，做到他律和自律的统一。权威话语平台的引导主要依靠权威刊物等媒介的栏目设置、刊发倾向来引导学者的学术品位和学术潮流，这种引导存在着极大的学术风险，所以一定要做好专家论证、学术评议等认定工作。作为学术期刊界的新兵——《汉语学报》（教育部主管，华中师范大学主办）在2004年第1期开辟专栏，围绕邢福义先生1995年在《中国语文》上发表的《小句中枢说》一文展开了系列性讨论，历时一年半。最终成果于2006年由东北师范大学出版社以同题名结集出版，社会反响强烈，使学界对小句中枢理论的认识得到了深化，此可视为学术引导的成功范例。

普遍适用不能理解为绝对适用，这里有两个层面的含义：一是指学术成果不能故弄玄虚，要让大众能够根据事实做出基本的正误判断；一是学术成果要有一定的价值，或是理论上的，或是应用上的。邢福义先生给笔者说起过当年的一件小事：有一次和著名语言学家邢公畹先生谈及时下文章的短长时，邢公畹先生表示出深切的忧虑，因为有些文章故弄玄虚地玩弄术语、偷换概念让人不知所云。后来，邢福义先生在指导学生时把“读得懂、信得过、用得上”作为评测文章好坏的三条重要标准。读得懂，这是文章写作的第一要务。文章是为了给读者看的，如果你的受众读不懂，除了受众自身的素质差距外，文章本身的问题恐怕也不能逃脱干系。这样，文章的好坏自然就彰显了，谁也不能说读不懂的文章是好文章。读得懂，就是要求研究者把复杂的道理进行简单化、形象化的描摹，不好表述

① 参见王正元《论语言学研究的学术视角》，《中国外语》2008年第4期。

的就多用事例阐明。信得过，就是文章要真正做到"例不十，法不立"，这和相声创作源于生活取法类似。用得上，就是文章写作一定要联系实际，不写空妄文章，不写虚灵文章。在专业化和规范化的旗号下，人们致力于对衣、食、住、行等具体社会现象的探讨，或者专注于对思想者和理论文献的个案研究，学术视野变得越来越狭隘，趣味也变得越来越猥琐。书袋子被等同于学问本身，注释的长度成为渊博的标志。某些专家局促在自己的那一方"井田"里精耕细作，把大路朝天的知识国度搞成了阡陌纵横的特权世界。本应是关乎天人的知识探求变成了少数人自得其乐的智力游戏，变成了像农民凭产量定绩效的简单的脑力劳动。这不可避免地使学术研究陷入无聊和沉闷之境，并且远离了社会现实的需要，从而丧失了对社会历史之深层演变的解释能力。① 使简单的东西复杂化不能证明学术能力高，而使复杂的东西变得通活鲜透则鲜有人可以做到，但这无疑是有意义的。

第四节　研究取向的民族品牌意识

一　何为研究取向

研究取向是以谁为主和为谁服务的问题。自1898年《马氏文通》发表以来，汉语研究在中国化或是本土化的道路上式微，这直接导致汉语言语言学在世界语言学中一直担当配角。《马氏文通》肇始了汉语研究崭新的系统性开端，却也使汉语研究一开始便深受西方语法理论的影响。潘文国指出，马建忠以"中"就"西"，并以语法为突破口，把汉语研究带上了世界语言研究的轨道。此后，汉语研究的"现代化"就是在不断与西方"接轨"、以西方模式来进行改造的过程中运行着。② 乔姆斯基的转换生成语法以英语语言材料为主，是为其本民族的语言应用服务的。由于其打着UG的旗号，所以必须辅之以其他语言，在很大程度上并没有也不可能把其他语言现象系统化地吸收进去。碎片化后的其他语言现象附着在UG上难免使该假说存在诸多漏洞，这也是其不断得到修正的原因。石毓智（2006）认为，要真正了解乔姆斯基语言学的得失，最重

① 参见李宪堂《思想的沉重与无奈》，《中国图书评论》2008年第9期。

② 参见潘文国《汉语研究：世纪之交的思考》，《语言研究》2000年第1期。

要的是具备两个条件：一是对现代科学思想和科学发展史的学习掌握；二是对自己母语的系统研究。前一种知识可以帮助我们判断一种理论符不符合科学标准，后一种知识则帮助我们知道一种理论是否符合语言本性。我们对乔氏理论的看法就是基于这两点。对语言学理论的思考并不是任何国家学者的特权，我们中国学者也完全可以根据对汉语事实的调查，遵循一般的科学方法，提出具有普遍意义的语言学理论。我们不能总是把理论的发明权拱手让给别人，而觉得我们自己只配用汉语材料给人家的理论做诠释、印证的工作。在中国语言学理论建设上，我们应该避免两“妄”——既不要妄自菲薄，也不要妄自尊大。我们朝这个方向不断努力，就会逐渐树立起我们对语言学理论建设的自信心。[①]语言理论的作用在于为更多的事实服务。潘文国指出，冯胜利在解决被动句的问题上存在实际为理论服务的根本问题，其过程就是从“普遍语法”出发，经过种种转弯抹角的巧说，最后“证明”了“普遍语法”的正确。[②]冯的研究涉及“被”的问题，在汉语中，“被”是介词已没什么争议，即使其存在着语法化过程，为了某种研究目的便把它定位为“动词”也确实不妥。汉语研究一定要走“以我为主”的路线，与国际学术的接轨要深深刻上汉语符号，要有学术独立性，否则在理论上要么附庸要么骑墙，在事实的描写上更无精到之处了。所以，接轨的前提便是对自身要有全面了解。学术上的争鸣大可不必上升到“主义”层面，我们力主学术要有自己的民族品牌，但我们绝不妄自尊大。大声疾呼民族主义未免有些狭隘，我们不想打着主义的旗号标榜什么，只需踏踏实实做好本族语言事实的描写和解释工作，为语言的共性研究增加特有的汉语规律即可。诚如科姆里（1989）所言，了解语言共性必须要对每种语言进行充分的、详尽的个体研究。乔姆斯基也认为，了解语言共性的最好方法是对一种语言做详尽的研究。[③] 虽然潘文国认定乔姆斯基提及的这一种语言为英语，但我们也有理由把这种语言阐释为其他研究者的母语。邢福义（2004）在接受《光明日报》访谈时指出，当前，中国语言学应该以“能够跟国外理论平等对视”作为第一追求。了解和引进国外语言学理

---

① 参见石毓智《对乔姆斯基语言学科学性的质疑——回应王强和 Chomsky 的批评》，《外国语》2006 年第 4 期。

② 参见潘文国《汉语研究：世纪之交的思考》，《语言研究》2000 年第 1 期。

③ 参见潘文国《汉语研究：世纪之交的思考》，《语言研究》2000 年第 1 期。

论很有必要；但是，不能总是跟着跑。只有努力摆脱附庸地位，在深入研究汉语特点的基础之上，提出能够跟别人平等对话、相互交流的学说，中国的语言研究才能真正做到“同国际接轨”。须知，接轨是双向的。要跟强者接轨，自己必须成为强者。小羊，不可能和狼“接轨”！邢先生的话不由得让我们想起“落后就要挨打”来，你落后的话，就没有人和你接轨，只有侵略——只不过以前是武力的，现在是文化的；以前是大张旗鼓的，现在是温润渗透的。

向西方学习绝对不是崇洋媚外，更不是为了显示我们的博大。因为学习是有选择的学习，有目的的学习。如果是毫无目的的学习，最后学得越多恐怕为别人准备的嫁妆也就越多。所以，我们认为学习西方的本质在于对本民族文化传统的尊敬和认同。

二　何为民族品牌

民族品牌是在研究汉语时要有贴“中国化”标签的意识，只有民族的才是世界的。这和商品的品牌类似，如“海尔电器”正是靠自主创新才完成世界化的。学术的民族品牌需要众多学术团体集体打造，单靠个人奋斗恐怕很难完成。邢福义指出，形成汉语语法研究的中国学派，是创立中国特色汉语语法学的基本条件和突出标志。在这一点上，我们有明显的弱点，这就是：原创性理论不多，学派意识不浓，没有真正形成“百家争鸣”的繁荣局面。[①] 其实，国内汉语研究已经形成了华中、上海和北京等几个重要板块，各个板块均有领军人物、独到的理论，可谓特色鲜明。如华中学派的“小句中枢理论、两个三角理论和句管控理论”、上海学派的“三个平面学说”等影响深远。但是，学术成果之间的合力很难形成，诸多成果存在着重复建设。如计算语言学，由于缺少沟通、信息不公开或缺少成果展示，实践性成果共享的障碍明显。如语料库的共享，北京大学在网上的语料库更新速度较慢且文体较杂，给检索带来诸多不便。因此，“中国化”民族品牌的语言学理论在国际语言学界话语力乏。

三　加强语言输出的“质”

中国在世界上的地位日益提高，让世界了解中国便成为迫在眉睫的现

① 参见邢福义《语言学科发展三互补》，《汉语学报》2005 年第 2 期。

实需要，语言输出无疑是文化沟通的一个重要的、有效的途径。在学理层面，鲁国尧已有论述：中外史实证明，国家之强盛必然带来其学术文化的强势，即“国力学术相应律”。[①] 作为国家汉语推广政策的执行机构，截至2008年底，国家汉办已经在世界各地开办了200多所孔子学院，为中西文化交流开辟了通衢。但是，从近几年国家汉办公派至国外的汉语教师的工作单位背景看，多为中学教师，是否能把汉语研究成果转换成教学成果还值得商榷。即使派出的大学教师也多是教学型的，能顾及研究的还不多见。孔子学院作为以教学为主的机构应逐渐加强研究成果的转化能力，甚至应把教学型派出调整为研究型派出，即使短时期内还不现实，毕竟国外汉语教师缺口太大，但从战略规划上也值得考虑。国内的对外汉语教学与国外很不一样，国内的是一种渗透式教学，与国外汉语教学的本质区别是目的语环境和非目的语环境的区别。若孔子学院能够有专设的研究机构，便有可能提高语言输出的“质”，同时也会对国内的汉语研究起到带动作用。

第五节　结语

语言研究者对普通语言学成果的关注本是自身发展的要义，但跟着国外理论转必然会使中国语言学成为西方语言学的“注脚”。[②] 在盛产理论的时代，今天的理论很快就会成为“明日黄花”。在信息时代，理论创新与理论颠覆往往是同步进行的；但理论如果真的可以批量生产，也就不可靠了。生命力强的语言观只能是语言事实观（群众观），这在学理层面是经得起推敲的。因为最大的学理就是“事实胜于雄辩”，[③] 只有在这样的事实归纳下得到的规律才可能顽强生存下去。一个国家在经济上不发展民族产业，依靠服务业创造价值总会流于泡沫，诚如美国次贷危机引起的金融危机中的冰岛；一个国家的学术没有强大的民族品牌，也必将在轻歌曼舞中华而不实。这不是闭关锁国、封闭自守，即使在国外，路易莎·马飞（2003）也高呼：语言学界倾向于将研究重点由建立和描述（基于英语和

① 参见鲁国尧《“徐通锵难题”之“徐解”和“鲁解”》，《湖北大学学报》2008年第3期。

② 这是邢福义先生在与笔者的通信中提到的。

③ 邢福义先生在《汉藏语学报》创刊笔谈中曾提到“事实胜于雄辩”这句格言。多摆事实，用事实说话，可能是最受读者欢迎的。

其他几种得到充分描述的主要语言）抽象语法模型重新转移到“老式”工作上来——进行语言田野调查，尽力描述和记录世界上的濒危语言，世世代代保存它们。[①] 这虽说的是濒危语言的事，但如果我们不未雨绸缪，不把我们的汉语事实描写清楚，我们留给后人的将是残缺的历史。中国古代文明发达是不争的事实，如今国力强盛，我们有理由相信：凭借着中国人的聪明才智，可以在学术上跻身于世界民族之林。诚如邢福义先生在接受《光明日报》（2004 年 10 月 22 日）访谈时说的那样：中国人，能够干出令世界震惊的任何事情。现在，中国已经进入了民族复兴的伟大时代，我们也应该大有作为。我深信，中国正在阔步走向世界，中国的语言学也必将阔步走向世界。

国内众多出版社的学术名著引进工作开展得如火如荼，如世界图书出版公司已引进语言学外版图书多种，并形成了一定的品牌效应。上海外语教育出版社、外语教学与研究出版社、北京大学出版社都在极力打造国外图书的中国品牌。在可预见的将来，西方语言学将更多地进入中国学界，这对学术繁荣、学术交流会起一定的积极作用，同时又给学者，尤其是给青年学者带来了诸多困惑，外版书看抑或不看，甚或是有选择地看，都是云里雾里。无奈之下，大多数学者只能在学术刊物后所附参考文献的引领下潦草读过，至于是否可以致用则姑且不论。最热闹的不一定是最前沿的，也不一定是流传时间最持久、传播范围最广的，可能就是过眼烟云。所以，我们在汲取外来文化养料之前还应读读经典——国外的著作，类似索绪尔的《普通语言学教程》、布隆菲尔德的《语言论》；本土的经典著作，如马建忠的《马氏文通》、黎锦熙的《新著国语文法》、吕叔湘的《汉语语法分析问题》、朱德熙的《语法讲义》、“20 世纪现代汉语语法八大家文集”等。

---

① 路易莎·马飞：《濒危语言 濒危知识》，黄觉译，《国际社会科学》2003 年第 3 期。

参考文献

北京大学中文系编《现代汉语》，商务印书馆，1993。

曹逢甫：《主题在汉语中的功能研究：迈向语段分析的第一步》，语文出版社，1995。

蔡镜浩：《魏晋南北朝词语例释》，江苏古籍出版社，1990。

蔡平、丛唤声：《如何让新闻标题“明眸善睐”》，《新闻传播》2009年第1期。

《古代汉语词典》编写组编《古代汉语词典》，商务印书馆，2007。

储诚志：《〈中国文法要略〉今评》，《世界汉语教学》1988年第1期。

储泽祥：《涵括、细节范畴与汉语语法研究》，载《21世纪的中国语言学》，商务印书馆，2004。

《辞海》编辑委员会编《辞海》（缩印本），上海辞书出版社，2000。

丁声树等：《现代汉语语法讲话》，商务印书馆，1961。

董秀芳：《词汇化：汉语双音词的衍生和发展》，四川民族出版社，2002。

邓云华、石毓智：《论构式语法理论的进步与局限》，《外语教学与研究》2007年第5期。

段业辉：《中古汉语助动词研究》，南京师范大学出版社，2002。

范晓：《汉语的句子类型》，书海出版社，1998。

方梅：《篇章语法与汉语研究》，载刘丹青主编《语言学前沿与汉语研究》，上海教育出版社，2005（a）。

方梅：《篇章语法与汉语篇章语法研究》，《中国社会科学》2005年第6期（b）。

房玉清：《实用汉语语法》，北京语言学院出版社，1992。

冯胜利：《汉语的韵律、词法与句法》，北京大学出版社，1997。

高书贵：《“宁可……也不……”句式探析》，《天津师范大学学报》1989年第5期。

高书贵：《“宁可”类句式对取舍项语义结构形态的变异要求》，《南开语言学刊》2005年第1期。

葛佳才：《东汉副词系统研究》，岳麓书社，2005。

郭生：《在突破口上——邢福义谈建立中国特色的汉语语法学》，《光明日报》2004年10月22日，第C1版。

郭锡良：《也谈语法化》，2007，未刊。

郭志良：《现代汉语转折词语研究》，北京语言文化大学出版社，1999。

何宛屏：《说“宁可”》，《中国语文》2001年第1期。

何亚南：《〈三国志〉和裴注句法专题研究》，南京师范大学出版社，2001。

洪成玉：《缺乏汉语史根基的所谓新观点——评〈从所谓“补语”谈古代汉语语法学体系的参照系〉》，《首都师范大学学报》2007年第4期。

侯学超主编《现代汉语虚词词典》，北京大学出版社，1998。

胡明扬：《拉波夫和社会语言学》，《世界汉语教学》2001年第1期。

胡裕树主编《现代汉语》，上海教育出版社，1995。

胡壮麟等：《系统功能语言学概论》，北京大学出版社，2005。

黄伯荣、廖序东主编《现代汉语》，高等教育出版社，1997。

黄成稳：《实用现代汉语语法》，知识出版社，2003。

黄国文：《语篇分析概要》，湖南教育出版社，1988。

纪树立编译《科学知识进化论——波普尔科学哲学选集》，生活·读书·新知三联书店，1987。

江蓝生，1992，《疑问副词“颇、可、还”》，《近代汉语虚词研究》，语文出版社，又载《近代汉语探源》，商务印书馆，2000。

蒋冀骋、吴福祥：《近代汉语纲要》，湖南教育出版社，1997。

蒋绍愚：《古汉语词汇纲要》，北京大学出版社，1989。

蒋绍愚、曹广顺主编《近代汉语语法史研究综述》，商务印书馆，2005。

蒋绍愚：《近代汉语研究概要》，北京大学出版社，2005。

居志良：《试谈语法修辞结合教学——从“宁可……也不……”谈起》，《中国语文》1979年第1期。

衔景行：《汉语研究与人文精神——关于中国语言学道路的思索》，《中国语言学》，山东教育出版社，2008。

李光摩：《论“截搭题”》，《学术研究》2006年第4期。

李明：《两汉时期的助动词系统》，《语言学论丛》（第25辑），商务印书馆，2002。

李宪堂：《思想的沉重与无奈》，《中国图书评论》2008年第9期。

李宇明：《汉语语法“本位”述评》，《世界汉语教学》1997年第1期。

李宗江：《关于语法化的并存原则》，《语言研究》2002年第4期。

黎锦熙：《新著国语文法》，商务印书馆，1992。

刘丹青：《语法化中的更新、强化与叠加》，《语言研究》2001年第2期。

刘坚、曹广顺、吴福祥：《论诱发汉语词汇语法化的若干因素》，《中国语文》1995年第3期。

刘振前、邢梅萍：《四字格成语的音韵对称与认知》，《语言教学与研究》2003年第2期。

刘开骅：《表询问意义的语气副词“岂”、“宁”及其来源》，《广西社会科学》2005年第10期。

刘月华等：《实用现代汉语语法》，商务印书馆，2001。

鲁国尧：《“徐通锵难题”之“徐解”和“鲁解”》，《湖北大学学报》2008年第2期。

鲁忠义、彭聃龄：《语篇理解研究》，北京语言大学出版社，2003。

陆丙甫、金立鑫：《关于多重复句的层次问题》，《汉语学习》1988年第5期。

陆俭明：《配价语法理论和对外汉语教学》，《世界汉语教学》1997年第1期。

陆俭明：《汉语语法研究所面临的挑战》，《世界汉语教学》1998年第4期。

陆俭明：《新中国语言学50年》，《当代语言学》1999年第4期。

陆俭明：《汉语语法研究的必由之路》，《语言文字应用》2005年第3期。

陆俭明：《构式语法理论的价值与局限》，《南京师范大学文学院学报》2008年第1期。

陆庆和：《实用对外汉语教学语法》，北京大学出版社，2006。

罗进军:《“如果说p的话，q”类有标假设复句检视》,《汉语学习》2008年第5期。

罗日新:《应用同一性原则看多重复句的“两解”现象》,《汉语学习》1988年第3期。

吕冀平:《汉语语法基础》，商务印书馆，2000。

吕叔湘主编《现代汉语八百词》，商务印书馆，1980。

吕叔湘:《中国文法要略》，商务印书馆，1982。

吕叔湘:《吕叔湘文集》，商务印书馆，1990。

吕叔湘、朱德熙:《语法修辞讲话》，中国青年出版社，1952。

马建忠:《马氏文通》，商务印书馆，1983。

马景仑主编《汉语通论》，江苏古籍出版社，2002。

马真:《简明实用汉语语法教程》，北京大学出版社，1997。

孟凯:《汉语让步复句的演变》，硕士学位论文，吉林大学，2002。

潘文国:《汉语研究：世纪之交的思考》,《语言研究》2000年第1期。

彭利贞:《现代汉语情态研究》，中国社会科学出版社，2007 。

屈承熹:《汉语篇章语法》，北京语言大学出版社，2006。

任绍曾:《叶斯柏森语言观研析》,《外语教学与研究》2004年第7期。

邵霭吉:《〈马氏文通〉句法理论研究》，中国社会科学出版社，2005。

邵敬敏、周有斌:《“宁可”格式研究及其方法论意义》,《语言教学与研究》2003年第5期。

邵敬敏:《建立以语义特征为标志的汉语复句教学新系统刍议》,《世界汉语教学》2007年第4期。

沈家煊:《“语法化”研究综观》,《外语教学与研究》1994年第4期。

沈家煊:《“糅合”和“截搭”》,《世界汉语教学》2006年第4期。

沈开木:《句法的层次性、递归性及其在多重复句分析中的利用》,《汉语学习》1982年第5期。

史金生:《语气副词的范围、类别和共现顺序》,《中国语文》2003年第3期。

石毓智:《汉语发展史上的双音化趋势和动补结构的诞生——语音变化对语法发展的影响》,《语言研究》2002年第1期。

石毓智:《对乔姆斯基语言学科学性的质疑——回应王强和Chomsky

的批评》，《外国语》2006 年第 4 期。

司富珍：《语言学研究中的科学方法》，《外国语》2006 年第 4 期。

孙菊芬：《副词“难道”的形成》，《语言教学与研究》2007 年第 4 期。

孙良明：《从汉语动词特点谈汉语无单句、复句之分——再论以句法结构为纲统一词组和句子结构分析》，《山东师范大学学报》1983 年第 1 期。

孙云：《谈谈即使句、宁可句、无论句》，《内蒙古师范大学学报》1983 年第 2 期。

商务印书馆辞书研究中心编《古今汉语字典》，商务印书馆，2003。

汤军：《标语口号的潜意识》，《社会学家茶座》2008 年第 2 期。

滕延江：《现代汉语话题化移位的认知理据》，《鲁东大学学报》2007 年第 3 期。

田小琳编《句群和句群教学论文集》，新蕾出版社，1986。

王灿龙：《“宁可”的语用分析及其他》，《中国语文》2003 年第 3 期。

王灿龙：《词汇化二例——兼谈词汇化和语法化的关系》，《当代语言学》2005 年第 3 期。

王锷：《〈礼记〉成书考》，博士学位论文，西北师范大学，2004。

王海棻等编《古汉语虚词词典》，北京大学出版社，1999。

王健伦：《多重复句的层次分析与检验》，《汉语学习》1988 年第 3 期。

王静：《现代汉语动态话题链的组织规律》，《语言教学与研究》2006 年第 2 期。

王力：《王力文集》，山东教育出版社，1984。

王力：《中国现代语法》，商务印书馆，1985。

王力主编《王力古汉语字典》，中华书局，2000。

王敏红：《〈太平经〉疑问句研究》，《古汉语研究》2007 年第 1 期。

王强：《谈石毓智（2005）一文中的问题》，《外国语》2006 年第 4 期。

王天佑：《汉语取舍范畴的认知研究》，山西人民出版社，2007。

王维贤等：《现代汉语复句新解》，华东师范大学出版社，1994。

王维贤：《现代汉语语法理论研究》，语文出版社，1997。

王缃：《多重复句之结构与层次辨析》，《陕西理工学院学报》1983 年第 2 期。

王小郴：《从预设角度看“与其”句和“宁可”句的区别和归类》，

《零陵学院学报》2005 年第 3 期。

王彦杰：《“宁可”句式的语义选择原则及其语篇否定功能》，同等学力硕士学位论文，北京语言大学，2002。

王义娜：《“would rather”和“宁可”的语义对比》，《外语与外语教学》2003 年第 8 期。

王寅：《事件域认知模型及其解释力》，《现代外语》2005 年第 2 期。

王正元：《论语言学研究的学术视角》，《中国外语》2008 年第 4 期。

吴启主：《多重复句和句群的区别》，《岳阳师专学报》1980 年第 4 期。

吴启主：《汉语构件语法语篇学》，岳麓书社，2002。

吴为善：《双音化、语法化和韵律词的再分析》，《汉语学习》2003 年第 2 期。

吴为章、田小琳：《汉语句群》，商务印书馆，2000。

肖川：《思想家与学术明星》，《青年教师》2007 年第 9 期。

席嘉：《近代汉语连词研究》，博士学位论文，武汉大学，2006。

邢福义：《谈谈多重复句的分析》，《语文教学与研究》1979 年第 1 期。

邢福义：《现代汉语语法知识》，湖北人民出版社，1980。

邢福义：《“但”类词对几种复句的转化作用》，《中国语文》1983 年第 3 期。

邢福义《复句与关系词语》，黑龙江人民出版社，1985。

邢福义：《现代汉语语法研究的两个“三角”》，《云梦学刊》1990 年第 1 期。

邢福义：《汉语复句格式对复句语义关系的反制约》，《中国语文》1991 年第 1 期。

邢福义主编《现代汉语》，高等教育出版社，1991。

邢福义：《现代汉语转折句式》，《世界汉语教学》1992 年第 2 期。

邢福义：《治学之道学风先导》，《世界汉语教学》1993 年第 4 期。

邢福义：《小句中枢说》，《中国语文》1995 年第 6 期。

邢福义：《汉语语法学》，东北师范大学出版社，1996。

邢福义：《汉语语法结构的兼容性和趋简性》，《世界汉语教学》1997 年第 3 期。

邢福义：《中国语言学的发展——读许嘉璐先生的信》，《语言文字应用》1999 年第 3 期。

邢福义:《语法研究中“两个三角”的验证》,《华中师范大学学报》2000年第5期。

邢福义:《说“句管控”》,《方言》2001年第2期。

邢福义:《汉语复句研究》,商务印书馆,2001。

邢福义:《汉语语法学》,东北师范大学出版社,2002。

邢福义:《词类辨难》,商务印书馆,2003。

邢福义:《研究观测点的一种选择——写在“小句中枢问题讨论之前”》,《汉语学报》2004年第1期。

邢福义:《语言学科发展三互补》,《汉语学报》2005年第2期。

邢福义等:《祝贺·希望·建议——〈汉藏语学报〉创刊专家笔谈》,《汉藏语学报》2007年第1期。

邢福义、汪国胜主编《中国高校哲学社会科学发展报告(1978~2008)语言学》,广西师范大学出版社,2008。

邢欣:《从X-阶标理论对小句的分析看小句中枢说》,《汉语学报》2005年第4期。

熊娟:《汉译佛典中的“所可”》,《西南交通大学学报》2008年第1期。

熊寅谷:《重读〈马克思主义与语言学问题〉》,《贵州大学学报》1991年第1期。

徐杰:《词组与小句之间的差异及其蕴含的理论意义》,《汉语学报》2005年第3期。

徐盛桓:《语言学研究的因果观和方法论》,《中国外语》2008年第5期。

徐阳春:《现代汉语复句句式研究》,中国社会科学出版社,2002。

徐阳春、侯友兰:《论让步》,《山东师范大学学报》2005年第1期。

许余龙:《也谈语言学理论与语言事实》,《外国语》2000年第3期。

姚亚平:《多重复句的分析模型——兼谈语法分析的作用与目的》,《汉语学习》1990年第3期。

姚振武:《“认知语言学”思考》,《语文研究》2007年第2期。

杨荣祥:《近代汉语副词研究》,商务印书馆,2005。

杨义：《重绘中国文学地图 创造大国文化气象》，《中国社会科学文摘》2007年第5期。

杨玉玲：《谈“宁可……也……”的语用条件和教学》，《首都师范大学学报》2000年第S3期。

叶火明：《谈“宁可”》，《高等函授学报》1996年第4期。

易孟醇：《先秦语法》，湖南大学出版社，2005。

尹蔚：《多维视域下的有标选择复句研究》，博士学位论文，华中师范大学，2008。

遇笑容、曹广顺：《中古汉语中的“VP不”式疑问句》，《纪念王力先生百年诞辰学术论文集》，商务印书馆，2002。

袁文彬：《马克思主义语言哲学问题》，《安徽大学学报》2007年第1期。

袁毓林：《关于认知语言学的理论思考》《中国社会科学》1994年第1期。

袁毓林《词类范畴的家族相似性》，《中国社会科学》1995年第1期。

张宝胜：《“宁可”复句的语义特征》，《语言研究》2007年第1期。

张斌：《汉语语法学》，上海教育出版社，1998。

张斌主编《新编现代汉语》，复旦大学出版社，2002。

张斌主编《现代汉语虚词词典》，商务印书馆，2003。

张春兴、黄希庭：《人格心理学》，浙江教育出版社，2002。

张春兴、时蓉华：《社会心理学》，浙江教育出版社，1998。

张黎：《“有意”和“无意”——汉语“镜像”表达中的意合范畴》，《世界汉语教学》2003年第3期。

张谊生：《现代汉语虚词》，华东师范大学出版社，2000。

张志公：《汉语知识》，人民教育出版社，1959。

张志公等：《语法学习讲话》，上海教育出版社，1962。

张志公：《张志公汉语语法教学论著选》，山西教育出版社，1997。

张中行：《文言和白话》，黑龙江人民出版社，1988。

赵恩芳：《现代汉语复句研究》，山东教育出版社，1998。

赵淑华：《对外汉语语法、词汇教学中的语用分析问题》，载《对外汉语语法探索》，中国社会科学出版社，2003。

赵元任：《汉语口语语法》，商务印书馆，1979。

郑贵友：《汉语篇章分析的兴起与发展》，《汉语学习》2005年第5期。

中国社会科学院语言研究所古代汉语研究室编《古代汉语虚词词典》，商务印书馆，1999。

中国社会科学院语言研究所词典编辑室编《现代汉语词典》（第5版），商务印书馆，2008。

周刚：《连词与相关问题》，安徽教育出版社，2002。

周有斌：《"宁可"式有关的若干问题》，《淮北煤炭师范学院学报》2004年第1期（a）。

周有斌：《可转换成"宁可B，也不A"的"与其A，不如B"的类型及其他》，《语言研究》2004年第4期（b）。

周有斌：《现代汉语选择范畴研究》，广西师范大学出版社，2004（c）。

〔法〕丹·斯珀波、迪埃珏·威尔逊：《关联：交际与认知》，蒋严译，中国社会科学出版社，2008。

〔美〕布龙菲尔德：《语言论》，袁家骅、赵世开、甘世福译，商务印书馆，1980。

〔美〕Robert J. Sternberg：《认知心理学》，杨炳均、陈燕、邹枝玲译，黄希庭校，中国轻工业出版社，2006。

〔美〕John A. Hawkins, *Efficiency and Complexity in Grammars*，陆丙甫、蔡振光导读，世界图书出版公司北京公司，2010。

〔日〕太田辰夫：《中国语历史文法》，蒋绍愚、徐昌华译，北京大学出版社，2003。

〔英〕D. A. Cruse, *Lexical Semantics*，董秀芳导读，世界图书出版公司北京公司，2009。

路易莎·马飞：《濒危语言 濒危知识》，《国际社会科学》2003年第3期。

Bolinger, Dwright, "Linguistic Science and Linguistic Engineering," *Word* 16 (1960).

Brown, G. & Yule, G., *Discourse Analysis* (London: Cambridge University Press, 1983).

Chao, Y. R., *A Grammar of Spoken Chinese* (Berkeley and Los Angeles: University of California Press, 1968).

Chen, M. Y., "Metrical Structure: Evidence from Chinese Poetry," Linguistics Inquiry10 (1979).

Croft, William, *Typology and Universals* (Cambridge: Cambridge University Press, 1990).

Givón, T., "Iconicity, Isomorphism and Non – Arbitrary Coding in Syntax," in Haiman (ed.), *Iconicity in Syntax* (Amsterdam: John Benjamins, 1985).

Halliday, M. A. K., *An Introduction to Functional Grammar* (London: Edward Arnold, 1985).

Haspelmath, Martin, "Does Grammaticalization Need Reanalysis?" *Studies in Language* 22 (1998).

Hopper, P. J. & Traugott, E. C., *Grammaticalization* (Cambridge: Cambridge University Press, 1993).

Jackendoff, R., *Semantic Structures* (Cambridge: MIT Press, 1990).

Li, Charles N. and Sandra A. Thompson, *Mandarin Chinese——A Functional Reference Grammar* (Berkeley and Los Angeles: University of California Press, 1987).

Langacker, R. W., "Syntactic Reanalysis," In Lied, C. ed., *Mechanisms of Syntactic Change* (Austin: University of Texas Press, 1977).

Light, Timothy, "Word Order and Word Change in Mandarin Chinese," *Journal of Chinese Linguistics* 6 (1979).

Lyons, J., *Semantics* (Cambridge: Cambridge University Press, 1977).

O'Neil, W., *Linguisttics and Applied Linguistics* (Jinan: Shandong University, 1983).

Palmer, F. R., *Mood and Modality* (Cambridge: Cambridge University Press, 1986).

Saeed, John Ibrahim, *Semantics* (Oxford: Blackwell, 1997).

Searle, John, *Speech Acts* (Cambridge: Cambridge University Press, 1969).

Stubbs, M., *Text and Corpus Analysis* (Oxford: Blackwell Publishers, 1996).

Sweetser, Eve, "Mental Spaces and Conditional Constructions," in

Fauconnier, G. & E. Sweetser eds., *Spaces, Worlds, and Grammar* (Chicago: University of Chicago Press, 1996).

Taglicht, J., "Intonation and Assessment of Information," *Journal of Linguistics* 18 (1982).

附　录

Ⅰ　北京大学 CCl 语料库“与其……宁可（类）……”格式总表

序　号	语言材料例说
1	与其支付召开实验室调查会的费用，研究人员往往倒宁愿去采访消费者中有代表性的抽样调查对象，以了解他们的偏好。
2	近代学者王国维则进而明确提出，音转主要在于双声，并认为“与其谓‘古韵明而后诂训明’，毋宁谓‘古双声明而后诂训明’”。
3	田径是运动之母，它是人的力量、速度、耐力、柔韧、灵敏等综合素质的显示，田径场上的竞技与其说是对参赛选手高下的测试，毋宁说它是衡量一个民族、一个群体精神风貌的天尺。因此，在这个问题上，与其改造人，勿宁改造食品。
4	与其说是由于我的创作质量的总体稳定，毋宁说是由于我不曾怎样忘乎所以地张狂过。
5	这场爱情与其说是一次爱，毋宁说是一个爱的梦，一个幸福的“幻影”。
6	在江阴要塞起义、解放江南的战役中，与其说是我起了一些作用，毋宁说是绮云同志至死不已为党所做的贡献。
7	淘书，淘好书，每每怀了惴惴不安而又略有所盼的心情，于灯火阑珊处，就一盏迷茫的路灯，搜寻一册残书，一份欣喜，一阵悠长的心跳；与其说是为了书价的低贱，勿宁说是等待一种可遇而不可求的因缘吧？
8	但“笑的艺术”使观众笑不起来，这与其说是喜剧的悲哀，毋宁说是某些电影制作人的悲哀。固然，不乏声称电影、电视对小说的构成威胁的臆测，但这没有多少证据，相反，影视创作与小说的关系与其说构成一种威胁，毋宁说对小说具有巨大的依赖性。
9	与其让民工自发、盲目地到外地打工，勿宁由政府出面将其组织为有秩序的对外劳务输出。

续表

序 号	语言材料例说
10	我们讨论 21 世纪的儒学发展，与其说是要为 21 世纪儒学发展勾勒一幅图，毋宁说主要是提出某种期望、追求以及对我们应尽责任的理解。
11	与其说它是一条创造生命、施以恩泽的母亲河，毋宁说它是一条暴怒的巨龙。
12	另外，与其让这些富豪在卡拉 OK、酒店包厢中纸醉金迷，毋宁在贵族俱乐部中把他们包装成真正的“贵族”——精神和物质的富有者。
13	但是，从其基本精神上看，儒学以“仁”为内在精神的礼乐文化，与其说是否定人的尊严和价值，毋宁说是重视挺立人的主体意识，提升人的精神境界，并且从行为特征上铸造了中华民族温、良、恭、俭、让的整体风貌。
14	的确，《伊索寓言》的题材内容和写作手法，在他以后的寓言家们的寓言著作中，与其说是“蛛丝马迹”地可以看到它们的来龙去脉，毋宁说是可以顺藤摸瓜地找到它们的根底。
15	与其靠幻想而生存，毋宁为真理而死灭……可是，艺术，难道不也是一种幻想吗？
16	作者在这里与其说是塑造一个廉洁奉公的清官的形象，勿宁说是想通过这个人物更深地挖掘促使伊戈尔成为“新的社会典型”的社会原因。
17	他继承了古代开明政治家反对“防民之口”（《召公谏厉王止谤》）的优良传统，主张“与其杀不辜，宁失不经”，即可杀可不杀者不杀，可治罪可不治罪者不治罪。
18	因此，防治官僚政治的釜底抽薪之法，官僚主义的致命弱点，从长期来看，与其说在官的方面，毋宁说在民的方面。
19	它，与其说是自然科学的胜利，毋宁说是人类自觉意志的胜利。
20	那是因为由此引起的联想：觉得《历程》这本书，与其说是中国美学史的余论，还勿宁说它是一部别具特色的中国美学史专著更为允当。
21	就他的出身而论（与其说是官僚，毋宁说是职员），黑格尔也属于非贵族的市民等级。
22	因此，《边城》、《长河》与其说是湘西社会生活的真实写照，勿宁说是湘西社会历史演变和作者审美理想的艺术象征。
23	我看达夫的使命依然是做个文艺作家，与其为俗吏式的事务所纠缠，宁应随时随地去丰富自己的作家的生命。
24	他认为，“这与其是一种冲动，毋宁说是一种必然”。
25	前于志者有讹焉，后于志者有缺焉，与其贸然而成之，宁逊焉而待之。
26	而且据我看来，整部《苦闷的象征》，其大要与其说是对文艺的本质作抽象的神秘的哲学沉思，毋宁说是对创作和鉴赏的心理过程作具体的切近的艺术分析。

续表

序　号	语言材料例说
27	戏剧宣扬的目的与其说是灌入你的头脑，毋宁说是渗入你的感官而激起想象。
28	与其说是“巧”，毋宁说是“笨”。
29	与其说他否定形而上学，毋宁说他否定陈述形而上学东西的可能性（“说出形而上学东西的人，他不能对他的句子赋以意义”）。
30	舒稿留给读者的印象是：进一步整理这份残卷的困难，与其说在文学方面，毋宁说在唐代西陲史地方面。
31	而是适应读者的希望与心理，与其说是文学作品，毋宁说更像是消费品。
32	我们有句老话：“与其奢也宁俭”，在某种意义上，未始不能作为我们的借鉴。
33	正如美国未来学家托夫勒指出的那样，这次革命对人类提出的与其说是技术要求，毋宁说是人才的要求。
34	在信息时代，人类面临的新兴产业需要的与其说是物质准备，毋宁说是人才的准备。
35	与其花里胡哨令人看了如坠五里雾中，宁愿清淡拙朴使读者耳目清凉。
36	从其雍容儒雅的仪态看来，与其说是诗人，毋宁说是一位中学教员。
37	其实，我们甚至觉得与其说这本《大画家传》是二十位画家的传记，毋宁说它是对二十位画家传神的、逼真的“速写”。
38	与其笼统说现代派文学是现代化的产物，毋宁具体地说，资产阶级现代派文学是资本主义现代化的文学产物之一。
39	原子量再测得准一些对化学有用，但是这种重要成果与其说是值钱，勿宁说是费钱。
40	他从三个方面论证：所谓历史事实，也是主观与客观结合的产物，历史事实与其说是某个具体事件，毋宁说是某种象征。
41	她的风度，与其说是美国的，毋宁说是法国的。
42	可见，与其说文学的生命源于作品自身，勿宁说还必须依靠读者和批评家主观思维的激发。
43	它和逻辑思维与其说是人类思维机能发展的两个阶段，毋宁说是两种不同类型的思维结构和思维方法，可能更符合实际。
44	这与其说是出于作者的艺术虚构，毋宁说是明末社会一种现实存在。
45	古代所谓官，与其说是一种职位，毋宁说是一种身份。
46	因此，与其谴责这种兼并现象，毋宁对兼并机制展开认真的研究，这可能更有意义。

续表

序　号	语言材料例说
47	相对于古代的辩证思维，它与其说是某种退步，毋宁说是真正的进步；作为一种形而上学的思维方式，它是古代天然纯朴的辩证思维通向更高阶段的辩证思维的环节。
48	与其说章永的心态是自饰的，毋宁说他的心扉是洞开的。
49	有人说，这太悲观，而我却认为，我们与其对此作悲观的理解，勿宁作悲壮的理解。
50	而且，这场讨论与其说是在讨论殷商二分制的可靠，毋宁说是在论证殷商二分制研究方法的可靠，这是进行讨论的更深一层意义。
51	在一个民族的自身发展进程中，最困难的与其说是超越他人，毋宁说是超越自我。
52	自由对于人与其说是一种幸福，毋宁说是一种痛苦。
53	而在意义最终复现之前，这一象喻与其说是一种喻示，毋宁说是一种掩盖，与其说透露信息，不如说封闭信息。
54	第一次世界大战之后梁启超向儒家传统的回归，与其说是纯学术探讨的理智结论，勿宁说是民族主义情绪骚动不安的产物。
55	当儒家传统文化遭遇到西方文化的强劲挑战，面临着空前的危机时，这一困境与其说是学术性的，勿宁说更是社会意义上的。
56	以费老的学养、身份而论两性问题，与其说是使出版社有了护身之符，毋宁说是得到了指路之灯。
57	格鲁奇教授与其说是一位比较经济学专家，毋宁说是美国制度经济学派的一名成员（他的同事和弟子们为颂扬他对经济学的贡献，专门出了一本《制度经济学：对演进经济发展的贡献》）。
58	我以为，周作人出任伪职之后之所以一反常态，鼓吹起儒家的入世，文学主张亦从“言志”转向“载道”，其原因与其说是出于“谋官”的动机，倒无宁说是乞求于“理性机制”以消解内心的焦虑。
59	在这本小书的第一部分“什么是基督教社会”中，我们会发现，他的诗作后面的思想，与其说是哲学，毋宁说是神学。
60	诚然，包括他最初的《沉沦》在内的一系列创作，与其说是作者刻意展览不端的思想行为，毋宁说是一种追求真理的表现，只不过反映的是追求失败的悲剧，企图借助爱情上惊世骇俗的形象力量，唤起人们反对污浊，振兴祖国的觉醒。
61	蒙田的怀疑与其说是怀疑，毋宁说是对绝对真理采取一种开放性的眼光。
62	然而，目前理论型知识分子面临生存挑战与其说是物质意义上，倒毋宁说是精神意义上的。现在流行的逻辑，与其说是帮助着追求真理，毋宁说是帮助着把建筑在流行概念上面的许多错误，固定下来并巩固起来。

续表

序　号	语言材料例说
63	由此，我们似乎不难感觉到，与其说林语堂对中国文化的选择是推崇道家的，毋宁说林语堂在叙述中以巧妙的中介情理态度，表现了选择的困难。
64	聪子知道，与其说他爱一朵美丽的鲜花，毋宁说他更爱长满了刺的暗淡的花种子。
65	但是，竹内好认为，“与其说鲁迅受到了梁启超的影响，毋宁说鲁迅在梁启超那儿看到了被对象化了的矛盾”，这就是鲁迅生涯中贯穿始终的启蒙者与文学家的矛盾。
66	与其做猪子而满足，宁可做苏格拉底而不满足，才是他的生活准则。
67	与其说莎士比亚是我们最好的，毋宁说他是我们唯一的爱情诗人。
68	但“五四”以后，新文学成为主潮，鸳蝴派渐入尾声，这时崛起了张恨水小说，与其说是鸳派为摆脱困境所做的“内部调整”，毋宁说章回小说在新文学影响下在努力开拓新路。
69	这样一段经历，“与其说是一种大过渡，毋宁说是一种以文化延续和变化的继承模式进行的大强化”，为了这种强化或说“文化复兴”，我们付出的代价是高昂的。
70	苏联改革的肇始与其说是一种现实的压力，毋宁说是一种理性视野的转换。
71	他说不足的状态，与其看作有害，毋宁看作有益。
72	他们之间的笔墨官司与其说是一种论战，毋宁说是一种不同文学观念之间的殊死搏斗。
73	在女性电影的发展与表达过程中，我们发现我们的前途与其说是所谓‘女性美学’，勿宁说是‘女性论的非美学’。
74	与其杀不辜，宁失不经。
75	依我看，与其去听他那些无甚深意的《骷髅之舞》之类大作，宁可多听听他的两首有魅力的小品。
76	他所写的与其说是隐逸生活的希求，毋宁说是隐逸生活的本身。
77	散文的“散”、“杂”、“小”、“随”等特征，说明了它的不定型、无法规范、兼容并蓄、时时被主流所排斥等等，与其说是必须为之辩护并争一席之地，毋宁说恰恰是散文的优势之所在，它借此得以时时质疑主流意识，关注边缘缝隙，关注被历史理性所忽视所
78	与其说章太炎后期学术思想的综合、兼容气象为“倒退”，毋宁说，乃是其批判精神和道德勇气流衍的内在逻辑归宿，倘若这精神和勇气不是浮浅无根的话。
79	古人云：不可与言而与言，失言；可与言而不与言，失人；与其失言，宁可失人。
80	与其说它是一种发现或分派意义的批评，毋宁说它是一种旨在确立产生意义的条件的诗学。

续表

序　号	语言材料例说
81	吾人与其嘲为天人交战，勿宁佩其谋国之至忠。
82	这一诗教传统的确立，与其说诗教有利于专制统治，毋宁说是政治权威最后不得不向文化力量妥协。
83	作为历史学家的蒋廷黻，为论证实行专制政治的必要性而置历史事实于不顾，与其说是学术的疏漏，勿宁说是政治观点使然。
84	但就他的初期作品来说，这感伤颓废与其说是个人的牢愁悲痛，毋宁说是对当时丑恶现实的反抗。
85	他们之所以保留宗教，与其说是认同宗教的认知价值，毋宁说是保护宗教能够维系人心的道德功能。
86	在中国历史上，对衰败中的王朝威胁最大的与其说是夷敌的入侵，毋宁说是人地关系的严重失衡。
87	从这一角度来看，辛亥革命与其说是受到西方影响的激进革命派对专制王权的反抗，毋宁说是地方士绅与中央朝廷长期矛盾冲突的产物。
88	与其杂滥，毋宁暂缺。
89	所以，与其说中华民族不尊重文化，毋宁说她对文化这两个字有自家独到的理解（更偏于审美而非科技）。
90	举例来说，方才吾师提到的“孔子畏于匡”和“颜回居陋巷”就恰可以反映这两种心情：当天之将丧还是未丧斯文尚成严峻问题时，孔子便只能生“畏”或者“忧”，所以他的那番兴叹与其说是“达观”，毋宁说是无奈。
91	果乎如此，则中国的先贤大哲们与其说是以道德自律，毋宁说是以道德自苦，整日在严峻的道德律令中讨生活了。
92	对于这一系列问题，《一四九二年的世界》与其说是进行了回答，毋宁说是刺激了人们寻求解答的欲望。
93	人臣进言，与其文，勿宁其质。
94	与其说人是两脚动物，人是理性动物，人是政治动物，勿宁说人是语言动物。
95	这三十七人的感情所摇撼的与其说是历史的感情，毋宁说是历史的理性。
96	当希尔斯以一个冷静的社会学家说话时，他虽略带伤感却仍相当客观地承认，人们对传统的态度，与其说取决于情感之好恶，毋宁说更多地取决于该传统应付现实的有效程度。
97	与其说是帝王的镜子，毋宁说是人民的镜子。
98	与其说他们代表了东方男权社会的文化反省，勿宁说他们体现了当时弱者的道德战略，在文学中获得了战果。

续表

序　号	语言材料例说
99	苏格拉底的言行生动地说明，他批判的民主政体，与其说是蓄意推翻这种政体，毋宁说是为了改革它，为了复兴伯里克利那个伟大的时代。
100	庄子的著述，与其说是哲学，毋宁说是客中思家的哀呼，他运用思想，与其说是寻找真理，毋宁说是眺望故乡。
101	与其说是创作，毋宁说是表演。
102	他的姿势与其说是前倾的，毋宁说是后退的；与其说是从一个“高音”开始，毋宁说是从一个低音开始，与其说是超然、拒绝的，毋宁说是包容、宽厚的。
103	尼采与其说是一种哲学，勿宁说更是一种精神爆破式的生存方式。
104	其实，与其说雪莱在诗中为她隐去姓名，毋宁说她本来就是令诗人苦苦思念的乌有之物，象外之象。
105	陈染引用卡夫卡“真正的道路是在一根绳索上，它不是绷紧在高处，而是贴近地面；它与其说是供人行走的，毋宁说是用来绊人的”箴言，认为最高个人意义上的自由，是一座无边而荫爽的绿屋顶。
106	这个时期文艺发展的活跃与其说是“思想解放”，勿宁说文艺循其内在规律的自然发展和淘汰。
107	他写道，中国政府只有使用棍棒才能让人民做些事情，政府与其说是管理民政，毋宁说是管理家政。
108	作为本世纪初中国人本自觉之先驱和中国现代美学开创者的王国维，后来还是走上了绝路，对此，夏中义激愤地说，这表明封建传统之惰力万万不可低估，与其说它像酱缸，毋宁说它酷似引力无限的黑洞，把曾闪烁在青年王氏身上的人本曙光连同肉体一道吞没尽净。
109	与其说是人在听音乐，毋宁说是音响在等待一次“考机”，人也成音响系统的一个配件了，欣赏成了一种音响测试工作。
110	他宣传犬儒派哲学，与其说是靠完整的思想体系，毋宁说靠个人的榜样。
111	它是想把用坏了的旧爪鞘剥落下来，以露出下面光亮的新爪——这与其说是像磨利厨房的菜刀，毋宁说是像蛇的蜕皮。
112	对感情的检验与其听其言，毋宁观其行。
113	与其这样活下去，毋宁死去。
114	我倒觉得：与其多个马屁精，宁可多个长舌妇。
115	与其坐在此地，我宁愿去砍柴，搬石头。
116	与其用“精英主义”，陈文发宁可用“能力主义”来形容新加坡的人才政策。

续表

序　号	语言材料例说
117	而且，它也只有这一个骄傲的敌人，其他善战的禽类没有一个不尊敬它，它与整个的自然界都是和平共处的：在那些种类繁多的水禽中，它与其说是以君主的身份监护着，毋宁说是以朋友的身份看待着，而且那些水禽仿佛个个都俯首帖耳地归顺它。
118	同他人谈话，与其说是想听到真实，毋宁说是更想从对方获得对自己真实预期的印证和满足。
119	一些国外军事理论家认为，“在现代战争中，胜利不仅是在战场上缔造的，同时也是在工业企业中缔造的”，“下一次战争，与其说是军队与将军们之间的冲突，毋宁说它是工厂与技术家之间的冲突”。
120	青青，与其要你那么做，我还是宁可死了的好。
121	他的话也自有其道理的，但与其说他是在探讨文学创作问题，毋宁说重点更在这样一段话：班主任的语调，与其说是不满，毋宁说是抗议了。
122	某些人的心情，与其说兴福，毋宁说轻松。
123	与其留下来，影响军心，我宁愿他跑到外头去指天誓日，造乔氏的谣，市场中自有明眼人在。
124	关于东坡的诗人雅词，关于东坡的本质不是豪放，而是诗人雅词，我并不是在最近才提出，我在《唐宋词流变》，《苏东坡研究》中已经指出，我说与其说豪放的风格是苏词的贡献，毋宁说苏轼将以柳永为代表的娱宾遣兴，倚红偎翠为格调的俗词，注入了
125	与其相似而伪，毋宁相异而真，对不对，你虽然好像是很高昂，但是你伪，你虚伪，我虽然灰暗，我真实，对不对这就是一个时代真实的投影，这才是苏东坡豪放的一个内蕴，一个基石，就是他的雅，他的哲理之雅。
126	这种叙事方法与其说是令人联想到司汤达（他卓绝的技巧通过法布利斯来描写的滑铁卢战役），毋宁说是令人联想到托尔斯泰的《战争与和平》，或者维克多·雨果的《悲惨世界》。
127	这种要求与其说是一种口号，毋宁说是一种愚蠢的赌注。
128	弗莱格所写的剧本摄制的《思想家》，是用含蓄而感人的画面来表现一个在今天看来与其说像幻想，倒毋宁说像喜剧的故事。
129	《恐怖之夜》则是一部侦探故事，它的情节与其说是令人恐怖，毋宁说是更类似喜剧。
130	好莱坞在它历史上最繁荣时期，对它的电影先驱者和欧洲最伟大的电影艺术家，与其说是加以利用，毋宁说是加以排斥。

续表

序　号	语言材料例说
131	如果他们不用笑剧的形式和一种与其说是勇敢，毋宁说是一种烟幕的“对社会的批评”的话，那么他们的宣传必然很难为观众所接受。
132	但是，雷诺阿与其说关心远景的清晰，毋宁说更关心于社会典型人物的确切。
133	影片《马赛曲》所以受人攻击，与其说是由于艺术上的原因，毋宁说是由于政治上的原因。
134	这部影片对日常现实生活的描绘，与其说是显示了刚刚形成的纪录片学派的做法，毋宁说是体现了英国文学的优秀传统。
135	人口看来与其说是受到预防性的控制，毋宁说是受到积极的控制。
136	但是，这种推理是以少数例外反对几乎是一般的法则；而这些例外似乎与其说是可以用于有益目的的力量，毋宁说是戏法。
137	睡眠的必要性与其说是取决于精神，毋宁说是取决于肉体，因此，通过增进精神来非常明显地消除这一“显著的弱点”，似乎是不可能的。
138	这种发展与其说是由于采纳了某些特定的技术和制度，毋宁说，是由于接受了某些基本思想或原则。
139	且不谈康德所提出的特别学说；在哲学家们中间，现在有一种最流行的见解，即把一切先验的都认为在某种意义上是心灵的，这是因为与其说它和外界事实有关，毋宁说和我们所必须采用的思维方式有关。
140	这是我的痛苦，但却是必要的；与其完全地舍弃了提供对这心理学上发现的证据，我宁可选择后者。
141	这种初期的转变与其说有利，勿宁说多少是有害的。
142	与其在没有掩护的情况下使用“巴勒姆”号以换取如此渺茫的成功机会，我宁愿调派全部作战舰队进行出击并冒不测的危险。
143	但是应当明白指出：在俄国参战后一年多的时期内，它在我们的心目中，与其说是一种帮助，毋宁说是一种负担。
144	蒙巴顿率领的小舰队所以从马耳他岛撤走的原因，与其说是摆脱那里的危险，毋宁说是应克里特岛事件的需要。
145	这位将军决定大胆行动，与其征服德军的集中力量，毋宁避开它。
146	西线的大战似乎正稳步地转变为有利于我方，我仍然认为龙德施泰特的反击与其说它是延长战争，毋宁说它是缩短战争。
147	它的目的与其说是为了获得知识，毋宁说是为了获得和整理关于迫使人类进行经济上的劳作和牺牲以及使他终止的那两组相反力量的知识的能力。

续表

序　号	语言材料例说
148	教皇摆脱希腊皇帝获得了独立，这与其归功于他们自己的努力，毋宁归功于伦巴底人的武力——当然，教皇们对此是不存任何感谢之意的。
149	由于这种学问与其说是主教的，毋宁说是修道僧的，所以它没有那种始自大格雷高里以来赋予欧洲大陆僧侣特征的行政观点。
150	真正的问题在于：有没有一件为我们想到的任何东西，仅凭我们能够想到它这一事实即证明其存在于我们的思维之外，每个哲学家都会愿意说：是，因为一个哲学家的工作与其说是凭借观察毋宁说是凭借思维去发现有关世界的事物。
151	与其说属于亚里士多德的传统，毋宁说属于柏拉图的传统。
152	设若抛弃了“实体”，那么我们似乎必须采用与其说近于阿奎那，毋宁说更多地近于司各脱的观点。
153	作为一个哲学家，他不是进步的；他是个实在论者，与其说是个亚里士多德主义者，毋宁说是个柏拉图主义者。
154	因为我心中早已暗自作了长时间的准备，所以有关这件事的讨论对于我而言与其说是令人心烦，毋宁说是随我所悦。
155	这封信大约有二三十页，是个陌生女人的笔迹，写得非常潦草，与其说是一封信，勿宁说是一份手稿，他不由自主地再一次去摸摸信封，看看里面是不是有什么附件没取出来，可是信封是空的。
156	与其让鲁西达尼亚的有名画家为我画死亡之画，我宁愿让那尔撒斯为我画生存之姿，你也有同感吧？
157	与其让鲁西达尼亚的蛮人折磨死，我宁愿死在同胞的箭下！
158	而席尔梅斯这行人，对轴德族而言，与其说是天外飞来的猎物，勿宁说是侵犯他们势力范围的敌人。
159	蒂勒尔大夫的言谈举止使得病人感到自己好比是站在一位和蔼可亲的教师面前的小学生，而他的疾病不过是一个可笑的恶作剧，与其说使人感到痛苦，毋宁说给人带来了乐趣。
160	把我们从恋爱中拯救出来，与其说是依靠理性，毋宁说是由于太忙。
161	与其叫我独守空床，我倒宁愿穿得破破烂烂，不要吃好穿好。
162	当然，你可以拿一个类似的比喻来回答我：与其瞻前顾后，犹豫不决，拿自己的生命孤注一掷，谁不宁肯截掉一只手臂呢？
163	与其说她像个命在旦夕的人，毋宁说她像个振翅待飞的鸟。
164	我说句真心话，与其害病，吃药，贴膏药，灌肠，请医生，搞到身体一天不如一天，躺在一张破床上慢悠悠地死去，我宁肯在肚子上挨一炮弹！

续表

序　号	语言材料例说
165	爸爸亲热而慈善地对待这两个人——她和米哈伊尔·伊万诺维奇，因为他们二人都获得他的恩泽，斯特恩说，我们与其爱那些向我们布善的人，毋宁爱那些领受我们布善的人。
166	从他脸上看出，与其说他感到痛苦，毋宁说他心惊胆战。
167	他走到步兵近卫军近旁时，发现一枚枚炮弹飞过了步兵的队列和它周围的地方，之所以有此发现，与其说是因为他听见炮弹的啸声，毋宁说是因为他看见士兵们脸上流露出惊慌不安的神色，军官们脸上流露出不自然的威风凛凛的表情。
168	与其遇见他那忧郁的目光，听见他那厉声的责备，我毋宁千死而不顾。
169	这种魅力与其说是表现在他和他本人的关系上，毋宁说是表现在他和他的亲人和家人的关系上。
170	一种模糊的本能对皮埃尔说，这些补充说明，加上要他说出全部实情的反复多次的请求，表示公爵小姐对未来的嫂嫂怀有恶意，她心里想要皮埃尔不赞许安德烈公爵的选择，但是皮埃尔道出了与其说是他所考虑到的，毋宁说是他心里觉得要说的话。
171	他说，显然是说娜塔莎，与其说她听见，毋宁说是从他的嘴唇的掀动她领悟了他的意思。普弗尔瞟了一眼安德烈公爵，与其说是看他，毋宁说是眼光一扫而过……
172	我反正是注定要死的，但与其死在斗技场里，我宁可死到战场上。
173	与其苟且偷生，毋宁英勇战死。
174	我感谢上帝和我自己冷酷的心，我在这一点上倒跟您心情相合；与其叫我听一个男人发誓说他爱我，我宁愿听我的狗向着一只乌鸦叫。
175	我宁愿做一朵篱下的野花，不愿做一朵受他恩惠的蔷薇；与其逢迎献媚，偷取别人的欢心，宁愿被众人所鄙弃；我固然不是一个善于阿谀的正人君子，可是谁也不能否认我是一个正大光明的小人，人家用口套罩着我的嘴，表示对我信任，用木桩系住我的脚
176	与其听他唱歌，我宁愿听夜里的乌鸦叫，不管有什么祸事会跟着它一起来。
177	与其说这是从菲律宾，无宁说是从哪里不知名的世界尽头送来的播音。
178	与其时时刻刻提心吊胆，害怕人家的暗算，宁可爽爽快快除去一切可能的威胁。
179	他的将来的生活关系，与其是家庭的，毋宁说是社会的。
180	未庄老例，看见略有些醒目的人物，是与其慢也宁敬的，现在虽然明知道是阿Q，但因为和破夹袄的阿Q有些两样了，古人云，"士别三日便当刮目相待"，所以堂倌，掌柜，酒客，路人，便自然显出一种凝而且敬的形态来。
181	她的要求是出于极大的善意，我与其表现为辜负此善意，毋宁表现为不认识此善意。

续表

序 号	语言材料例说
182	凡牺牲一切的人如相信他未曾尽过一点力，那他一定更牺牲一千倍，对呀，我和卢梭的黑露丝（Heloise）一同说：（可是在我读此书前，我已经说过并写出过）与其使你一刻怀疑我的爱情，毋宁使全世界知道我的爱情。
183	对于野上弥生子这位挂着许许多多荣誉头衔的人，我认为与其把她定为 respectability（有社会地位）的人，毋宁定为 decency（品格高尚）的人。
184	与其让我把自己举目无亲地抛向茫茫人世，他宁愿送我一半财产，而连吻一下作为回报的要求都不提。
185	我就看过山中有食人鬼把一个人活活生吃掉，与其要这么死，我还宁愿就在自己的村庄里面饿死！
186	与其要到不知名的土地，我们宁愿死在自己的村庄……对了卡松先生，请问您旁边这位了不起的人是哪位？
187	这话与其说是安慰，毋宁说是就事论事。
188	倘若他送给她礼物，她的家人会感到窘迫，他不能这样做，因此，他就尽量地多和她在一起，用重新装修她在神父宅邸里的房间来消磨时间和精力；这与其说是为了使她高兴，毋宁说是在搞个镶嵌来衬托他的瑰宝。
189	在她这个年龄，这种事与其说是一种纯粹的快乐，毋宁说是一种负担，人们本来会尽快干完以便去做更有意思的事的。
190	宗教信仰对梅吉来讲，与其说是一种灵性感受，毋宁说是一堆条文戒律；宗教信仰对她毫无助益。
191	由于他肤色白净，所以他实际上还没有刮过脸，但是不论从哪方面看，与其说他像一个男学生，毋宁说他像个年轻男子。
192	对戴恩来说，红衣主教具有一种灵气无限的精神力量，这种力量与其说是使他想到一位圣徒，毋宁说是教他想到了一位教皇，然而那双充满了极端忧伤的眼睛却不像教皇的眼睛。
193	一种犀利尖锐的神态代替了那种令人惬意的可爱劲儿，几分刚毅代替了温柔；与其说她像一个精力充沛、上了年纪、固执的殉难者，毋宁说是像一个放弃了梦想的、顺从的神殿里的圣徒。
194	这些人与其像受惩罚的孩子一样留在这里，宁愿宣称巴尔贝克的星期天简直腻死人，他们一吃完午饭便启程躲到附近的海滩去或去参观什么名胜。
195	与其说上几句可能会挽救自己的自尊心的话，他宁愿说几句可以对我有教育意义的话。
196	走廊弯弯曲曲，漫无目的地游来游去，人们随时都能碰见；客房的前厅长似走廊，装饰得和客厅一样，与其说是旅馆的一部分，毋宁说是旅馆的客人……

续表

序　号	语言材料例说
197	很久以前，在我孩提时代，一天，我夹在熙熙攘攘的人群中，突然找不见外祖母时，也曾有过这揪心的忧虑，这感觉与其说是因为找不到外祖母引起的，毋宁说是由于我感到她在找我，感到她心里想着我也在找她；……
198	要紧的是，政府给人的印象与其说掌握在左派集团手中，毋宁说俯首听命于某个御用军队，请相信我，这个军队已不成其为军队。
199	但这些话，与其说是我听见的，毋宁说是猜到的，因为她的声音嘟嘟囔囔，牙咬得很紧，用怕呕吐的理由是很难解释这个现象的。
200	贝戈特在我面前说他的坏话，我认为与其说是出于对他的成功的妒嫉，毋宁说是因为对他的作品一无所知。
201	觉醒会引起很大的变化，与其说把我们带进了清晰的意识活动，毋宁说使我们忘记了乳白色海底下那种朦胧的智慧之光。
202	弱小民族今日所处地位，恰与陈涉相同，大战所以迟迟未发者，由于死强内部尚未准备完好，我们与其坐受宰割，毋宁先发制人，约集全世界弱小民族，死中求生。
203	而且，她的错误，也和古人的错误一样，和柏拉图所相信的奇谈一样，与其说是由于物质条件贫乏所致，毋宁说应归因于错误的世界观和先入之见。
204	阿尔贝蒂娜对我虽然是唾手可得，但这在我身上引起的与其说是快意，毋宁说是一系列对比鲜明的美丽联想。
205	这封署名为德·斯代马里亚夫人的信，对我来说，写信人与其说是真实的德·斯代马里亚夫人，毋宁说是阿尔贝蒂娜来看我之前我思念了整整一天的德·斯代马里亚夫人。
206	与其说爱这个几乎还不认识的女人，毋宁说爱她的与众不同的生活。
207	这是诗人的早期作品，它的风格与其说接近《历代传说》的作者维克托·雨果，毋宁说更接近戴乌里埃夫人。
208	有时候一个名字使人想到的，与其说是一个家族，毋宁说是一个事件，一个日期。
209	他们的积极表现与其说是忠诚，毋宁说是追求生存的意志使然，因此，杨也不可以一概加以拒绝。
210	俗语有云：人不为己，天诛地灭，何况我这么做又不是害人，与其痛苦地生活下去，我宁愿选择开开心心地过完下半世。
211	好一阵子视线互相交错，他们的表情与其说是惊愕，毋宁说是不知所措。
212	米达麦亚之所以如此断定，与其说是推理，毋宁说是偏见，不过他的想法也已八九不离十了。

续表

序　号	语言材料例说
213	与其成为一个军人，从事对文明、人道毫无助益的贱业，毋宁正式学习烹饪技巧，取得证书，对文化、社会或许更有意义一些，不是吗？
214	与其说是满天星斗，毋宁说是天空狭窄使得星星彼此地拥靠着，而弱小的星光被强大的星光所掩盖，怎么也无法投射到地面上来。
215	他们受到了杨究竟是一个“民主政治的拥护者”抑或是一个“避世的智慧将领”这个幻影的迷惑，在他们试着解释杨的行为时，所采取的立场与其说是以一个研究者，毋宁说是以一个崇拜者，他们断定杨所有的行动都是在经过极细密的计算之后才产生的，就连他退役后乍看之下极为平凡的生活，也是在打倒帝国这个目的之下，为了要争取时间所采取的极为深谋远虑的计谋。
216	追究其战败的原因，与其说是在才能上输给了敌人，毋宁说是己方的无知与不了解自己的处境才导致了最后的战败。
217	法伦海特虽然觉得毕典菲尔特的意见与其说是预测，毋宁说是期待，但却没有理由反对加强舰队的防御及应变能力. 他们下令麾下的舰队进入第二级战备状态，准备随时迎击杨舰队的突袭。
218	此时的莱因哈特脸上所呈现的，与其说是不高兴，毋宁说是被刺伤了的表情，他拒绝了希尔德的谏言，并且皱着眉头，这虽然是一个表现出他内心无可奈何的动作，但这位年轻人却仍然显得极为优美。
219	与其说是他的意志，毋宁说是他的性格使得他自己完全不去享用高级军人所常使用的权力。
220	当得知自己将取代杨威利，成为革命军的司令官时，年轻人与其说是惊讶，毋宁说是厌烦地看着两位长者。
221	罗严塔尔应该是那种与其高喊冤枉、祈求皇帝饶命，宁可选择挺身一战的男子。
222	因此，这两个国家建立官方的关系，与其说是尼克松冲击波造成的，毋宁说主要是吉田二十年之前就预见到的两国逐渐和解的必然结果。
223	与其战斗我宁愿和你谈谈，索兰尼亚骑士，远离故土之人。
224	与其让那些暴民们闯入，破坏那些他们并不了解的东西，法师们宁可自己摧毁了两座塔。
225	他寻思着这一块地，与其落在不知谁的手，宁可叫郭全海领着。
226	因此，当他们勤勤恳恳地教导子孙时，与其说是由于慈爱，无宁说出于自私，与其说是在替子孙打算，无宁说是自己慰安。
227	我想，一方手帕之在妇女身上，与其说是一件实用品，毋宁说是一件像臂钏指环一样的装饰品。

续表

序　号	语言材料例说
228	一到冬天，我便会发生一种奇异的感觉——不，与其说是感想，毋宁说是一种感觉。
229	我们现受日本的压迫，与其哭哭啼啼，跪求国联援助，跪求英美诸国援助，毋宁哭哭啼啼，跪求国人，化除意见，协助中央政府，先把日本驱逐了，再说下文。
230	九一八这类事，与其诉诸国联，诉诸英美，无宁诉诸非洲澳洲那些野蛮人，诉诸高丽、台湾那些亡国民，表面看去，似是做翻案文字，实在是抄写威尔逊的落卷，抄写日本的落卷。
231	我们应该应用厚黑哲理，趁大战将发未发之际，赶急把弱小民族联盟组织好，乘机给予列强一种威胁，这个大战，与其由列强造成，弱小民族居于被动地位，毋宁由弱小民族造成，使列强居于被动地位。

Ⅱ《人民日报》"与其……宁可……（类）"格式总表（1981—2006）

编号	语言材料例说	日　期
1	在资本主义社会，这与其说是体育比赛，毋宁说是商业搏斗，运动员为攫取利润而卖命，看台上观众的狂热也很大程度是由彩票的赌注鼓动起来的。	1981 年 5 月 15 日
2	成名后，她曾说过这样一段话："首先，我意识到巨大的责任感，应该使我以后的每一个角色，都要演得胜过前一个角色……与其去拍富丽堂皇的商业性消遣片，我宁肯参加无名导演的摄制工作，只要这些影片有所探求，能力图从银幕上向观众说出真理"。	1981 年 9 月 12 日
3	上述两种无效产品的"生产"，与其说是"生产"，毋宁说是对社会生产力的浪费。	1981 年 11 月 6 日
4	他与其斥责女儿，宁愿斥责自己！	1982 年 1 月 4 日
5	其后，作为歌德创作生涯结晶的《浮士德》也由郭沫若翻译出版，这部鸿篇巨著与其说是一部艺术品，毋宁说是一个知识和智慧的宝库。	1982 年 3 月 21 日
6	所以，与其说它是一部小说，毋宁说它是一部华人血泪史，是华人劳工在美国的悲惨经历的缩影。	1982 年 5 月 16 日
7	由此我想起《庄子》中的一则寓言：卫国有一个丑人，名叫哀骀它，男子汉和他相处时，总是舍不得离开他；青年妇女看见他时，就向父母自荐，与其做别人的妻子，宁可为这个丑人做妾。	1982 年 7 月 26 日

续表

编号	语言材料例说	日 期
8	他那个“扫除天下”的志，与其说是“大”，毋宁说是“空”，何尝有实行的意思？	1982 年 12 月 28 日
9	比较明显的缺点恐怕是有的杂文缺少“杂文味”，它们与其说是“杂文”，毋宁说是“思想评论”（请别误会，我毫无贬低思想评论之意），读起来总不那么过瘾。	1983 年 1 月 14 日
10	开罗，人们与其称道它的现代化，毋宁赞叹它是一座遍地文物的“宝城”。	1983 年 4 月 4 日
11	但是，在谈到他的工作成绩时，他却这样回答我：“与其说我的医术高明，毋宁说主要还是我们的战士具有顽强的斗争精神和生命力，具有战胜伤病的坚强意志。”	1983 年 8 月 12 日
12	因此，滑稽戏的职能问题，即揭露还是歌颂的问题，与其说是一个理论问题，毋宁说是一个实践问题。	1983 年 9 月 6 日
13	布达佩斯的一位历史老师在看了展品后说：“我已经看了两遍，但还没看够，因为这些展品与其说是商品，毋宁说是艺术品，它们给人以艺术享受，美的启迪。”	1983 年 10 月 5 日
14	他谈道：“研究各种科学，与其重在区分，毋宁重在关系；说明形成各种科学基础的社会制度，与其为解析的观察，不如为综合的观察。”	1983 年 10 月 28 日
15	对于顾客来说，“与其钱被蛮横地赚去，倒宁可买个高兴”。看来，只能称赞资本主义商业服务态度好，到此为止，不能再“比较”下去了；如果一定要在不同经济制度的经营“目的”这个“差异上做文章”，那又是“‘左’的表现”了。	1983 年 10 月 29 日
16	第二种意见认为，爱国主义固然包含阶级内容，但它的基本方面与其说具有阶级性，毋宁说具有民族性或共同性。	1984 年 1 月 25 日
17	与其这样，我们宁肯用一位群众对他还有这样那样看法，但工作有办法，能开创新局面的实干家。	1984 年 3 月 7 日
18	“与其活着给法西斯当奴隶，毋宁死”，是他们的共同心声。	1984 年 3 月 25 日
19	陆蠡（1908～1942），与其说是一位作家，毋宁说他是一名默默地以鲜血和生命去殉自己事业的战士。	1984 年 10 月 10 日
20	这与其说是一种诚意，毋宁说是一种阴谋。	1984 年 10 月 31 日
21	与其说这是因为它冬天常被大雪覆盖，毋宁说是由于它那众多的乳白色建筑物，无论在夏季的阳光或冬季的飞雪中都显得到处银装素裹，淡雅中有着一种近乎超凡脱俗的宁静美。	1985 年 1 月 20 日

续表

编号	语言材料例说	日　期
22	所以，与其说牛犊是被选出来的，毋宁说是变革的时代呼唤出来的。	1985 年 3 月 11 日
23	与其让臣下写些胡吹乱捧的文章，宁肯一块石碑在阳光下日久天长。	1985 年 3 月 28 日
24	我觉得，与其说这是一篇宴席讲话，毋宁说是一份学术报告。	1985 年 12 月 29 日
25	目前出现的某些问题，与其说是改革带来的，毋宁说是改革还不系统、不配套造成的。	1985 年 5 月 17 日
26	南非当局的这种嚣张态度，与其说是对美国"善举"的嘲讽，毋宁说是受到美国投弃权票的鼓励的结果。	1985 年 8 月 2 日
27	因此，这部影片与其说是个典范，毋宁说是个意向，揭开了中国电影新的一页。	1985 年 9 月 23 日
28	这些数字表明，人类与其说面临常见慢性疾病的威胁，毋宁说面临不良的生活方式和行为的挑战。	1985 年 11 月 3 日
29	这家研究所认为，工业化国家和发展中国家的安全的首要威胁与其说来自于外部的军事压力，毋宁说来自日益恶化的土地和资源基础以及武器和军队巨额花费造成的沉重的经济负担。	1986 年 3 月 4 日
30	"文革"毁灭的是一切，不止于文化，因而与其说"文革"是民族文化的"断裂"，毋宁说是无产阶级正确的文化政策的"断裂"，是"古为今用，推陈出新"这个正确方针的"断裂"。	1986 年 4 月 12 日
31	在另一座厂房，不多的工人与其说是在劳动毋宁说是在旁观……	1986 年 6 月 14 日
32	这个人物与其说是历史的塑造，毋宁说是数千年封建幽灵的造化。	1986 年 7 月 21 日
33	与其说这光斑是由于它描写了农村，毋宁说是它着意思考了农村，并把它置于美学追求的较高层次。	1986 年 7 月 21 日
34	但是，这样乱点鸳鸯谱而竟能为老百姓接受，也是因为宗教对于多数求神拜佛的中国人，与其说是信仰，毋宁说是迷信。	1986 年 8 月 14 日
35	与其把时间设想得短一点，毋宁把时间设想得长一点。	1987 年 1 月 5 日
36	她的三次择婿，与其说是追求幸福，毋宁说是勇于做出奉献和牺牲，因而也就格外令人同情和崇敬。	1987 年 1 月 6 日
37	因此，在这个问题上，与其想得比较容易些，毋宁把困难想得比较多一些。	1987 年 3 月 13 日
38	与其曰："古诗即史"，毋宁曰："古史即诗"。	1987 年 5 月 15 日
39	这几种计划与市场相结合的模式，与其说是互相排斥的选择目标，毋宁说是互相衔接的发展阶段……	1987 年 8 月 3 日

续表

编号	语言材料例说	日　期
40	日外务省亚洲局长对徐敦信的讲话与其说是作说明，毋宁说是向中国提出反驳。	1987年6月10日
41	这与其说是他们愚昧无知，毋宁说是别有用心。	1987年6月28日
42	他们经商与其说是着眼于经济上的“活”，毋宁说是盯在钞票上的“捞”（与正常的利、赚有别）。	1987年9月14日
43	对于纪实小说的作者们来说，他们在似乎更艺术更唯美的一片浪潮中返璞归真，而采以朴素无华的艺术形式来表现生活，与其说是艺术形式的着意探新，毋宁说是为着更贴近生活与逼近矛盾。	1987年11月17日
44	中国现代主义的这些特点，与其比之西方现代主义，毋宁说它更接近于现实主义。	1987年12月8日
45	如果说，有些作品不能组织起朴素而强烈的情感，往往诉诸节制和理性思考的话，那与其说是个人风格，毋宁说是时代的某一种风格。	1988年1月26日
46	与其说民俗文化是一门研究传统的学问，毋宁说是一门研究现代社会生活和民众心态继承的学问。	1988年2月14日
47	然而，这与其说是信手而成，无宁说是举重若轻。	1988年3月15日
48	任何人一眼就能看出，那般设施，与其说是可以防御，毋宁说更加便于进攻。	1988年7月31日
49	正在兴起的这一次世界范围的改革调整潮流，与其说是为了克服二次大战后几十年间积累起来的问题和矛盾而被动采取的应急措施，毋宁说更重要的是面向未来。	1988年8月14日
50	电影《末代皇帝》的作者相信“人与环境冲突的永恒性”，所以他着眼于溥仪的人性在非人性环境中的顽强生存，他甚至不像我们的艺术家那样地相信战犯管理所具有脱胎换骨的熔炉作用，后来的充满人性的溥仪在银幕上的出现，与其说是“改造”的结果，毋宁说是他作为一个人在恢复了自由之后久被压抑的人性的踔厉发扬。	1988年9月27日
51	朴老为安徽太湖人，他家人从北京归来说，朴初先生将这首诗写成条幅挂在家里，与其是作为书与诗加以欣赏，毋宁说是一纸出色的“安民告示”，告示索书人不要无休止地纠缠。	1988年10月15日
52	吴作人留学法、比，在西方现代派艺术风行的环境中，他认定现实主义为实践自己艺术主张的手段，与其说是个人的艺术天性，毋宁说是一种时代的选择。	1989年5月30日
53	因此，我们与其说选拔管理专业技术拔尖人才是组织的提倡，毋宁说是社会主义有计划商品经济推动知识社会化的必然。	1989年7月5日

续表

编号	语言材料例说	日　期
54	与其说造就了海峡两岸诗歌比较的某种契机，毋宁说是诗歌价值取向的启示。	1989 年 10 月 12 日
55	闲话高尔夫陈封文封雄图高尔夫球与其说是一种体育项目，毋宁说是一种游戏，因为打这种球的运动量不很大或很不大，适合中老年人的体力。	1989 年 12 月 17 日
56	美国的毒品问题，与其说是贩毒者与吸毒者之间的问题，毋宁说是一系列“社会病灶”的综合反应。	1989 年 12 月 26 日
57	西汉初期董仲舒始作俑的“春秋决狱”，与其说是儒家经典首次登上司法舞台，勿宁说这是对古代判例法的一次回顾，和旨在创制一种新法律样式的果敢试验！	1990 年 1 月 15 日
58	与其说是茶，毋宁说是地地道道的“宁化可乐”，大米、黄豆、花生、豆腐干、猪肉、香菇、笋、虾米、葱、蒜等熬成，味道芳香醇美，却唯独不见“茶叶”。	1990 年 4 月 16 日
59	当时促使他们做出这个正确选择的，与其说是商品观念，勿宁说是群众观点。	1990 年 5 月 4 日
60	如此庞大的活动，与其说是出自火炬处几个年轻人的丰富想象力，毋宁说是产生于压在他们心头的神圣的使命感。	1990 年 6 月 14 日
61	延长期，与其说是比技战术，勿宁说是在比意志。	1990 年 9 月 24 日
62	他第一本散文集《黎雀声声》中的大部分篇什，与其说是为塞外山川和北方乡民唱着纯情的赞歌，毋宁说是为塞外醉人的绿色和创造绿色的人们唱着痴情的恋歌。	1990 年 10 月 4 日
63	这与其说是《纲要》的缺点，毋宁说是当前我国哲学理论研究亟待加强的环节。	1990 年 10 月 17 日
64	孔夫子也说过：“礼，与其奢也，宁俭。”	1990 年 11 月 5 日
65	与其说是画面给我们留下了极大的想象空间，毋宁说是历史本来就这么令人神往。	1990 年 12 月 10 日
66	需要指出的是，这两点、至少是这两点偏颇，与其说是苛责于作者限于谈话的形式和主题不可能面面俱到，或侧重点不同的，毋宁说是自己作为读者应该注意的。	1991 年 1 月 30 日
67	这阶段经济发展面临的最大困难，与其说是原材料、能源、交通运输等短线的制约，毋宁说是在许多行业的生产能力过剩的同时要素存量却难以调整。	1991 年 2 月 8 日

续表

编号	语言材料例说	日 期
68	他认为，在人民内部“持有不同的意见，与其说应该允许，毋宁说我们欢迎”。	1991 年 9 月 27 日
69	我琢磨着，江总书记关于“国际间的竞争，说到底是综合国力的竞争，关键是科学技术的竞争”的论断，与其说是透辟的马克思主义理论分析，勿宁说是要求我们科技工作者“充分认识到自己肩负的历史责任”。	1991 年 7 月 3 日
70	他自感自己的时间不多了，便写下“与其卧床待毙，宁肯拼搏求生”的豪言壮语，勉励自己，抓紧时间整理《老年人眼病保健》和《白内障治疗学》两部专著。	1991 年 8 月 6 日
71	远远望去，3 座墨绿色的锥形铸铁框架有力地支撑着晶莹透亮的玻璃外壳，与其说是植物馆，毋宁说更像一座海底水晶宫。	1992 年 3 月 14 日
72	《外来妹》和《商界》与其说是写改革，毋宁说是在写改革大潮中的人的命运。	1992 年 9 月 3 日
73	由此看来，与其说巨奖在降温，毋宁说巨奖面前的人在降温了。	1993 年 1 月 17 日
74	在宫泽访问期间，泰国一家报纸说，“与其说日本发挥政治和安全作用，毋宁说期待日本继续发挥‘牛油与面包’的作用”。	1993 年 1 月 19 日
75	购药者买的与其说是“药品”，毋宁说是“包装品”更为确切。	1993 年 2 月 23 日
76	人民政协中存在不同的意见是正常的，与其说应该允许，毋宁说应该欢迎。	1993 年 3 月 28 日
77	与其说大家已经是驭手，毋宁说还都只是马背上的搭客，把自己托付给市场这匹无缰马，使由之，无力以控之。	1993 年 5 月 20 日
78	与其追求华丽多彩，毋宁保持生活原色。	1993 年 8 月 23 日
79	它的出版，与其说是铸就了一座留传万世的文化丰碑，毋宁说是谱写了一曲当代中国知识分子的颂歌。	1993 年 9 月 6 日
80	与其说允许存在，毋宁说应当欢迎。	1993 年 11 月 7 日
81	这力量与其说来自他们高超的医术，毋宁说来自高尚的医德，来自救死扶伤的革命人道主义精神。	1994 年 2 月 14 日
82	与其说《天狼星下》是西部传奇，毋宁说它是一个中国知识分子的心灵之旅，或者说它是一个当代诗人的精神现象学；这也就使作品摒弃了平庸而获得了深刻的意蕴。	1994 年 4 月 7 日

续表

编号	语言材料例说	日　期
83	近读百花洲文艺出版社出版的《傅抱石传》（胡志亮著）最大的收获，与其说是了解画家的一生，毋宁说是洞察他的精神思想脉络和发展的轨迹。	1995 年 2 月 11 日
84	这句话在社会上已甚为流行，与其说它是一条流行语，毋宁说它是一个警钟。	1995 年 3 月 24 日
85	有人指出，与其说卢氏兄弟发明了电影，毋宁说是为电影这门新的艺术形式“发明”了观众。	1995 年 4 月 2 日
86	与其说他有高超的医术和创造型思维，毋宁说他更有一颗敏感慈爱的心灵，以及悲天悯人的人格素质。	1996 年 1 月 31 日
87	一体说的天人合一，与其说是人合于天，毋宁说是人与自身本性的合一；与其说是人效法天，毋宁说是人努力追求实现自己的本性。	1996 年 2 月 17 日
88	实质上与其说李兴跃是一位实干家，毋宁说他是一位颇具将帅之才的商海弄潮人。	1996 年 5 月 24 日
89	孔子在《论语》中说：礼，与其奢也，宁俭。	1996 年 10 月 11 日
90	工党政府的这种变化，与其说是为了欧盟的一体化大业，毋宁说是英国要寻求在欧盟内的领导地位，以重振昔日的雄风。	2000 年 1 月 7 日
91	在这种意义上，与其说爱因斯坦是唯美主义的大师，倒毋宁说他是真理殿堂中的圣徒。	1999 年 3 月 27 日
92	在我看来，与其说，国产电影的危机来自好莱坞电影的冲击，毋宁说更多地是来自实用主义和商业主义的双重威胁。	2000 年 7 月 1 日
93	美国传教士裨治文（Elijah Coleman Bridgman）承认，他们千里迢迢来到中国，“与其说是由于宗教的原因，毋宁说是由于政治的原因”。	2000 年 9 月 29 日
94	他们的精神气质与其说是数学家的，毋宁说是诗人的或哲学家的。	2000 年 12 月 13 日
95	但是也有某些小报“娱记”的笔头、镜头带出来的文字、画面与其说让人不敢恭维，毋宁说污人耳目，毒人心灵，有的无聊、庸俗、低级，甚至有几分下流。	2001 年 3 月 26 日
96	与其说这是两支球队的较量，毋宁将这场球赛看作艾弗森的个人独白。	2001 年 6 月 8 日
97	这类电视剧与其说是劝人向善，勿宁说是在诱导人们违法犯罪。	2001 年 9 月 7 日
98	扎鲁特旗“土地诊所”的开办，与其说是土地“幸运”，毋宁说是农民幸运。	2002 年 7 月 8 日
99	与其这样，阿根廷政府宁可选择保留储备的倒账。	2002 年 10 月 22 日

续表

编号	语言材料例说	日　期
100	清代学者陈廷敬说："与其言而不行，宁行而不言"；"欲知其人，观其行而已"。	2002年11月23日
101	与其把眼光放在短期的得失上喜谈机遇，毋宁立足长远未雨绸缪。	2005年1月4日
102	如果"英雄无用武之地"，与其说是人才的不幸，毋宁说是用人者的悲哀。	2005年5月23日
103	与其说它是中共的军政中心，毋宁说它好像是中世纪一所学院的校园。	2005年8月16日
104	人们呼唤学术精品，与其说是对精品的期盼与追求，毋宁说是对学术赝品、伪品、劣品的厌恶与反对。	2006年2月10日
105	与其说是科学技术手段的进步，毋宁说是人道主义、人性主义和人文主义思想的胜利。	2006年4月9日

Ⅲ　历时文献中的"与其……宁……"格式总表（从先秦到近现代）

序　号	出　处	语言材料例说
1	《论语》	礼，与其奢也，宁俭；丧，与其易也，宁戚。
2	《论语》	与其媚于奥，宁媚于灶，何谓也？
3	《论语》	与其不孙也，宁固。
4	《论语》	且予与其死于臣之手也，无宁死于二三子之手乎？
5	《左传》	定公十二年，夏，卫公孟彄伐曹，克郊。还，滑罗殿。未出，不退于列。其御曰："殿而在列，其为无勇乎！"罗曰："与其素厉，宁为无勇。"
6	《左传》	赵孟曰："晋国有命，始祸者死，为后可也。"安于曰："与其害于民，宁我独死。请以我说。"赵孟不可。
7	《左传》	若不幸而过，宁僭，无滥。与其失善，宁其利淫。无善人，则国从之。
8	《左传》	襄公二十六年，与其杀不辜，宁失不经。
9	《国语》	与其杀是人也，宁其得此国也，其孰利乎？
10	《礼记》	故君子与其使食浮于人也，宁使人浮于食。
11	《礼记》	衰，与其不当物也，宁无衰。
12	《礼记》	与其得罪于乡党州闾，宁孰谏。

续表

序 号	出 处	语言材料例说
13	《礼记》	是故君子与其有诸责也，宁有已怨。
14	《礼记》	与其有聚敛之臣，宁有盗臣。
15	《大戴礼记》	与其溺于人也，宁溺于渊，溺于渊犹可游也，溺于人不可救也。
16	《说苑》	与其危君，宁危身；危身而终不用，则谏亦无功矣。
17	《盐铁论》	与其礼有余而养不足，宁养有余而礼不足。
18	《新书》	故与其杀不辜也，宁失于有罪也。
19	《全唐文》	与其毒害於见存之百姓，则宁使割恩於已亡之一臣明矣。
20	《全唐文》	与其慢也，宁崇其敬。
21	《全唐文》	与其浊富，宁比清贫？
22	《全唐文》	与其别行新制，宁如谨守旧章？
23	《全唐文》	与其徇名以利人，宁勤身以安亲？
24	《全唐文》	行与其获七宝也，宁见经；生与其亡四句也，宁舍身。
25	《全唐文》	与其言且不用而身为戮，吾宁危行言逊以保其终乎？
26	《全唐文》	与其废官，宁其虚授；与其失善，宁其谬升。
27	《全唐文》	与其削邑，宁愈减官
28	《全唐文》	与其诘过，宁取优观。
29	《全唐文》	与其废职而至诛，则宁违命而获谴。
30	《栾城集》	与其病民，宁我获戾。
31	《南迁录》	大兴府及上京路帅守，皆榜谕，虏兵入境，民皆不保，与其死于刀戈之惨，宁劳苦于筑城。
32	《大京吊伐录》	与其交锋争战以伤生民，宁若酌中两便为计。
33	《归潜志》	与其谄也，宁亢；与其曲也，宁疏。
34	《渑水燕谈录》	安有此乱古人云：“与其蓄聚敛之臣，宁蓄盗臣。”
35	《张载集》	与其慢也，宁严。
36	《朱子语类》	与其过也，宁不及，不及底可添得。
37	《东谷赘言》	君子与其恕人也，宁责己。
38	《晏林子》	与其废也，宁外。
39	《贤弈编》	贫家无阔藁荐，与其露足，宁且露手。
40	《闲情偶记》	与其长而不终，无宁短而有尾。

续表

序　号	出　处	语言材料例说
41	《东方杂志》	与其多而乱，毋宁少而坚乎。
42	《东方杂志》	处此万难之局与其坐以待毙，无宁姑为万一之计。
43	《东方杂志》	与其持之过急而成为他变，毋宁虚与委蛇以弭于无形，其积威之由来者渐矣。
44	《东方杂志》	然与其聚而不可复散，则宁散而未尝聚。
45	《东方杂志》	与其付之于人，无宁秘之于己。
46	《东方杂志》	与其简也，毋宁其繁。
47	《新小说》	与其再向他人求将伯，毋宁依处并将去也。
48	《新小说》	与其为不忠不孝之头，无宁短发。
49	《民报》	与其为王党专制之政治，宁仍戴共和政治。
50	《民报》	与其以敌国外患为宵旰忧，无宁牺牲汉人之土地。
51	《民报》	与其过而废之也，宁过而存之。
52	《民报》	与其退而自相践踏，无宁竞进。
53	《民报》	故与其闭塞，毋宁任外资之经营。
54	《民报》	与其强施干涉推刃无时名合而实携者，毋宁实丽而名剖之为愈也。
55	《民报》	故与其重税，毋宁无税。
56	《民报》	与其后溃，宁前挫矣。
57	《浙江潮》	与其低首下心而饮此一卮奴隶水也，宁以我同胞之热血溅魔鬼。
58	《浙江潮》	与其使锦绣江山失之家奴，宁赠之。
59	《新青年》	与其屈於自治案，宁臣服德皇。
60	《新青年》	与其奉以创造文字之虚名，无宁扬其精深六书之实德。
61	《新青年》	窃以为与其生于百废俱举之时，无宁生于百举俱废之今日。
62	《新青年》	与其谓为影响于基督之和平教训，宁谓为戒于战争准备浪费巨量精力之故。
63	《新青年》	与其愿定孔道为教育大本，宁愿定孔教为国教。
64	《新青年》	与其谓“废文词用白话”，毋宁谓“文言合一”。
65	《新青年》	与其谓为南北妥协，宁在改革督军政治。
66	《新青年》	与其守成法，毋宁尚自然；与其求画一，毋宁展个性。
67	《新青年》	与其说是团体行动，或法律遏抑经济趋势的结果，毋宁说是经济本身变化的行程。

续表

序　号	出　处	语言材料例说
68	《新青年》	与其说是经济的，毋宁说是社会的。
69	《新青年》	与其说富裕生善，宁说富裕生恶。
70	《新青年》	与其说他是反自然的，宁说他是自然的。
71	《新青年》	与其是家庭的，毋宁说是社会的。

Ⅳ　1936年国立北京大学新生入学国文试题*

（一）作文

（1）叙述你平日作文所感到的困难，并推寻其困难的由来。

（2）你从读书以来，对于学问的兴趣经过几次转变？试说明其经过及原因。

注意：两题选作一题；作白话文，不限字数；自己分段，每段第一行低两格写；自己加标点符号。

（二）文法

（1）用下列的语词分别作成适当的复句

a. 到底……还是……

b. 只要……一定……

c. 除非……不能……

d. 与其……宁可……

e. 固然……可是……

（2）改正下列各句的文法错误，并说明致误的原因

a. 汗牛之充栋

b. 出人意表之外

c. 方姚卒不之踣

* 本试题来源：http：//www. fjycw. com/News/200706/2007062848098. shtml，检索时间：2010年2月8日。

d. 于今六载于兹矣

e. 岂余子可望矣

（3）试分别说明下列各句里“其”字的用法

a. “其”为人也好善。

b. “其”为政也，善因祸而得福，转败而为功。

c. “其”文约，“其”辞微，“其”志洁，“其”行廉。

d. 苟有“其”备，何故不可？

e. 孟尝君使人给“其”食用，无使乏。

V　台北县立光荣国民中学国文试题*

第一次定期考查国文科试题八年级　第 1 页

八 年级 ______ 班______号　　姓名：__________

一、国字注音：10%

1. 一「ㄔㄨ」戏　　　　2. 美的「ㄒㄧㄤˇ」宴

3. 水「ㄅㄚˋ」　　　　4. 「ㄌㄧㄥˊ」羽

5. 贪「ㄗㄤ」枉法　　　6. 老鹰「ㄐㄩㄝˊ」小雞

7. 春水「ㄕㄨ」波　　　8. 「绮」丽

9. 寒梅「著」花未　　　10. 奉行不「渝」

1		2		3		4		5	
6		7		8		9		10	

二、解释：20%（1～7 题二分，8～13 题一分）

1. 行潦　2. 气势万钧　3. 晓阴翳日　4. 迷离恍惚

5. 揖让而升　6. 悻悻然　7. 雍容　8. 下而「饮」

9. 「属」之廷尉　10. 犯「跸」　11. 「赖」柔和

12. 从桥下「走」出　13. 「霏」雾

* 本试题来源：http：//ibm. grjh. tpc. edu. tw/ ~ teacher/exam/chinese/93121. doc，检索时间：2010 年 4 月 25 日。

1		8	
2		9	
3		10	
4		11	
5		12	
6		13	
7			

三、词性辨别：5%，请写出「」中的词语之词性

1. 白色的「氤氲」——（　　）词
2. 释之「为」廷尉——（　　）词
3. 「是」法不信于民也——（　　）词
4. 待「到」重阳日——（　　）词
5. 我的机车很「法拉利」（汽车厂牌的名称）——（　　）词

1		2		3		4		5	

四、填空：20%

1. 善用譬喻是创作文艺不可少的技巧，尤其是写景文。以下请写出文章中作者对景物的譬喻：

甲、陈冠学把下西北雨前的满天乌云比喻成戏剧中的（①）的出世。

乙、张秀亚用一股飘去的海浪，一片轻盈的（②），一根白鸟的落羽，来譬喻美丽的云。

2. 张释之认为「法律之前，人人平等」，这是他对「法」的重要见解，请你用史记原文写出这句话：（③）。

3. 请在（　）中，填入含有「法」字的成语：

甲、严刑（④）　　　　乙、（⑤）恢恢

4. 中国古代皇帝的称谓有很多，每个称谓都显示皇帝地位的至高无上，例如：九五之尊，天子等，在「张释之执法」一文中，（⑥）一词也是天子的代称。

5. 文学作品中少不了「引用法」，在记叙文、抒情文中引用诗词名句可呈现物象之美，如张秀亚《雾》一文中，引用宋代词人（⑦）的「雾失楼台，（⑧）」，来展现雾中朦胧微茫的境界；而在论说文中引用名言，警句及事例，可加强论说文的论点，如罗家伦举（⑨）与威尔基的事例，巧妙的将「运动场」与「政治」相连结，让君子风度的涵盖面加广。

6. 罗家伦引论语的名言来说明恪守「运动家的风度」所需具备的四大条件是：

一、（⑩）之争。

二、（⑪）精神。

三、（⑫）的心胸。

四、言必信（⑬）。

7.《史记》是我国第一部（⑭）体的史书，它不仅是（⑮）名著，也是中国（⑯）文学的典范。

8. 今年九月十一日各媒体报道：受到西南气流影响，北台湾笼罩在（⑰）大雨中，有些地方应慎防土石流。

9.《云与雾》一文中，「神祕大书上的诗章和断句」是指（⑱）。

10.「上行，出中渭桥」句中的「上」是指那一位皇帝？（⑲）

11. 罗家伦说：「运动家的风度表现在人生上，是一个庄严公正、（⑳）的人生。」

1		2		3		4		5	
6		7		8		9		10	
11		12		13		14		15	
16		17		18		19		20	

五、选择题：40%

1. 寇准对宋真宗说：「辽军压境，（ ）应当亲征，鼓舞士气。」此句中的敬称词是：（A）麾下（B）殿下（C）陛下（D）阁下。

2.「廷尉当是也」此句中的「当」字的词义与下列何者相同？（A）一人犯跸，「当」罚金。（B）廷尉奏「当」。

（C）廷尉乃「当」之罚金。（D）你「当」有所为有所不为。

3. 一般人写日记，大多依个人实际情形来记录生活中的事物，其内容可能是：〈甲〉一日的生活〈乙〉读书摘要或心得〈丙〉时事〈丁〉其他值得记录的事情。陈冠学的「西北雨」一文应属于那一项？（A）丁（B）丙（C）乙（D）甲

4. 夸张描绘，超过客观事实的叙述，称之为「夸饰」。下列成语中，

那一个成语不是誇饰用法的？

（A）出将入相（B）入木三分（C）挥汗成雨（D）弹丸之地

5. 下列与「水」有关的叠字，那一项是状声词？（A）白浪「滔滔」（B）「涓涓」细流（C）「汩汩」泉水（D）「滚滚」黄河

6. 下列有关「西北雨」的叙述，那一项是不正确的？

（A）从西北方来的骤雨，称为「西北雨」。（B）台湾谚语：西北雨无过田岸。是比喻夏日骤雨往往限于一隅（C）西北雨是「夕暴雨」的讹音。（D）西北雨来得快去得也潇洒，从不藕断丝连，拖泥带水。

7. 下列那一句成语，是借风雨来描写人事的？

（A）一雨成秋（B）寒风砭骨（C）喝西北风（D）苦雨凄风。

8.「尖硬的岩石、恐布攻击、甫富地面、四偃无人、戏据的絮幕。」以上词语，共有几个错别字？

（A）5个（B）4个（C）3个（D）2个。

9.「雾来了，附在小猫的足上」这句话旨在说明下列何者？（A）雾的朦胧微渺（B）雾的含蓄深远，意境高远（C）雾的柔软、轻悄（D）雾的阴狠凶恶。

10.「云就像白色的雪，覆满了远山近谷，只有天地相接处，闪露出那一线亮蓝。」这段话未运用何种修辞技巧？（A）譬喻（B）映衬（C）夸饰（D）倒反。

11.「当你隔着一片浓雾，忽然听到你熟悉的那条小河的潺潺水响，那份喜悦，却不是在阳光朗照时能体会得到的。」为什么？（A）浓雾使水声更加悦耳动听（B）多了一分惊喜的情感（C）看得太清楚，反而缺乏美感（D）阳光朗照时，人声吵杂，无法听到水声。

12. 下列何者是《云与雾》一文的特色？（A）见解精辟（B）平实剀切（C）浪漫诙谐（D）语言精美，诗情盎然。

13.「县人来，闻跸，匿桥下。久之，以为行已过，即出。」这些简短的句子，所表现的正是（A）志得意满（B）从容不迫（C）紧张而心急（D）理直气壮

14. 关于《张释之执法》一文的分析，下列何者是正确的？（A）全文以主观的立场写成（B）全文记述依照原因、经过、后果顺序而写（C）本书犯下了平铺直述、单调呆板的毛病（D）中间颇多引用古人名言之处。

15. 身为司法人员，应秉持大公无私的精神。你认为在《张释之执法》

一文中，哪一段话最能代表此种精神？（A）法者，天子所与天下公共也（B）而廷尉乃当之罚金（C）廷尉，天下之平也，一倾而天下用法皆为轻重，民安所措其手足（D）且方其时，上使立诛之则已。

16. 从下列哪一句话可看出君主专制时代，君王操生杀大权？（A）于是使骑捕，属之廷尉（B）法者，天子所与天下公共也（C）且方其时，上使立诛之则已（D）一倾而天下用法皆为轻重，民安所错其手足。

17. 有关《运动家的风度》一文的叙述，下列何者错误？（A）对古书的引用非常自然得宜（B）全文的安排非常清楚而有条理（C）是一篇论说文（D）在首段即点明主要论点

18.「在运动场上养成人生的正大态度、政治的光明修养。」这是教育目标中的（A）德育（B）群育（C）美育（D）体育。

19. 下列哪一个句子是不合语法的？（A）宁可光明的失败，决不作假求胜（B）与其作假求胜，宁可光明失败（C）与其作假求胜，不如光明失败（D）与其作假求胜，未必光明失败。

20. 语言中，有时会有语音合并的「合音连读」现象，如现今口语中「最ㄅㄧㄤˋ」其中「ㄅㄧㄤˋ」的语音就是「不一样」三个字的合音。下列有关合音连续的叙述，何者错误？（A）「关于那件事，以后就甭提了」，「甭」为「不用」的合音连读（B）「公诸国民之前」，「诸」为「之于」的合音连读（C）「使齐人傅诸？使楚人傅诸？」「诸」为「之乎」合音连读（D）「举箸提笔，诸多不便」，「诸」为「之于」的合音连读。

1		2		3		4		5	
6		7		8		9		10	
11		12		13		14		15	
16		17		18		19		20	

六、阅读测验：5%

《开着门的电话亭》　　　　方莘

一个孤独少年说：
她的笑声是一把闪亮闪亮的银角子
洒得满地叮当叮当作响
而我不是一座开着门的电话亭
唉，根本不是——

就连小小的小小的一枚企望

都不能投入

1. 在孤独少年眼中「她的笑声是一把闪亮闪亮的银角子/洒得满地叮当叮当作响」，透过这样的形象描绘，「她」究竟会是怎样的女孩？

答：______

《秋天缘溪行》〉　　　　吴敏显

溪水流过青绿的平原，堤防也跟着蜿蜒前去。

溪流弯过去，堤跟着弯过去，溪流弯过来，堤也跟着弯过来，一路捉着迷藏似的弯来弯去。

孩子说，去看秋天。

我们分别骑着车子，在堤上奔驰。没有孩童来放风筝，没有牛只放牧，整条堤蓄着满腮胡须。车子前驶，就像一把犁，轻巧的犁过长已及膝的青草，一路还发出沙沙的声响。草丛里，许多褐色的种子，顺势向两边飞溅，车子越快，喷得越高越远。

2.「没有孩童来放风筝，没有牛只放牧，整条堤蓄着满腮胡须」，这段写景文字中的「整条堤蓄着满腮胡须」1. 使用了修辞中的那一种手法？2.「胡须」指的是什么？

答1：______

答2：______

《公寓》　　　　许常德

当海洋瘦成河流

而站在日渐近密的风波中

当我们的船只能彼此相觑

而望不见天的辽阔时

这河也无异于一口忧深的井了

3. 题材来自生活，「公寓」就是许多人最亲近的日常事物之一。请你说明，题目明明是「公寓」，为什么诗中用的却是「海洋」、「河流」、「船」这些字眼？

答：______

4. 为什么末句要使「河流」无异于一口忧深的「井」？

答：______

九十三学年度第一学期第__一__次定期考查__国文__科答案

一、国字注音：10%

1	出	2	飧	3	坝	4	翎	5	赃
6	攫	7	舒	8	ㄑㄧˇ	9	ㄓㄨㄛˊ	10	ㄩˊ

二、解释：20%（1～7题二分，8～13题一分）

略

三、词性辨别：5%

1	名	2	动	3	代	4	介	5	形容

四、填空：20%。

1	恶魔与妖巫	2	残花	3	法者天子所与天下公共也	4	峻法	5	法网
6	乘舆	7	秦观	8	月迷津渡	9	罗斯福	10	君子
11	服输	12	超越胜败	13	行必果	14	纪传体	15	历史
16	传记	17	滂沱	18	云	19	汉文帝	20	协调进取

五、选择题：40%

1	C	2	B	3	A	4	A	5	C
6	A	7	C	8	A	9	C	10	D
11	B	12	D	13	C	14	B	15	C
16	C	17	D	18	A	19	D	20	D

六、阅读测验：5%

1. 答：她是个明朗、活泼、美丽且好人缘的阳光女孩。甚至夸张的将她想成是一个「万人迷」。

2. 答1：譬喻修辞。____________________

答2：「胡须」指长久及膝，未除的青草。________________

3. 答：作者用的是象征、比喻的技巧，以水域比喻「人类的居住空间」，用船比喻「公寓」。

---

4. 答：对局促狭迫公寓里的「人」而言，无法看到辽阔蓝天，抬头只能看见被切割过后残余的一小块天空，无异于置身深井里，抬头只能看见井口大的天空。而这口井充满压力、窒迫、风波、摩擦，是一口多么不快乐的忧深的井啊！

后记：一路走来，心存感激

凡事预则立，不预则废。写博士学位论文前，我已拜读过诸多论文，众家论文虽涉不同论题，但无一例外都以后记为名，行感激心语。当初以为这乃行文惯例，直至自己写完这十多万字，才发觉此时块垒积胸，不促亦发。从严格意义上讲，这是论文的最后一部分，也是最为重要的一部分。因为在桂子山这片“学术森林”中，我只是一枝微不足道的“小树杈”——没有土壤的固着，便会零落于地；没有水分的补给，便会枯黄老去；没有树干的依托，便会无依无靠；没有众多的树杈竞相攀长，便会落寞不堪，失去动力。此为“一路走来，心存感激”之题引。

谢邢师：先生恩德，没齿不忘

父母用肉食受我以发肤生命，先生以学养受我以学术生命，此等恩情，铭刻于心即是一种愉悦。

2007 年秋天，我终于如愿来到桂子山求学，师从邢师福义先生。三年飞度，往事如昨，先生的每一次教诲都响于耳侧，启我以智；每一封邮件都历历在目，发我以思。

本想把先生的教诲都录于此，但碍于诸多原因，只能把浓缩的精华呈现出来。

先生给我和沈威的第一次指导是在 2007 年教师节。这天因施工而电梯停用，但先生仍很准时地来到了六楼语言所。在先生的房间落座后，先生看我们有些拘谨，便告诉我们可以直接靠在靠背上，不用那么拘束，就是随便聊聊。先生对学生很是照顾，不时问我是否能够听懂他略带口音的普通话，学术语言在先生口中变得直白。先生主张个性化教学，主张自己做自己的老师，做学问要“学贵自悟”。这一堂课，先生针对研究对象、理论方法和博士论文写作，讲了很多。先生强调：认知也好，配价也罢，抑或是语法化，可以借用但不可惯以用之。要洋为中用，但接轨是双轨并行，要有自己的轨，要立足于本土，要植根于汉语事实，要注意逻辑上的一致性。后来在读书的过程中，我慢慢意识到上述教导的重要性。在讲到博士学位论文写作时，他告诉我们要提早圈定范围，然后一切工作围绕于此，无论是发表文章，还是看书、查资料，都要围绕博士学位论文进行。最后先生嘱咐我们要用二十天的时间圈定几个题目，然后再来讨论。先生的这一主导思想让我早早地进入了研究状态，从入学的那一刻起便有了明确的目标。先生对学生总是充满了鼓励，当我说到将博士入学考试中的题写成了一篇小文章时，先生说，文章可以试着投出去，中不中没关系。不中的话，放在抽屉中，然后再静静地思考。有了先生的鼓励，时隔一年，2009 年 4 月我改了二十多次的文章《“足足”的小三角查析》在《语言教学与研究》上发表了。后来又过了一年，想想那篇文章，觉得“足足”这么小的一个副词还有很多问题值得深究，那篇文章还有诸多漏洞。由此我对先生所言的思考的认识进一步加深：写文章的思考不应有止境，应是渐进性的，随着思考的深入，原有的论断是有可能被深化甚或被颠覆的。

后来，先生与我基本上一个月交流一次。在 2007 年年底的时候，我的论文大纲已改了三次，博士学位论文也初步锁定在“宁可”类复句上。我想这可能是最有效、最迅捷的开题方式吧！

先生治学严谨、厚积薄发。每一次和先生研究论文大纲，先生都有备而来，一一给我指出大纲的问题所在。对于我提交的第二份大纲，先生这样说：“你这个提纲可以做毕业论文，而且我相信可以做得很精彩，但我有三个建议……”当时，我把时下最“尖端”的（包括技术难度非常高）的一些想法都写在了大纲里，也确实想用三年的时间来攻坚，但不知里面的水有多深。比如，我当时认为“宁可”类复句既然表示在心理上有所忍让，那从脑科学的角度切入应该很好。三年里，我也许能有一星半点的作为，但恐怕不能完成博士学位论文的写作任务，这在后来我参加的一次“认知科学”的会议上与脑科学专业的一些学者交流时得到了验证。先生说的“精彩”，现在想来当是一种批评，只不过先生照顾我的面子，没有说破而已。“精彩”意味着华而不实，意味着空中楼阁；当语言事实都没描写清楚时，“精彩”是不足取的。后来，先生比较认可我的第三稿大纲。

但我自己有些打怵，因为论文只是围绕“宁可”而做，唯恐写不出来。先生看出了我的这种担心，便说：先做“与其 p，宁可 q”句式，在做的过程中，我会延展开思路。果然，在做的过程中，一篇一篇文章扩展开来，最终形成了现在的论文。这种写作方法叫由点及面比较合适。遗憾的是先生给我的论文提出了很多好的想法，但在读书期间我却已无力深究下去，唯望在以后的工作中继续研究探索。

“创新”这个词在学术界很流行，先生也和我说，希望论文里能有一点儿创新。先生在教育部组织编写的《中国高校哲学社会科学发展报告1978—2008（语言学卷）》中将理论创新分为引创、生发和引创生发结合三种模式。可以说，这三种方式对中国语言学的发展都是有很大贡献的。但就难度而言，时下的大环境恐怕以自身理论的发展与完善为最难。原因很简单，不管“成活”，“嫁接”容易，“嫁接”作为一种潮流和时尚很有市场。王安石在《游褒禅山记》中写道：“夫夷以近，则游者众；险以远，则至者少。而世之奇伟、瑰怪、非常之观，常在险远，而人之所罕至焉，故非有志者不能至也。”看来，“人多势众”在学术研究中只能流于热闹。这三种模式对汉语研究是否会长效有益，这要看其是否能植根于汉语事实。可真要是通过事实生发出理论，再发展和完善，其路漫漫。

先生对学生和蔼可亲，于细微处呵护关照至极。当初，我每次见先生之前都战战兢兢，生怕自己学识浅薄，无法和老师交流，但先生的平和总是可以让我的担心烟消云散。2008 年 1 月 3 日，我和先生约好下午在所里见面。先生的办公室很大，有武汉冬天最宝贵的直射阳光。先生让我坐在宽大的靠背椅上，在这种极度放松的情况下，我一个问题一个问题地道出写作大纲的内容，然后我一边喝着茶水，一边接受着先生的点拨。这天下午，我们大概用了两个多小时来勾画论文的框架。我非常清楚地记得，谈话结束时，我惬意地伸了个懒腰，不仅因为阳光的沐浴，更因为许多问题都被先生用三言两语点开了。现在想起来，先生把最宝贵的阳光、最舒服的座位都留给了我，此种恩情以小见大可见一斑。类似小事再举一例，2007 年教师节那天，先生约我和沈威谈话，正好文学院的博士生过来送鲜花，谈话后先生叮嘱沈威找来贺卡以便给送花的学生致谢，由此可见先生之为人。

谢华师团队：如邻如友，矢志不渝

华中师范大学（华师）语言学研究的团队实力很强，也很和谐。我对在华师的日子感悟很深，这里的年轻人很多，但都不浮躁。大家都在做事，做得很实，基本上国内每期的学术刊物上都可以见到华师学者的影子。这对于我——一个后学者，实乃一种最好的鞭策。

汪国胜老师是一位做事效率很高又很脚踏实地让人敬佩的先生。我虽没选修过汪老师的课，但在语言所的日子里，还是得到了汪老师的诸多关照。在开学之初，他就告诉所有的博士研究生，发表的论文要围绕自己的博士学位论文展开。这也为我们后来发表论文提供了一个选题思路。

徐杰老师是给我们授课时间最长的先生。从他身上，我学到了很多——有对学术坚忍不拔的持久力，有对语言事实的洞察力，还有做学问要“沉下去”的精神。徐老师的生成语法课无异于为我以后的研究开启了一个天窗，让我懂得看问题要多角度切入。

储泽祥老师是一位充满激情与“灵光”的学者。当他在语言学研究方法论的课堂上谈到对构式语法的一些看法时，深刻地指出了构式和结构之间的大同小异。其实，20 世纪 80 年代以来国内的语法研究有很多成就，我们应该多加关注。我的理解是：学术上要自强。储老师的课让我加深了对“形而上者谓之道，形而下者谓之器”这两句名言的理解。储老师说研究的方法大抵有两种：一是先有理论假设，再用事实验证，在验证的过程中逐渐修订和完善假设；一是先观察事实，再抽象和归纳理论。方法没有好坏之分，只有管用不管用之别。“形而上和形而下”，只做方法论上的一般理解，我看两者都是重要的，理论要有高度，事实要落到实处。说起来容易做起来难，虽不能至，但心向往之，努力而为之。

谢晓明兄颇有长者风范，对我的教诲直接、中肯，让我深信无论在学术上还是在生活中，他都可成为我一辈子的朋友。

尹蔚师姐毕业后把继承自罗进军师兄的台灯摆在了我的桌上，并告知我此台灯的种种“顽劣”，让我好生“教育”它。“薪火相传”用在此处恰当至极。在我时间紧张、神经高度衰弱的情况下，师姐帮我承担翻译论文英文摘要的任务，使英文摘要的准确性毋庸置疑。

回首往日，我接受姚双云师兄、罗进军师兄的指点更多一些。我是个一有问题就烦躁的人，白天晚上经常在走廊里走来走去，看到哪个房间有人，是一定要进去问问的，就这样，师兄们帮我解决了一个个问题。在古汉语语料方面，匡鹏飞师兄也曾给予我很多帮助。子云：“毋友不如己者。”诸位同道都是我的楷模，为能与他们沟通而庆幸。

我的师弟沈威朴实厚道，在学术上用力颇勤，对我帮助很大。语料检索他手到擒来，我不在所里的时候，他帮我处理琐事，尤其是有信件的时候总是不辞辛劳地把信的内容输入电脑告知我。

徐杰老师的高徒、小师妹吴雅云在我落寞无助、身困体乏的时候给我传发歌曲，使我在音乐中得到片刻的舒缓。

在此，我要对华师团队真诚地道一声：谢谢。

顾炎武在《与友人论学》中这样写道：“人之为学，不日进则日退；独学无友，则孤陋而难成；久处一方，则习染而不自觉。”华师给我了大学的博大，让我体会到了大师的城府，感受到了大度的胸襟。对此，我感激涕零。

谢家人：温不增华，寒不改叶

大爱无形，至真至切。父母虽年过古稀，但仍为我无私地付出着，这么多年，无论在物质上还是精神上他们都义无反顾地支持我求学。我这几年学习也好，工作也罢，总之越走越远，回家的时日也由间隔个把月、几个月发展到间隔半年到一年。每次回家看到父母斑白的银发，想到自己不能持家尽孝便痛楚难当。好在姐姐可独当一面，若无姐姐的支持，我断不能安然走到现在的境地。姐姐对双亲的至孝，对弟弟的至诚，让我无以为报。谢谢我的爱人孙烨，她是我在读书的间隙邂逅的至爱。谢谢岳父母大人，他们总是催我奋进，使我在工作之余高效率地完成了毕业论文。

古者有言：活到老，学到老；邢师有言：学术能力的提高是终身之事；后学者有言：学无止境，爱亦无止境。两者交相辉映，伴我一生。

最后写几行诗来纪念我读博士的生涯：

流萤点点万籁寂，万家灯火已阑珊。

苦思香从何处来，忽又回到东湖边。

向首桂山桂子树，灯下思读未完书。

行至半山莫停歇，前途无路亦登攀。

桂子山后学宋晖

2010 年 5 月于北京

出版后记

这本博士学位论文从写毕到出版“足足”用了七年时间。

“足足”的往事

之所以把“足足”打上引号，是因为我对这个词情有独钟。每当看到这个词，便想起那段在桂子山求学的往事。2005 年的早春时节，我第一次来到华中师范大学参加博士生招生考试。那年邢福义老师出了一道题，让考生观察几个含有“足足”的句子，然后写一篇学术文章。那一年我没有考上。

但是，这道题深深地留在了心间，我用了两年的时间研究这个“足足”，终于写成了万把字的文章。我带着这篇文章在 2007 年进入了语言所，有幸成为邢福义先生的弟子。从此，我称邢老师为“老师”便名正言顺了。后来，我把这篇文章投给了《语言教学与研究》，不久就有了回信，希望我能修改。我对邢老师说了这件事，他说可以把文章先放在抽屉里静一静，然后再去审视它。当时的编辑叫高晓虹，为了“打磨”这篇文章，我们通了二十多封邮件。她十分认真负责，可惜的是我们素未谋面，直至今日也未曾见过，对她的感谢我只能藏于心底。她促成了我读博士期间的第一篇文章的发表，这篇文章叫《“足足”的小三角查析》。

回头看来，这么多年我也写了几篇小文章，但自我感觉良好的就是这篇。邢老师曾说：“你读博的这三年可以说是你人生中做研究的黄金期。”今天想想，确实如此。时光荏苒、岁月不再，但那三年的学习场景记忆犹新，老师恩情更是刻骨铭心。

“七年”的研磨

当年邢老师告诉我，我的论文修改后可以统一出版。但这七年，我却不敢把它拿给老师再次审读，我不愿意让老师看到自己学无长进、敷衍塞责，唯恐老师失望。

七年来，存在电脑里的这本论文的电子版一直让我惦念、牵挂，偶尔也拿出来“把玩”“对话”“教训”。说实话，对这本小册子，我并不满意，因为很多问题还想不通。但是，苦于自己学养不足、资质鲁钝，加上无法得到更多的有价值的语言材料，博士毕业之后屡次申报国家课题也未得到支持，但这也使原有的学术观点可以保持原貌。此次，趁着北京第二外国语学院有出版资助的机会，这本尘封多年的文稿终于得以“丑媳妇见公婆”了。

近年来，文稿中的几个章节分别在《新华文摘》《语言研究》《语文研究》《汉语学习》《江西社会科学》《青海社会科学》《甘肃社会科学》《语言与翻译》等学术期刊上发表过或被转载过。在这里，我向给予我无私帮助的学界友人及相关出版单位表达由衷的谢意。

最后，特别感谢北京第二外国语学院为本书提供的出版资助，感谢社会科学文献出版社的编辑对本书的编辑加工。

宋晖

2016 年 10 月 1 日

图书在版编目(CIP)数据

“宁可”类复句研究 / 宋晖著. --北京：社会科学文献出版社，2017.10
ISBN 978-7-5201-0539-2

Ⅰ.①宁… Ⅱ.①宋… Ⅲ.①汉语-复句-研究
Ⅳ.①H146.3

中国版本图书馆 CIP 数据核字（2017）第 063320 号

“宁可”类复句研究

著　　者 / 宋　晖

出 版 人 / 谢寿光
项目统筹 / 祝得彬
责任编辑 / 王晓卿　梁祚涛

出　　版 / 社会科学文献出版社 · 当代世界出版分社(010)59367004
地址：北京市北三环中路甲 29 号院华龙大厦　邮编：100029
网址：www.ssap.com.cn
发　　行 / 市场营销中心（010）59367081　59367018
印　　装 / 三河市尚艺印装有限公司

规　　格 / 开　本：787mm × 1092mm　1/16
印　张：14.25　字　数：241 千字
版　　次 / 2017 年 10 月第 1 版　2017 年 10 月第 1 次印刷
书　　号 / ISBN 978-7-5201-0539-2
定　　价 / 66.00 元